江苏高校优势学科建设工程资助项目（PADD）

特级教师教学艺术系列

Classroom Teaching Art of Superfine Teachers

特级教师课堂教学艺术　初中卷

丛书主编　李如密

本册作者　吴亮奎

南京师范大学出版社
NANJING NORMAL UNIVERSITY PRESS

图书在版编目（CIP）数据

特级教师课堂教学艺术. 初中卷 / 李如密总主编. 吴亮奎著.
-- 南京：南京师范大学出版社, 2018.12
（特级教师教学艺术系列）
ISBN 978-7-5651-3994-9

Ⅰ. ①特… Ⅱ. ①李… ②吴… Ⅲ. ①初中 – 教学研究 Ⅳ.
① G632.0

中国版本图书馆 CIP 数据核字 (2018) 第 299623 号

丛 书 名	特级教师教学艺术系列
书 　 名	特级教师课堂教学艺术·初中卷
丛书主编	李如密
本册作者	吴亮奎
丛书策划	张　春
责任编辑	于丽丽
出版发行	南京师范大学出版社
地　　址	江苏省南京市玄武区后宰门西村 9 号（邮编：210016）
电　　话	（025）83598919（总编办）　83598412（营销部）　83373872（邮购部）
网　　址	http://press.njnu.edu.cn
电子信箱	nspzbb@njnu.edu.cn
照　　排	南京凯建图文制作有限公司
印　　刷	江苏中山印务有限公司
开　　本	787 毫米 ×1092 毫米　1/16
印　　张	14.5
字　　数	333 千
版　　次	2018 年 12 月第 1 版　2018 年 12 月第 1 次印刷
书　　号	ISBN 978-7-5651-3994-9
定　　价	42.00 元
出 版 人	彭志斌

南京师大版图书若有印装问题请与销售商调换
版权所有　侵犯必究

总　序

"教学是一门艺术"的观念，随着在教学实践中不断得到证明而日渐深入人心。学校教师对于教学艺术无不充满美好的憧憬，但又常因找不到实在的门径而困惑不已。为了帮助教师切实提升自己的教学艺术水平，我们特组织编撰了"特级教师课堂教学艺术"丛书，期望通过特级教师卓越精彩的教学艺术案例，以及专家们深刻精到的点评分析，为我们探寻教学艺术的奥妙提供宝贵的启示。

特级教师所创造的课堂教学艺术案例，其中蕴含着深邃的教学艺术思想与精湛的教学艺术技巧，特别值得深入学习和研究。首先，特级教师的教学艺术案例具有真实性。这些案例都是特级教师的具体实践，不是纸上谈兵的理论，体现着特级教师教学艺术所达到的水平和高度。这些教学艺术案例，有助于教师树立更加坚定的教学艺术信念，进一步明确自己的目标，将教学艺术作为课堂教学的自觉追求。其次，特级教师的教学艺术案例具有独创性。这些案例无不显现着特级教师对于课堂教学的深刻理解、精心构想和精彩生成。课堂教学艺术是一种创造性的活动，不存在一成不变的"公式"。一切皆在变化中，适合的才是最好的。再次，特级教师的教学艺术案例具有审美性。这些案例蕴藏着丰富的审美因素，散发着吸引人的魅力。阅读和学习这些经典案例，给人以美的享受，令人产生对于教师职业的幸福体验。

特级教师的课堂教学艺术案例，反复验证着这样的教学艺术原理：所谓教学艺术就是在学生、课程和教师三者之间达成和谐的教学状态。首先，教学艺术受到学生的制约，所以要注意教学艺术的学段差异。综观小学的课堂教学艺术、初中的课堂教学艺术和高中的课堂教学艺术，其间存在着明显的学段差异，这与学生发展的阶段特点及思维水平密切相关。在一定意义上，特级教师就是在课堂上陪伴学生一天天成长，共享阶段发展的快乐的。其次，教学艺术受到课程的制约，所以要注意教学艺术的学科差异。不同的学科因具体内容不同，"味道"也是各异的。语文课的教学艺术要体现"语文味"，数学课的教学艺术要体现"数学味"，历史课的教学艺术要体现"历史味"，物理课的教学艺术要体现"物理味"……特级教师的学科教学艺术味道，尤其值得仔细辨析品赏。再次，教学艺术受到教师自身的制约，所以要注意教学艺术的风格差异。教师的个性、爱好、特长等各有不同，教学也自然会表现出独特鲜明的个人特色。所以，每位特级教师都教出了属于自己的风采，成就了个人的教学艺术风格，进而实现了不可替代的教学价值。

教师认真研读本丛书，可以有效促进对课堂教学艺术的理解，进而结合自己的教学实际，追求并实践教学艺术。从特级教师的课堂教学案例及专家们的分析点评可以看出，课堂教学艺术是可学、可做、可研的，教师应该致力于做教学艺术的学习者、实践者和研究者。其具体实现途径有三：一是学。不断学习是教师修炼课堂教学艺术的源泉，博览群书、勤察敏思是教师学习的有效方式之一。二是练。教学实践是教师修炼课堂教学艺术的主要途径，历练"教学基本功"—锤炼"教学策略"—提炼"教学风格"，这是一个循序渐进的过程。三是研。教学研究是教师修炼课堂教学艺术的助力，教师进行研究是必要的，也是可能的。行动研究、教学反思、叙事研究是教学研究的主要方式。作为一名教师，通过学习和研讨特级教师的课堂教学艺术案例，可以明确教学艺术追求的方向，从中找到切实可行的路径。下足"学""练""研"的功夫，坚持每天进步一点点，精益求精，最终都可成就属于自己的课堂教学艺术，促进学生的全面和谐发展。让我们共同努力吧！

是为序。

李如密

2018 年 12 月于南京师范大学

目录

导 言
一、教学艺术优化教师专业体验 …………………………… 001
二、教学艺术增强专业自我认同 …………………………… 003
三、教学艺术促进教师专业创造 …………………………… 004

第一章 教学目标呈现的艺术
一、问题式呈现的艺术 ……………………………………… 007
二、任务式呈现的艺术 ……………………………………… 010
三、活动式呈现的艺术 ……………………………………… 013
四、情境式呈现的艺术 ……………………………………… 016
五、副标题式呈现的艺术 …………………………………… 020
六、趣味式呈现的艺术 ……………………………………… 024
知识链接 ……………………………………………………… 027

第二章 教学导入的艺术
一、温故式导入的艺术 ……………………………………… 030
二、揭题式导入的艺术 ……………………………………… 034
三、活动式导入的艺术 ……………………………………… 036
四、渲染式导入的艺术 ……………………………………… 040
五、问题式导入的艺术 ……………………………………… 042
六、创境式导入的艺术 ……………………………………… 046
七、即兴式导入的艺术 ……………………………………… 049
八、任务式导入的艺术 ……………………………………… 051
知识链接 ……………………………………………………… 055

第三章 教学过程展开的艺术
一、任务推进的艺术 ………………………………………… 058

二、对话交流的艺术 …………………………………… 064
　　三、问题解决式展开艺术 ……………………………… 067
　　四、情境活动式展开艺术 ……………………………… 070
　　五、教学生成的艺术 …………………………………… 075
　　知识链接 …………………………………………………… 079

第四章　教学高潮生成的艺术

　　一、问题悬念中生成高潮的艺术 ……………………… 082
　　二、教学对话中生成高潮的艺术 ……………………… 085
　　三、思维点拨中生成高潮的艺术 ……………………… 088
　　四、发现探究中生成高潮的艺术 ……………………… 093
　　五、偶发事件中生成高潮的艺术 ……………………… 097
　　六、学生活动中生成高潮的艺术 ……………………… 099
　　七、作业展示中生成高潮的艺术 ……………………… 102
　　知识链接 …………………………………………………… 105

第五章　教学收尾的艺术

　　一、自然收尾的艺术 …………………………………… 108
　　二、总结收尾的艺术 …………………………………… 111
　　三、技能拓展收尾的艺术 ……………………………… 114
　　四、激情性语言收尾的艺术 …………………………… 117
　　五、学生活动收尾的艺术 ……………………………… 120
　　六、问题式收尾的艺术 ………………………………… 123
　　知识链接 …………………………………………………… 126

第六章　教学内容安排的艺术

　　一、统整的艺术 ………………………………………… 128
　　二、取舍的艺术 ………………………………………… 133
　　三、旁逸的艺术 ………………………………………… 136
　　四、悬置的艺术 ………………………………………… 140
　　五、过渡的艺术 ………………………………………… 143
　　知识链接 …………………………………………………… 149

第七章　教学方法运用的艺术

一、讲授的艺术 …………………………………………………… 155

二、谈话的艺术 …………………………………………………… 158

三、讨论的艺术 …………………………………………………… 163

四、发现的艺术 …………………………………………………… 169

五、问题设计的艺术 ……………………………………………… 174

知识链接 …………………………………………………………… 180

第八章　教学语言表达的艺术

一、隐喻的艺术 …………………………………………………… 183

二、幽默的艺术 …………………………………………………… 185

三、渲染的艺术 …………………………………………………… 189

四、对话的艺术 …………………………………………………… 192

五、陌生化的艺术 ………………………………………………… 197

知识链接 …………………………………………………………… 201

第九章　教学评价的艺术

一、肯定性评价的艺术 …………………………………………… 207

二、否定性评价的艺术 …………………………………………… 211

三、悬置性评价的艺术 …………………………………………… 213

四、质疑性评价的艺术 …………………………………………… 216

知识链接 …………………………………………………………… 220

参考文献 …………………………………………………………… 222

后　记 ……………………………………………………………… 224

导 言

　　艺术境界伴随着精神愉悦。教学艺术是指从艺术的视角来分析、研究教学活动,通过发现、利用教学活动中的艺术元素来提高教学的效率。教学艺术所产生的愉悦不仅对学生的学产生影响,还对教师的教产生影响。教学艺术对教师的专业发展有着积极的促进作用。通过教学艺术,教师的专业从功利的层次发展到精神的层次,从对教学评价符号的追求上升到对精神自由的追求。教学活动一旦发展为精神活动,教学便成为人生旅途中的心灵相遇。"教育的目的非是告知后人存在什么或必会存在什么,而是晓喻他们如何让精神充盈人生,如何与'你'相遇。"[①]这种相遇是对教育的一种艺术的理解,如果每一位教师都从这个角度来理解我们的学校生活,学校生活就是一首很浪漫的诗;如果每一位教师都从这个角度来理解自身的职业发展,教师职业就会成为一种专业,一种充满幸福感的专业。

　　特级教师是我国中小学教师队伍中的一个特殊群体,他们不但具有丰富的课堂实践经验,还有烙下了他们个人教育生活印迹的独特的"教育理论"。特级教师的教学艺术通常是在艰苦而扎实的课堂实践中修炼而成的,那些能够代表其艺术风格的教学案例既融入了他们的个性特征,又反映了教学生活的一般规律。特级教师的优秀教学案例蕴藏着丰富的研究价值,分析、研究这些教学案例,发掘出这些优秀教学案例中的价值,不但可以使案例本身得到学习、模仿、创新,还可以补充、完善、丰富课堂教学艺术理论。

一、教学艺术优化教师专业体验

　　教师的专业体验源自教师的教学生活。从理论上说,教师在教学生活中所面对的是丰富的心灵世界:教师心灵与学生心灵无遮蔽地澄明沟通。然而现实中的教学生活并非如此,多数教师在他们每天的生活中所重复经历的时空场域会使教师产生单调的感觉,教学生活中大同小异的偶发事件会使心灵对外界事物的反应变得迟钝,社会对学校的功利化要求和科层式的学校管理会给教师带来教学的压力。当今的学校生活中,人们理想的教师专业幸福体验受到考验:日复一日的教学生活中,艺术疲劳、职业倦怠等次幸福体验越来越侵袭着教师的专业感受。开展艺术性教学、唤醒教师的教学艺术意识是克服这种教师专业不良体验的一条理想途径。

---

① [德]马丁·布伯.我与你[M].陈维纲,译.北京:生活·读书·新知三联书店,1986:60-61.

1. 教学艺术产生愉悦心境

教学心境影响着教学质量。用艺术的眼光看待孩子，每个孩子都是教师眼中的天使；如果教师每节课都带着艺术的心境走进教室，教室就会成为师生心灵活动的乐园。艺术产生愉悦，教学艺术除了完成一般的教学任务之外，还能产生快乐的精神追求。艺术性教学所产生的愉悦是多向的，它不只限于教师、学生之间的快乐和谐，还延伸到同事、家长及周围的环境。对同一个教学情境，是否用艺术的态度去处理可能会出现截然不同的教学效果。就学生上课迟到这个时常发生的教学情境而言，如果教师带着不愉快的情绪来处理这件事，他可能采取指责、呵斥等教学行为，这样师生之间就不可避免地产生对抗、隔阂；相反，如果教师用艺术的态度来处理这个情境，他会认为"迟到"只是教学生活中的偶然事件，迟到的原因可能是学生自身，可能是其家庭，可能是路上的交通，教师会从寻找原因的角度去与学生沟通，获得心灵的相遇，寻求方法的调适；通过心灵相遇，让学生明白教师的关爱。艺术的生活态度对教师的心境具有调节作用。优秀教师很少把个人生活中不快乐的心境带入教室，对他们来说，教室是快乐的天堂，走进教室要有一个快乐的心境，教室需要给学生精神的慰藉。优秀教师每一次都是带着快乐的情绪出现在学生面前的，这种快乐除了教师对学生的爱和他们自身深厚的学识之外，还有源自艺术的教学态度所形成的心境。

2. 教学艺术超越物质功利

日趋物质化的社会现实使人们的思想行为越来越被物质束缚，人们处事交往时带着功利的态度，过于追求实际利益。这种现象反映在教学生活中主要表现为教师对学生的考试分数、成绩排名、获奖等次的过度重视。因为学生的分数、排名、等次可能与教师自身的物质利益有着密切的关系。学生的考试分数高、获奖等次高、成绩排名靠前会让教师得到许多连带的实际利益。教学生活成为一种功利的生活，教学生活陷入此种境地将是非常可悲的。这种境地会使教师眼中的分数重于学生的成长，他总是过于把学生的发展与自己的切身利益联系在一起。可以想象一下这样的教学生活究竟能有多少专业成就感。而艺术性的教学给教师生活所带来的则是相反的情况。教师眼中所看到的是孩子天真纯洁的发展，他不会把学生的考试成绩与自己的切身利益关联在一起，他关心孩子是从孩子的精神、智力、人格形成的角度出发，教学的目的是为了学生的健康成长。教学过程中他会因为学生的精神成长而采取艺术的教学方法。这种艺术性的教学方法要求教师必须具备高超的教学艺术修养，凭借着高超的教学艺术修养，教师在课堂上引导学生进入快乐的精神天地；艺术性的教学生活中，师生的智力活动、精神愉悦、艺术体验、人格形成和谐地交织在一起。教不为名，学不为利；教学生活中，德性、艺术的精神相互交融，教室成为师生快乐生活的地方。艺术性教学还要求艺术性的教学管理，即教学管理中要能具体考虑到"人"的因素，管理工作中给教师多一点自由，少一点限制；多一点精神鼓励，少一点制度约束。艺术性的学校管理应在本质上追求自由精神的快乐营造，而不是在形式上进行规章制度的庞杂建设。

3. 教学艺术创造专业幸福

一些教师认为自己是不幸福的。这不是教师的德性有问题,而是教师的专业幸福感太低。如果教学成为一种艺术,这种情况就会在一定程度上改变,艺术性的教学可以帮助教师提高自己专业生活的幸福指数。艺术将人的身心带入一个自由的境界,由于运用艺术的眼光看待事物,生活中的一切事物都充满了美,生活中那些不如意的事会因为艺术的美被化解。艺术性教学中的教师所考虑的只有自己所喜爱的专业,他们把整个身心融入自己的专业生活中。教室是教师进入艺术创造的天地,讲台是教师的人生舞台。理想的学校生活中,教学不是谋生的职业,而是从事专业创造和精神追求的事业。艺术教学把教学看作一种人生境界,这个境界中教师实现着个人和社会的双重价值。教学是一条人生旅途,沿途的无限风光会成为生活中美的冒险和机遇。"教学越来越不是一个高效传递的过程,更是一个与其他人一起在学习之路上旅行的过程和个人转变的过程。"①小威廉姆·多尔的话给我们的教师专业发展以某种启示:教师在教学过程中要学会欣赏人生,欣赏艺术。教学的艺术追求与专业的幸福追求是一致的,教学艺术的美与教学生活的美是一致的。

二、教学艺术增强专业自我认同

"教师是一种专业"已经写进了法律和相关文件,但人们在看待教师专业时,往往模糊了学科专业修养与教育专业修养的界限,似乎只要具有良好的学科知识背景就能胜任教师工作。这样就造成了许多中小学教师专业自我认同程度不高的现象:人们只是从知识传递的角度而不能从教学艺术的角度来看待教师专业,而教学的艺术性是教师专业的一个重要特征。优秀的课堂教学不仅是知识的传递和创生、能力的培养和发展、心智的开发和训练的教学过程,它更是艺术的再现和创造、心灵的对话与交流、精神的愉悦和超越的艺术过程。通过教学艺术,教师增强了对自己专业的自我认同。

1. 教学艺术彰显主体价值

我们一直强调教师在教学过程中的主体性价值,可实践中教师的主体性价值却日渐失落。一方面,他们在学校的日常管理体制中越来越"失语",失落了作为教学主体的话语权;另一方面,以考试竞争为主导的学校教学使教师屈从于考试评价制度。"为考试而教,为考试而学"成为中小学校园中一种常见的现象。艺术性教学试图改变这种状况。教师既是教学的主体,又是艺术的主体。作为教学的主体,他要遵循基本的教学规范,完成基本的教学任务;作为艺术的主体,他要具有心灵自由、精神超越、不囿于功利的特征。教学的艺术境界中,教学是一种自我心灵的展示和精神释放。走进课堂,面对学生的眼神,他会自然而然地产生出精神交融的艺术创作冲动,学生则对教师充满了艺术的期待。教师借助于教学的课程文本,却又不限于课程文

---

① [美]小威廉姆·多尔.超越方法:教学即审美与精神的探求[J].华东师范大学学报(教育科学版),2003:1.

本。教学是创生的，精神是自由的，教师成为课程的一部分。教师以自我主体价值的彰显来感染学生、引导学生。艺术的教学生活发展到极致会出现一种"忘我"的境界。教师对教材准确而独到的理解和高超而自由的艺术处理使教学内容变得简单，易于接受。课堂教学升华为主体精神彰显的活动；时空缩小，心灵拉近，教学美感产生。

2. 教学艺术提升专业境界

教师的专业境界可以分为规范境界和艺术境界两类。规范境界是每一位教师必须达到的境界，是对教师专业的底线要求。规范境界中的教师遵从最基本的教学伦理和业务规范，完成最基本的教学任务，实现最基本的教学目标。艺术境界则是教师专业的较高境界。艺术的专业境界把教学作为一门艺术，教学过程被视为一种艺术体验和创造过程，课堂是教师进行艺术创造的天地。时下的中小学课堂中，许多优秀教师是把教学作为一种艺术来追求的，他们精心研磨每一节课，将自己的知识积累、心灵智慧、生活感悟与课堂教学交融在一起。课堂上教师常常从个人生活史的角度对教学文本进行艺术的解读，教材、教师、学生、课堂浑然一体、灵动交融。教学的艺术提升了教学的专业境界。

3. 教学艺术强化专业认同

缺少专业认同性是社会对教师专业的误解。当代学校科层化的管理模式在学校内部进一步导致了中小学教师专业的自我认同度降低。在一个学校中，成为领导常常被认为是一位教师在个人成长过程中成功的标志。中小学校园中，"校长—中层领导—年级组长—一线教师"的线性权力模式使教师处于教学管理工作的底层，以致限制了教师在教学内容、教学方式、教学评价方面的自主权利。这种教学管理模式是科学的却不是艺术的，它可能会产生某种短时的绩效，但很难说这样的教学管理模式具有可持续发展性。艺术性的教学则在一定程度上改变了这种状况。在这样的课堂上，教师是自由的，教师艺术地解读教学目标和内容，自然性地理解学校的制度；他们凭借高超的教学艺术来进行教学专业的创造。艺术性教学具有专业的不可替代性。艺术性教学是在一定的情境中展开的，教学情境的设置、处理依赖于教师个人的感悟创造。艺术性教学无法模仿，没有长时间的专业训练和实践体悟很难走进教学的艺术天地，而这正是教师专业的独有特征。

三、教学艺术促进教师专业创造

教师专业是一个充满活力的创造性专业。教师专业的创造性与教师自身的专业素质、敬业精神和教学艺术修养有着密切的联系。把教学过程理解为艺术过程可以极大激发教师专业创造的热情，从而提高教学效率。教学艺术以艺术的眼光来观照日常教学，它对教学过程的理解既基于科学，又从艺术的视野出发超越科学。教师的专业创造力体现在对教学文本的科学而艺术的处理过程中。教学文本既是科学文本又是艺术文本，科学的教学文本要求尊重知识的逻辑规律，艺术的教学文本则需要艺术地解读建构。教学过程的艺术性理解给教师的专业发展带来了一片广阔的天地。

1. 教学艺术引领精神自由

教学的主体是人,而人是"思维着的精神","精神的本质从形式上看就是自由",[①]教学艺术追求精神自由,它超越了教学过程中那些外在符号的限制,在自由的情境中寻求教学创造的冲动。通过对教学过程的艺术观照,引领教师在教学过程中进行精神的创造,在教学过程中教师的艺术愉悦和精神自由实现了统一。教师将身心彻底融入课堂活动中,带领学生进入一片无滞碍的空碧澄明之境。艺术的课堂上,教师所追求的不是表面热闹的言语对话,而是内在的心灵对话,通过对课程文本的共同解读实现心灵的交流和共鸣。教学艺术的精神创造凭借教材又超越教材。教师在对教材进行美的解读、示范的过程中产生美的课堂体验,并以这种体验感染引导学生,以自己对学科的热爱激起学生对学科的热爱。教学的精神自由极大地提升了教师的专业创造力。

2. 教学艺术生成教学诗意

教学艺术在于它与生活同源,源于生活又高于生活。教学艺术撷取生活中最美的场景,将之融入课堂,产生对生活的诗意体验。一脉余晖、几点白帆、满江春水、幽默睿智都是教学中的艺术素材。课堂活动中教师用自己的教学智慧赋予教学过程以诗性的美,课堂因为教学艺术而具有了诗性的自由浪漫。教学生活除了必要的精确之外,还要引导学生在知识王国里漫游和激发他们充满活力的创新。不论是科学奥秘的探索、抽象的思维分析,还是内在的情感体验,诗性的课堂就像心灵的旅程,轻松美丽,和谐自由。教学过程的诗意主要表现在教学情境、教学语言和教学体验之中。教师专业正是在特定的教学情境中通过教学语言和教学体验而得以发展的。

3. 教学艺术培养生命激情

艺术的课堂是灵动的,生命之美洋溢其中。在艺术的生命体验感召下,教师对生活充满了激情,教师对生活的激情蕴藏着无限的教学创造力。教学激情提升了教师对所从事专业的理解层次。激情给课堂带来活力的同时,也延续着教师的生命创造力。英国诺丁汉大学教授克里斯托夫·戴认为,"教学是以理想为基础的希望之旅","教师的工作是一种积极信仰,相信每位学生能够通过努力学习,并通过家长与学生的配合,相信自身克服困难的能力和自己应对挫折的适应力与毅力,从而对学生的学业成绩产生巨大的积极影响"[②]。艺术的课堂不但充满了人生智慧,还洋溢着生命的激情,正是激情成就了优秀的教师。

本书以我国特级教师的教学案例为研究对象,从教学目标、教学导入、教学过程、教学高潮、教学收尾以及教学内容安排、教学方法运用、教学语言表达、教学评价等多方面教学艺术入手,在精彩纷呈的鲜活案例中撷取若干精彩中的精彩,品味分析,咂咂出其中味道,体会出其中意蕴,以实现教育艺术的共享。

---

① [德]黑格尔.精神哲学——哲学全书·第三部分[M].杨祖陶,译,北京:人民出版社,2006:20.
② [英]克里斯托夫·戴.保持激情:成就优秀教师[J].陈彦旭,译,教育研究,2009(3).

第一章 教学目标呈现的艺术

教学目标是预期的教学结果，教学目标对教学过程具有定向的作用，是教学结果评价的依据。课堂伊始，教师将教学目标呈现给学生，可以使教师教有所依，学生学有所据。教学目标的呈现既要讲究科学，也要讲究艺术。不同的教师在教学过程中对教学目标呈现的方式有较大的差异，这种呈现方式的差异与教师的教学个性有着较为密切的联系。在特级教师们的课堂上，教学目标的呈现有他们独特的形式，这些独特的形式在他们长期的课堂实践中发展成为一种艺术，彰显出各自的教学风格。

本章从教学目标呈现方式的角度将教学目标呈现的艺术分为如下六种：

- 问题式呈现的艺术
- 任务式呈现的艺术
- 活动式呈现的艺术
- 情境式呈现的艺术
- 副标题式呈现的艺术
- 趣味式呈现的艺术

一、问题式呈现的艺术

教学目标的问题式呈现，即教师在教学过程中将教学目标以问题的形式呈现给学生，学生通过对问题的思考了解本节课或本单元需要达到的学习目标。问题是学习的开端，在课堂活动过程中，问题也经常被用来作为教学目标呈现的一种重要的形式。目标的问题式呈现艺术是一种基于教学内容和学生认知特点相结合的艺术，经过精心提炼出的问题，是最能契合和激发学生的认知经验的问题。以问题的方式呈现教学目标能够促进学生思维展开，引起学生积极的学习兴趣，让学生在对问题的思考过程中进入学习的状态。同时，由于将问题和教学目标结合，学生既了解了将要学习的内容，又能明确地知道自己在学习完成之后所要达到的学习结果。

使用问题式呈现教学目标，主要目的是激活学生的思维，在认知层面调动学生学习的积极性。对于那些情感、欣赏、动作技能类的学习内容，问题式呈现目标的方式有一定的局限性，不能机械套用。

【典型案例】

案例一：《愚公移山》教学目标的问题式呈现艺术

师：很高兴我们今天一起来学一篇课文——《愚公移山》。请大家看这个题目，其实就其中的"大"和"小"而言，这样四个字的排列似乎不是很合理，合理的应该是这样一种排列。

师：愚公，移，山。因为山实在是太大了。我们接下来思考这样四个问题：第一，山是怎么样的？第二，愚公是怎么样的？第三，"移山"，"移"的过程是怎么样的？第四，最后的结局又是怎么样的？我们一边听录音，一边来思考这四个"怎么样"。①

案例二：《一元二次方程》教学目标的问题式呈现艺术

师：同学们，这堂课，老师想上一堂特殊的课，特殊在哪儿呢？这堂数学课，只上一张图，其他什么都不上，内容一张图，目标要求就是期待同学们从这张图里面发现咱们自己的问题，听清楚了吗？

生：清楚了。

师：好，同学们，大家打开数学课本。请看课本上的三张图。第一张图是一个滑梯，第二张图是一个海豚，第三张图是一个掉进大海的石块，同学们，今天老师就从这第一张图开始，同学们看看这一张图，数学充满变化、动感，充满灵性，今天我们就从这一张图出发，发现一些规律。我们先尝试自己做题目，首先来看这个话题，这个梯子的A点距地面距离是4，梯子的长度是5，我们能发现什么规律？②

【教学艺术评析】

巧以问题隐含目标

教学目标作为问题被提出和呈现出来，需要考虑两点：一是问题必须将学生的思维引向本节课教学所要达到的目标，即给学生定向；二是问题必须能让学生听得明白，让学生在问题的指引下进行积极的思考。

上面这两个案例将上述两点结合得恰到好处。

案例一中，郭初阳老师采取了课堂教学中常用的"读题切入"的教学方式，通过引导学生对课文标题进行分析，抓住这节课的核心内容。开始的时候，教师根据学生的认知特点，对板书进行分析，将"愚公"和"山"从形状、大小的角度进行区分，引发学生的认知冲突。接下来根据《愚公移山》这篇课文的内容，郭老师设计了四个问题：第一，山是怎么样的？第二，愚公是怎么样的？第三，"移山"，"移"的过程是怎么样的？第四，最后的结局又是怎么样的？这四

---

① 郭初阳.《愚公移山》课堂实录[J].教师之友，2005（3）.
② 符永平的《一元二次方程》教学实录：http://v.youku.com/v_show/id_XNzAyMTAwMTU2.html

个问题包含了四个方面的内容：事件的人物主体、活动的对象、活动的过程和活动的结局。这四个问题的提出让学生在接下来的学习过程中有一个活动的线索，学生沿着这个线索去阅读、思考，在问题的驱动下去解读文本，理解文本的含义。《愚公移山》是一篇文言文，对学生来说，在文字理解上有一定的难度，如果教师直接从文字教学入手就容易使学生产生学习上的畏难情绪，而这四个问题通俗易懂，且问题的提出是依据事件发生的一般过程，学生在学习的过程中以"先内容后文字"的形式展开活动，这样不但没有让学生产生畏难情绪，反而增加了学生阅读这篇课文的兴趣。同时，这四个问题在设计上也考虑到层次差别，前面三个问题紧扣文章记叙事件的过程，通过阅读可以解决，最后一个问题有较大的"生成性"空间，关于"结局"既可以从文章的字面来理解，又可以从文章隐含着的没有写到的地方去展开讨论。

案例二中，特级教师符永平老师以提出问题的形式导出本节课的教学目标："今天我们就从这一幅图出发，发现一些规律"，教学目标呈现简洁、自然。教师根据教学内容，针对学生的认知特点，直接以问题的形式要求学生找出"规律"，引导学生通过现象的观察、分析，运用二元一次方程解决数学问题，符合学生认知水平，教学过程思路清晰，层层推进，取得了良好的效果。教师鼓励学生围绕不同的情境，增添新条件，学会设置问题，由学生自己为简单的问题情境加上限定条件，并根据这些条件来解决问题。相对于直接让学生解决问题的方法，这种让学生学会设置问题的方法更加有助于学生思维的缜密性与创造性的发展。

案例一和案例二从内容上看差别较大，一篇是语文课，一篇是数学课，似乎在教学艺术上找不到共同之处，但这两个案例在教学目标的呈现上都是运用问题呈现的方式，通过问题触发学生的思维，从而激活学生的思考。这两个案例在设计问题的时候都针对学生认知需要进行：案例一通过四个问题引导学生对文章进行深度的阅读思考，案例二通过问题引导学生的发现探究活动。

【拓展延伸】

通过问题呈现教学目标要注意哪些问题？

1. 问题要具有典型性和针对性

问题的典型性是就学生的体验而言的，针对性是就学习内容而言的，目标的呈现要能在学生的生活体验与将要学习内容之间找到一个契合点。教师用于引出教学目标的材料需要是生活中常见、被学生所熟知的，因为常见和熟知，学生就比较容易对将要学习的内容产生学习兴趣。但教师所用的材料不能仅限于常见和熟知的，还要注意到所用材料与教学内容之间的内在联系，而不能只停留于外表的相似。教师要将教学目标的引入作为教学活动的一个必不可少的环节，而不是那种简单地为了目标的呈现而呈现，呈现本身就是教学的一个环节。因此，教师在呈现教学目标时需要在学习内容、学生的生活经验、学生既有的认知水平之间建立内在的联系。将课堂活动开始的目标呈现与整个课堂教学活动作为一个有机的系统来对待。

2. 问题要生动具体，要符合学生心理发展水平

在将教学目标以问题的形式呈现时，设计的问题既不能过难，也不能过简。既要做到从学生的生活体验出发，又要让学生经过思考产生思维的火花，达到一定的深度。例如，在教学鲁迅先生的散文《风筝》时，可以直接从"风筝"本身入手，因为多数学生都见过风筝，并且许多学生都有放风筝的快乐经历，老师从让学生说出自己放风筝的快乐感受入手，引导学生明白风筝与儿童自由天性之间的关系。这样，就让学生对放风筝的自由快乐认知与课文中"我"对"小兄弟"玩风筝的态度之间产生的矛盾有了更深的理解，进而激发阅读的兴趣。

教师的问题提出之后，学生根据自己的生活经历进行了各种各样的生动表述，教师将学生表述的关键内容书写在黑板上，然后通过这些感受引出对鲁迅先生关于"风筝"感受的讨论，教学围绕对风筝的态度而展开。帮助学生理解课文中的句子，如"我即刻伸手折断了蝴蝶的一支翅骨，又将风轮掷在地下，踏扁了。论长幼，论力气，他是都敌不过我的，我当然得到完全的胜利，于是傲然走出，留他绝望地站在小屋里"。既紧扣文章的中心，又符合学生的认知水平，从而收到了良好的学习效果。

3. 问题的设置要具有思维发散性

问题的提出，既要给学生以参与挑战的冲动，又要激活学生的思维，让学生在课堂活动开始的时候产生一种探究发现的需要。人类与动物的最大区别是人具有探究外部世界的欲望，每一个儿童都具有学习的本能，教学要保护、培养儿童的这种本能。因此，教师在课堂中提出的每一个问题都需要精心去设计，激发儿童的探究欲望。好的问题设计让班上的每一位学生都能动起来，去阅读、去思考。例如一位老师在完成鲁迅的小说《祝福》的第一课时教学之后，在第二课时以"祥林嫂是怎么死的"引出本节课的教学目标，老师首先列出导致人死亡的四种原因，"一是自然死亡，二是意外死亡，三是自杀，四是他杀"，然后引导学生讨论祥林嫂的死属于哪一类，问题的提出具有发散性，也包含着一种思想的震撼力，学生在教师的问题引导下自然地进入了深层的思考。

二、任务式呈现的艺术

教学目标的任务式呈现是指教师根据本节课的教学内容，针对学生的情感和认知特点事先设计一个以完成某一具体任务为特征的引导性活动，通过这个引导性活动，教学目标被纳入进来，教师和学生自然而然地进入新内容的学习，任务的最后完成即教学目标的达成。教学开始时呈现任务有两个目的，一是为新课的教学提供一个学习的支架，二是让学生在教师的引导下通过学习任务的完成使教学活动顺利地展开。

这种教学艺术主要适用于探究类、活动类的教学内容。在教学开始的时候，教师明确活动任务；教师在设计任务的时候，要做到将活动安排与学生的认知发展紧密结合，活动的目的是为了促进认知的发展，不能仅仅为活动而活动。

【典型案例】

案例一:《相似三角形》教学目标的任务式呈现艺术

师:同学们,你们好。今天这节课的课题是"手脑并用话相似",是相似三角形的一节复习课。同学们,请大家看白板上的这六组图形。这六组图形当中,都有一些角相等的标记以及线段长度的标记,你们看看,在这六个图形中,有相似三角形吗?如果有,OK,把它找出来,并跟大家说出它是相似三角形的理由。[①]

案例二:《不等式的应用》教学目标的任务式呈现艺术

师:同学们一定去过菜市场,菜市场用来存放鱼的那种容器是我们常见的无盖的长方体,因为我经常去买菜,所以卖鱼的老板知道我是一位数学老师。有一次他向我请教了一些可能跟数学有关的问题。那么今天这堂课呢,我们想从这个问题开始细谈,请大家看PPT。

(PPT:用一张长80厘米,宽50厘米的长方形铁皮,做一只无盖的长方体铁皮盒,焊接处厚度与损耗不计,问这只铁皮盒尽可能大的体积是多少?)

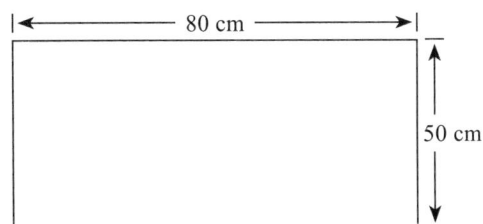

师:他告诉我,要做一个无盖的长方体盒,用一张长80厘米,宽50厘米的长方形铁皮,做一只无盖的长方体……呃,长方体铁皮盒,接下来我们做了一个假设,焊接处厚度和损耗不计,问这只铁皮盒尽可能大的体积是多少?他希望越大越好,那么请大家先思考一下。

学生尝试计算中……[②]

【教学艺术评析】

巧以任务呈现教学目标

案例一中,特级教师郑瑄老师从课题入手,"手脑并用话相似"是相似三角形的一节复习课,要求学生从教师提供的六张三角形图片中找出相似三角形,并说出自己的理由。在课堂教学开始的时候,教师巧妙地将教学目标转化为课堂活动的任务。这节课目标呈现的最大特点是

---

① 根据郑瑄的《相似三角形》复习课课堂录像整理。
② 根据董林伟的《不等式的应用》教学录像整理。

目标与活动一致，学生清楚将要学什么，将要做什么，教师将课堂教学的开端与后续活动的展开合为一个整体，使整个课堂教学围绕一个任务行云流水般进行下去。

案例二中，特级教师董林伟老师先是让学生解决一个实际生活中的问题，"用一张长80厘米，宽50厘米的长方形铁皮，做一只无盖的长方体铁皮盒（焊接处厚度与损耗不计），问这只铁皮盒尽可能大的体积是多少？"整节课的教学都是围绕这个问题的解决而展开，将不等式的知识用于解决实际生活中的问题。教学之初，老师以某一个任务的解决展开教学，教学目标被隐含于教学任务之中。

案例一和案例二都采取了任务式目标呈现的教学艺术。任务式目标呈现的最大特点是教师容易通过任务的讨论和完成将学生的注意力最大限度地吸引到课堂活动中来，学生以教师设置的任务为学习导向，学习过程中围绕问题的解决进行积极的思维活动。学生需要完成的任务与教师对学生进行训练的能力要求及时呈现出来，从而在课堂一开始，学生的思维就变得活跃起来。

【拓展延伸】

以任务呈现教学目标的时候如何寻找恰当的活动视角？

1. 以思维训练作为任务设计的主线

教学开始的时候，教师可以用一个任务带动整节课的活动，任务的安排要高屋建瓴，抓住核心，让整节课的教学形成一根主线。任务就像一根红线，把各个环节的教学任务串起来。表面上看，这根主线是学生的活动，实质上学生的活动受制于教师对课堂教学目标的设计。由于教师在备课的时候吃透了教学内容，因此应将教学内容作为促进学生认知发展的材料，而不是停留在将教学内容传授给学生。以思维带出活动，在活动中发展思维；思维训练、认知发展是教学的目的，活动只是实现这一目的的手段。教学要超越具体的教学内容，把教学内容变成学生训练思维能力的材料，教学的最终目的是促进学生的认知发展，生成、创造新的知识，而不是获取、积累知识。

一般情况下，在数学、物理等学科的教学中，思维训练都会被高度重视，因为这些学科的主要培养目标是培养学生的思维能力。而在语文、政治、历史等学科教学中，教师一般对学科具体内容非常重视，而对思维训练的重视力度则不足。因此，语文等学科的教学中，重视课堂活动中的思维训练具有特别重要的意义。

2. 在完成任务的过程中实现思维训练的目标

通过具体任务的完成引导学生展开思维活动。任务布置下去之后，教师引导学生尝试问题的解决。在一个任务解决之后，教师又在解决既有任务的基础上提出下一个任务，从而在教学过程中始终以任务驱动引起学生的思维活动。

一般情况下，教师首先布置学生将要完成的任务，明确教学目标，然后通过任务的完成落实教学目标。教学过程紧紧围绕目标展开，学生的思维不断被激活，使学生能够积极参与到课堂活动中。教学目标的呈现与学生学习任务的完成紧密结合在一起。这样就使学生在活动过程中明确自己要学习的主要内容,进而在完成这些内容的学习之后明晓自己需要达到一种什么样的结果。

在进行任务设计的时候,教师要能精准地理解教学内容,找到具体的学科内容背后的思维训练点。这里的思维训练点,即学科关键能力。不同的学科,学科关键能力的要求不一样,但从思维训练这一层面来看,每一门学科都能找到共同的要素。

三、活动式呈现的艺术

教学目标的活动式呈现是指教师在学生的活动过程中把目标呈现出来。与任务式呈现的区别是,任务式呈现是以明确的任务完成为目标,使教学活动在任务完成的过程中展开,任务的完成即教学目标的达成;活动式呈现指教师通过让学生在课堂上活动起来去掌握知识、理解概念、形成技能。任务式呈现具有明确的指向性,而活动式呈现的指向性是隐含的,教学目标是在活动中生成的,教学过程中教师通过巧妙地设计活动,引导学生发现问题,使教学过程得以展开。

这种教学目标呈现的艺术在各学科教学中都可以运用,活动设计的目的是为了通过活动引起学生的探究兴趣,使其参与到课堂活动中来。活动的呈现不能为活动而活动,而是在活动过程中生成本节课的教学目标。

【典型案例】

案例一:《与朱元思书》教学目标的活动式呈现艺术

师:请一位同学把课题写在黑板上。

(学生纷纷举手)

师:我找一位没有举手的。(指一位同学)就是你吧。你为什么没有举手?

生:我字写得不好。

师:没关系。没有谁不练习就把字写好的。到黑板上来练习练习吧。

(学生上台板书:"与朱元思书""吴均")

师:字写得蛮可以嘛,虽然不能说漂亮,但是笔顺都对,间架结构都合理。要努力,大胆些,敢于表现,才有成功。不表现,就没有成功。今天就是一次成功,当了一次老师。

(学生欲回去)

师:先不要走。老师还没有问完呢,给大家解释一下课题呀。

生:和……朱元思写信。

师:"与",应解释为"给","与"有"和"的解释,"书"有"写"的意思,但是在这里是名词,应该是"信"的意思。请你连起来解释一下。

生:给朱元思的信。

师：非常棒！你再看看书，会知道，这篇文章还有一个名字。

生：《与宋元思书》。

师：为什么两个名字？到底是"朱元思"还是"宋元思"，已经无从查考，大概过去刻板印刷的时候，刻写不清楚，让读者"朱""宋"难辨认。①

案例二：《物质的变化和性质》教学目标的活动式呈现艺术

师：通过序言课的学习，同学们知道了什么是化学，领略了化学的神奇。课后，又进行了复习和预习，现在，我们交流一下预习情况。

生（齐）：化学是一门研究物质的组成、结构、性质以及变化规律的科学。

师：请看老师做几个实验。这是一张纸（双手拿一张白纸），有没有发生变化（将白纸揉成一团）？

生（齐）：变化了。

师：（另取一张白纸，撕成碎片）变了没有？

生（齐）：变了。

师：（将白纸燃烧）有变化吧？

生（齐）：有。

师：那这些变化可以分成哪几类？（PPT展示刚才所做的小实验）

生（齐）：分成两类。

师：哪两类？

生（齐）：物理变化和化学变化。

师：我想问一下，这里哪一个是化学变化呀？

生（齐）：第三个。

师：为什么呢？

生：因为第三个变化生成了新的物质。

师：看来大家对物理变化已经有了初步的认识，这节课我们进一步来讨论物质的变化和性质。首先请同学们根据课本上的实验提示和同学们的预习，完成实验。②

【教学艺术评析】

在活动的展开过程中达成教学目标

案例一中，特级教师韩军老师提出要求，让学生在教师的指令下开展活动。他根据自己的观察，发现一位没有举手的学生，就请这个学生板书课题，并给予肯定和鼓励，在这个学生完成了教师要求他做的事情之后，继续让他解释课题，突出"与"的意思，进而让学生注意到文中人

---

① 根据韩军的《与朱元思书》的教学录像整理。
② 根据吴丛铎的《物质的变化和性质》的课堂录像整理。

物姓名"朱"和"宋"差异。引导学生明白在文言文学习过程中要注意字词句的理解和掌握，让学生明白在文言文的学习过程中，文言词语的学习是主要的目标。

案例二中，特级教师吴丛铎老师通过让学生观察教师所演示的三次活动，对"物理变化"和"化学变化"进行区分，明确"化学变化"的特征：物理变化不生成新的物质，化学变化生成新的物质，进而将这节课的教学目标"讨论物质的变化和性质"提出来，学生在课堂活动的过程中逐渐明白了本课的学习目标。

案例一和案例二都是通过活动使教学目标逐渐变得清晰。将教学目标以活动的形式呈现的最大好处是学生在教学开始的时候处于一种积极的状态，能充分调动学生学习的积极性；并且将"目标"与"活动"合一，在"活动"中领会"目标"，以"目标"引领"活动"。学习目标可以通过师生在活动中不断地搜索而生成。

【拓展延伸】

怎样通过目标引导活动？

1. **教师活动，学生观察思考**

课堂教学开始的时候，教师依据教学目标，针对本节课的教学内容设计教学活动，将教学目标的要求转化成教师活动的形式呈现出来。在教师活动的时候，学生细心观察，将注意力集中到教师的活动上，发现问题，形成体验，探究规律，抓住本节课的学习目标。这种情形的目标引导一般适用于物理、化学、生物等理科课程的教学。例如在初中物理"浮力"的教学中，教师设置如下活动场景：把空小瓶和实心橡皮泥按入水中，然后放手，让学生观察，并描述自己观察到的现象，思考从观察到的现象中发现了哪些问题。在此活动的基础上，教师顺势提出问题："怎样让小瓶下沉？怎样让橡皮泥上浮？"教师将本节课的教学目标转化成为课堂活动的形式，以教学目标引导课堂活动。在运用这种通过教师活动，学生观察思考的目标引导方式进行教学的时候，一定要注意在既定的教学目标和教师的活动之间找到内在联系，通过这种内在联系激活学生的思维，让学生进入积极的探究状态。

2. **教师引导，学生活动**

课堂开始的时候，教师向学生提出活动要求，学生按照教师提出的要求开始学习活动，在活动的展开过程中，发现问题，领会本节课的学习目标。这种目标引导形式也较适合于理科课程的教学。如在初中生物"合理的膳食"这一节的教学过程中，教师可以引导学生通过自己日常的饮食习惯思考自己的膳食是否合理，并展开讨论。

3. **设置情境，师生共同活动**

教学情境的设置与教学目标的关系有三种：第一种是通过学习情境将学生带入课堂学习的状态，起到教学导入的作用；第二种是教师通过设置的学习情境提出问题，让学生对教师提出的问题进行讨论思考；第三种是教师设置学习情境，让学生通过对学习情境的观察、思考，发现问题，提出问题，在问题解决的基础上学习。教师在进行教学目标呈现的时候，可以根据具体的情况选择合适的情境设置方法。

四、情境式呈现的艺术

教学目标的情境式呈现是指教师在教学过程中结合学生熟悉的具体生活情境,通过情境中的问题讨论明确这节课的教学目标。情境与学生的感性经验联系紧密,学生对相关知识的直观感受容易被唤起,学生对生活的直观经验成为一种课程资源。然而,学生的直观感受或经验常常又具有表面性和不确定性的特征,这个时候,教师如果抓住这种表面性和不确定性进行巧妙的教学设计,在特定课堂情境中把教学目标呈现出来,会产生较好的教学效果。

情境式呈现与任务式、活动式呈现的区别在于,情境式呈现更注重教学目标呈现的情感氛围,任务式、活动式呈现则着眼于将教学目标与学生的认知发展结合起来。情境式目标呈现的艺术需要教师有较高的情感投入,通过教师的情感投入形成富有感染力的课堂。

【典型案例】

案例一:《中国石拱桥》教学目标的情境式呈现艺术

师:前面我们布置大家观察了桥,下面请同学们说说你见过哪些类型的桥。

生:独木桥、水泥预制桥、钢梁桥、石拱桥、铁索桥……

生:江河大桥、立交桥、过街天桥。

师:大家见过的桥确实不少,那么你们能否用一句最简洁的话说说桥的特征?

生:架在河面上,用水泥钢筋做材料的建筑物,如枝城长江大桥。

生:不对,有的桥也用木材做材料,如独木桥。

生:还有,有的桥不是架在河面上,而是架在空中的,如立交桥。

师:大家说得很有道理,看来要把握事物的特征,还必须找到同类事物的共同点。下面大家想想,哪些才是形形色色的桥所共同具有的特点?可以查词典,看看词典是怎样说的。

生:(查词典)架在河面上连接两岸的建筑物。

师:根据我们前面的讨论,大家想想这样概括桥的特点是否准确?

生:不够准确。前面已经说过,立交桥就不是架在河面上的。

师:看来时代在发展,词的含义也在发展,大家修改修改。

生:架在水面或空中,用来连接两端的建筑物。

师:我们一起回顾一下,刚才抓事物特征的方法。事实上桥用什么做材料,千差万别,不是共有的特点,桥的作用——架在水面上或者空中连接两地供通行才是共同具有的特点。抓特征就是要找出同类事物的共同点。

师:下面我们把桥的范围缩小,局限于石拱桥。按照上述抓特征的方法找找石拱桥的特征,看看石拱桥有什么共同点。

生:桥洞呈弧形,就像虹。

生:桥身全由石料构成。

师:说得较好,不过同学们所看到的还只是桥的外部特点,事实上我们在分析事物特征时,并不像这样显而易见,需要我们仔细研究。下面我们把桥的范围再缩小来研究中国石拱桥有什么特征,可能难度就会增大。请同学翻开课文《中国石拱桥》,先看课文写到石拱桥的哪些特点。①

案例二:《全等三角形》教学目标的情境式呈现艺术

教师出示一组图片,并将它们粘贴在黑板上。

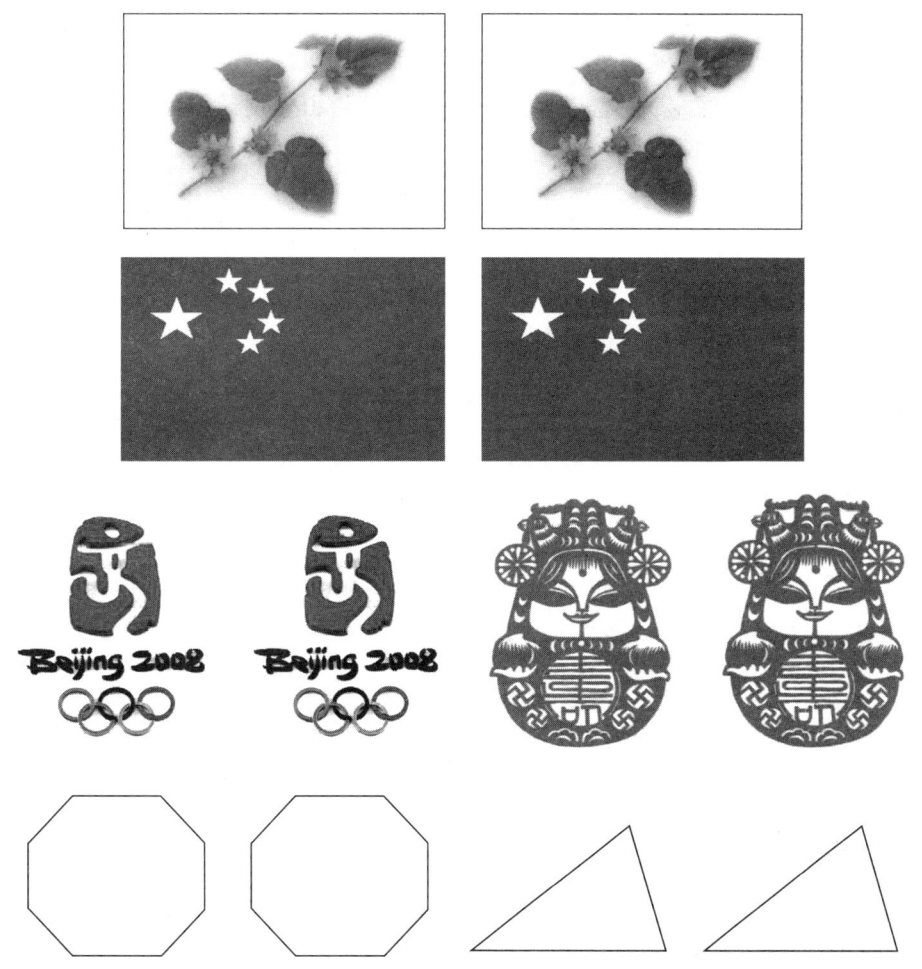

师:同学们,我们生活中有许多美丽的图片。老师准备了几组图片,现在请大家观

---

① 杨邦俊.语文人本教育[M].武汉:湖北人民出版社,2012:222.

察每组图片有什么共同特征。

生:每组的两个图形形状大小都一样。

师:它们能够完全重合吗?谁到前面来验证一下?

(分别请三位同学到前面来验证,移动其中一个图形与另一个图形重合)

师:它们能——

生:(齐答)能够完全重合。

师:同学们的观察力很棒,上面几组图形,每组中的两个图形都能够完全重合。数学中将这种能够完全重合的图形称为全等形。

师:(板书)能够完全重合的图形称为全等形。

师:那现实生活中还有其他能够完全重合的图形的例子吗?

生1:同一张底片洗出的同大小照片是能够完全重合的。

生2:人和镜子里的像是完全重合的。

师:观察下面两组图形,它们是不是全等形?并指出它们的相同点与不同点。

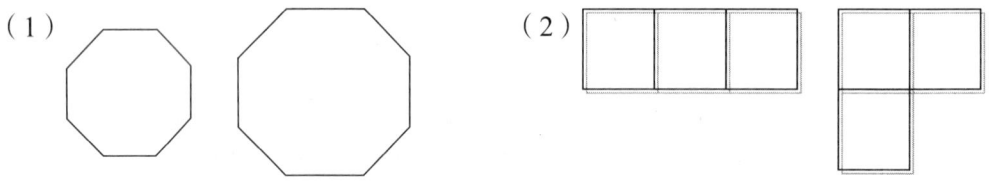

生:它们不是全等形。在图(1)里的两个图形都是八边形,但是它们的大小不相同。在图(2)中两个图形都是由三个大小相同的小正方形组合而成的,虽然它们大小相同,但形状不相同。

师:同学们他回答的好吗?(好!)那是不是应该掌声鼓励?(掌声)这位同学不仅观察力很棒,并且语言组织能力也强。同学们也要像他一样不仅要善于观察更应该善于总结。如果上面两组图形不是全等形,那么全等形有什么样的特征呢?

生:全等形的形状、大小都相同。

师:哦。说得很好。(教师板书全等形的特征:全等形的形状和大小都相同)

(请学生动手制作:先做一个三角形,然后将取下来的三角形按在纸上做第二个三角形)

师:(与学生交流)做好的同学请亮亮你们的杰作。同学们做得真仔细,有些同学注意了两个人配合节约了不少时间。试着把你们手中的两个三角形叠放在一起看看,它们会怎么样?

生:(齐答)完全重合。

师:对。那么我们把(板书)能够完全重合的两个三角形叫作全等三角形。

师:(活动)既然只要保证形状大小相同就可以得到全等形,那么请同学们在纸板上动手做两个全等的三角形,并把它们取下来。①

【教学艺术评析】

将教学目标融入特定情境中

案例一中,上课一开始,特级教师杨邦俊老师通过问题把学生的生活体验引进课堂,引导学生对说明对象产生兴趣,让学生较快地进入一种探究阅读的状态。教师通过与学生的语言交流,指导学生从具体的感性情境中发现事物的一般特征。以"哪些才是形形色色的桥所共同具有的特点"这个问题引起学生阅读和思考的兴趣。针对学生认识上的感性、不全面的特点,教师进一步明确"抓特征就是要找出同类事物的共同点",把学生的思维向前引进。最后将本课的教学目标抛给学生:"请同学翻开课文《中国石拱桥》,先看课文写到石拱桥的哪些特点。"在学生根据自己的经验对问题进行讨论的过程中,教师没有简单地告诉学生结论,而是引导学生进行讨论,把自己的认识说出来,一步一步对问题有了更深入认识。

案例二中,特级教师张文娣老师的《全等三角形》教学也是从情境入手,将学生从对生活世界的感性认识引导到对数学概念"全等三角形"的认识。先引导学生通过几张图形的比较认识全等图形的特征"能够完全重合",紧接着板书"能够完全重合的图形称为全等形",以强化学生的认识。随后又让学生回到自己的具体情境中,通过感性经验强化对"全等图形"的感性认识。这种联系生活中常见的情境导入课题,可以使学生感受到身边的数学,产生进一步探究的学习冲动。教师巧妙地引导学生从具体生活情境中抽象出数学问题,通过"具体—抽象—具体"让学生产生对数学的认识。最后,教师设计了图形辨析的环节,列举了容易与全等形混淆的图形让学生判断,重在培养学生观察问题、分析问题和归纳总结的能力。

【拓展延伸】

如何通过情境的设置激发学生的认知动力?

1. 通过和谐的认知体验建立认知联想

情境式的目标呈现艺术不能只为了情境而情境,和谐、轻松的课堂氛围是为了使学生更好地理解学习目标,从而进入学习状态。因此,情境的设置要与学生的认知结合起来。这种结合的第一种形式是帮助学生获得积极的认知体验。认知上的和谐是指课堂的感染力强,它是课堂情感氛围、教学内容、认知发展目标的一致状态。认知上的和谐对学生学习的意义在于产生认知联想。教师通过活动情境的设置,唤醒学生过去的体验,在过去的体验与当下的教学目标之间建立积极的联系,为当下的学习建立先行认知支架,促进认知变化。在这种形式的情境设置中,学生过去的体验与当下的教学目标在内容上或者在思维方式上都具有相似性,将要学习的新的知识内容通过这种相似性建立联系,让学习的过程变得简单。

---

① 根据张文娣《图形的摆放与探究》的课堂教学录像整理。

2. 通过认知冲突产生探究欲望

认知上的冲突是指教师设置的情境引发了矛盾。如果一个教学设计能够引起学生的认知冲突，这个设计常常能把学生带入一种积极的思考状态。如果在教学的目标呈现阶段就能让学生产生认知的冲突，那么学生在这节课上不但会思维活跃，而且思维具有明确的指向性。因此，教学过程中，通过设置情境，让学生在特定的情境中产生思维矛盾是教师经常运用的一种目标呈现方式。下面的这节物理课"弹性碰撞"的教学目标呈现就是通过认知冲突让学生围绕教学目标展开探究。这节课的开始，教师准备好教学器材：一只打足气的排球和一只篮球。接下来教师进行教学演示：让排球（或篮球）从一定高度下落，排球（或篮球）几乎能够反弹到原来的高度；将排球正对着放在篮球上，从原来的高度释放，让学生观察两个球反弹的高度。结果学生发现，篮球几乎反弹到下落的高度，排球反弹远远超过下落高度。教师就这一现象提出如下问题：为什么排球反弹的高度远远超过下落的高度？[①]

在这一教例中，教师通过问题引起学生的认知冲突：学生从记忆中调用已有知识，即机械能守恒定律，判断排球最多只能反弹到下落高度，而排球的实际反弹高度已经超越学生的经验判断。从认知心理学的角度看，学生遇到了不能同化的知识，从而引起了认知冲突。由于产生了认知冲突，接下来的教学就有认知的基础，同时也使学生形成了进一步探究学习的动力。

五、副标题式呈现的艺术

副标题式呈现是指教师要求学生通过给文章加拟一个副标题的形式来将这节课的主要教学目标提出来。这种方法对于训练学生的抽象概括能力、抓住事物的本质特征具有较好的效果，一般可用于语文、政治、历史等学科的教学中。

给文章加拟副标题或标题的教学方法主要是为了培养学生的抽象概括能力，它需要学生的抽象思维能力达到一定的发展程度。运用这种方法呈现教学目标可以使教师较好地了解学生的认知水平，然后根据学生的认知水平组织教学。

【典型案例】

案例一：《皇帝的新装》教学目标的副标题式呈现艺术

下面给大家两分钟准备时间，请你们给本文拟一个副标题——"一个什么样的皇帝"，最好能结合课文作些解释。

（众学生翻书思考、讨论）

"一个愚蠢的皇帝"

"一个爱美的皇帝"

"一个虚伪的皇帝"

[①] 沈志斌. 教学始于问题[M]// 陶洪. 著名特级教师教学思想录（中学物理卷）. 南京：江苏教育出版社，2012：580.

"一个不可救药的皇帝"

"一个昏庸的皇帝"

"一个无能的皇帝"

"一个无知的皇帝"

"一个不称职的皇帝"

师：大家从现象到本质阐明了自己的观点，这很好。刚才大家的发言绝大部分是对的，个别有点毛病的也纠正了。通过这个练习，我们对课文中的主要人物——皇帝有了一定的认识，下面我们再来研究一下这个故事的情节。谁能用一个字概括这篇童话的故事情节？或者说这个故事是围绕哪一个字展开的？给大家一分钟准备时间。

（生翻书、思考）

师：大家发表了不同的见解。你们分别用蠢、骗、伪、假、傻、装、新、心八个字概括这篇课文。那么，这八个字哪个是正确的呢？

（众学生纷纷举手要求发言）

师：大家的看法是对的，本文是围绕一个"骗"字展开的。（板书：骗）请大家回忆一下，开始你们提出了八个字，我们为什么能够在这样短的时间里就统一了认识呢？这是因为我们采用了恰当的筛选方法，这就是排除法、检验法和比较法。希望大家记住这三种方法，并在今后注意学习运用。

师：这篇课文是围绕一个"骗"字展开的。请同学们说说，文中的各种人物是怎样围绕这个"骗"字进行活动的呢？

生：骗子骗人。

生：皇帝受骗。

生：那两个老大臣还有其他官员是既受骗又骗人。

师：对大臣官员们来说，他们在这个故事中的作用，受骗是主要的呢，还是骗人是主要的呢？

众生：骗人。

师：对。不管是为了什么，他们实际上是帮助骗子骗了皇帝。

生：老百姓也是既受骗又骗人。对他们来说，受骗是主要的。

师：你学了马上就用，很好。老百姓受骗，是那两个骗子直接骗的老百姓吗？

生：不是。是听别人说的，逐步就谈论开了。我明白了，是老百姓传播了骗子的谎话。

师：很好！你那个"传"字用得好。

生：那个小孩不受骗。

生：那个小孩把两个骗子的谎话戳穿了。

师：那么，那个小孩在这个故事中起到了怎样的作用呢？

生：小孩揭露了骗子。

师：很好！就是这样。现在我们总地看一下。（边说边板书）骗子行骗，皇帝受骗，官员助骗，百姓传骗，小孩揭骗。这个故事从骗子行骗开始，到小孩揭骗结束，始终没有离开这个"骗"字。所以说，这个故事是围绕着一个"骗"字展开的。①

案例二：《故乡》教学目标的副标题式呈现艺术

讲授《故乡》一文，在学生初读课文之前，教师给学生布置了如下的任务：读课文之后请学生在课文原标题"故乡"二字之前，加上一个或几个修饰性的或限制性的词语，把这篇课文的标题变成"……的故乡"的形式。

读课文之后，学生站起来相继发言，给课文拟出了一个又一个新标题，并且结合课文做了简要说明。学生添加的标题主要有：

远去的故乡

悲凉的故乡

萧条、衰败、日趋破产的故乡

不值得留念的故乡

使我气闷的故乡

与我有了隔膜的故乡

清晰而又模糊的故乡

熟悉而陌生的故乡。②

【教学艺术评析】

在加拟副标题的过程中生成目标

案例一中，特级教师宁鸿彬老师在要求学生对课文导入材料进行阅读的基础上，提出第一个问题："请你们给这篇童话加个副标题，一个什么样的皇帝"，并板书"一个＿＿＿＿的皇帝"，为后来阅读教学的进一步展开提供了讨论的基础。副标题本身是一个半开放的填空题，由于不同的学生对课文理解的程度不一样，他们给出的问题答案也肯定不一样。对于这样的问题，学生在回答的时候不至于出现没有答案的情形，任何一个学生，只要他初读了文本，自己对这个问题就会有判断。不同视角、不同层面的答案在课堂上相互交流、碰撞，学生对问题的回答呈现发散状态。这样，学生的思维既能放开，又不至于在思考的过程中离题。它可以对学生进行抽象思维能力的训练，引导学生将文本自身的人物形象、故事情节与童话揭示的主题进行综合思考。通过这样的问题设计，学生比较容易抓住文本的"纲"，形成对文本的高屋建瓴的把握。第二个问题："谁能用一个字概括这篇童话的故事情节"，是在对前一个问题思考、讨论的基础上提出的。对这个问题，需要学生有较强的概括能力，当学生给出了八个不同的答案后，教师

---

① 宁鸿彬. 中学语文教学改革探索[M]. 济南：山东教育出版社，1997：65.
② 宁鸿彬. 中学语文教学改革探索[M]. 济南：山东教育出版社，1997：84.

开始引导学生就这八个不同的答案进行分析讨论,最后归结到一个"骗"字上。在此基础上,教师又提出第三个问题:"文中的各种人物是怎样围绕这个'骗'字进行活动的呢",教师在学生讨论的基础上进行总结:"骗子行骗,皇帝受骗,官员助骗,百姓传骗,小孩揭骗。这个故事从骗子行骗开始,到小孩揭骗结束,始终没有离开这个'骗'字。"教师提出的三个问题,每一个问题都引起了学生的积极思考。这个案例的亮点在于教师所提的每一个问题都成为一个悬念,每一个悬念的解决都呈现出自己的精彩。

案例二中,《故乡》的教学也运用了这种方法,学生从不同角度、层面表达了各自不同的理解,教师将学生所拟的不同的副标题板书于黑板,进行总结讨论,使学生对文本形成立体的理解。

因此,"加拟副标题"是一种易学好用,并且能产生良好教学效果的课堂教学目标呈现的方法。加拟副标题对文本的理解具有积极的作用。首先,教师可以通过学生加拟的副标题了解学生对文本的理解程度,学生通过之前所拟的不同标题的讨论可以修正自己在阅读过程中出现的理解片面性;其次,给文章加拟副标题可以较好地理解文章的主旨;再则,这一方法可以为理解文章寻找合适的解读切入点。

【拓展延伸】

如何利用标题教学切入目标?

标题教学是中小学教师在课堂实践中经常运用的一种教学方法,教师们常常能从标题入手为课堂教学巧妙地寻找到合适的教学切入点。具体做法大体有如下几种。

第一,利用标题引起质疑辩论,在质疑辩论的过程中将教学目标呈现给学生。这种形式一般较适合运用于语文、政治等文科课程的教学。就语文而言,标题常常是文章的文眼,抓住了文眼就抓住了文章的关键所在。有经验的教师常常会巧妙地利用标题展开教学,牵一发而动全身,一石激起千层浪。

第二,利用标题形成问题思路。例如《二元一次方程与一次函数》的教学,教师可以设计这样的问题思路:教师首先以"方程和函数之间有着怎样的关系?"来引导学生探究,再通过"数形结合陈述方程与函数",最后"概括出陈述重构方程与函数"。教学中,引导学生进行问题探索,逐渐从二元一次方程与一次函数的外在表现形式中发现,方程和解析式在形式上是统一的,进而研究得到方程里两个变量间的关系反映的就是函数的关系,也说明它们在本质上也是一致的。基于此,才有了借助函数图像的"形"来研究方程中有关"数"的问题,或者利用方程的"数"的特点来刻画函数图像的"形"的形态,将"数形结合"思想方法贯穿在整个教学设计和教学进程中,让学生体验到"数"与"形"间的美妙关系,以及产生利用这一关系研究数学问题的探究动力。

第三,利用标题形成教学对话。教师在上课之初,把标题写在黑板上,然后组织学生围绕标题展开讨论。讨论的内容可以是教学内容涉及的言语信息知识、概念性知识,也可以是程序性知识、策略性知识。如《最后的常春藤叶》的教学中，教师让学生把标题写在黑板上，继而用几句话概括小说的情节，并提出了一个要求，用上文章标题"最后的常春藤叶"这个标题。这就使教学过程始终围绕小说的情节和主题进行师生的对话。

第四，利用标题进行概括归纳。如特级教师宁鸿彬老师在《人民解放军百万大军横渡长江》教学的一开始就向学生提出要求，即读课文之后，请学生用三种方式表述课文内容：第一，用一句话或一个短语说出这则新闻的内容；第二，用一小段话说出这则新闻的内容；第三，用一大段话或几小段话说出这则新闻的内容。讨论结束之后，教师总结：用一句话或一个短语，最简洁、最鲜明地把报道的内容告诉人们，这是新闻的"标题"。用一小段话，简要、概括地把所报道内容梗概在新闻开头部分告诉人们，是新闻的"导语"。用一大段话或几小段话，具体、翔实地把所报道的内容告诉人们，这就是新闻的"主体"。而标题、导语和主体，是一则新闻通常所不可少的组成部分。[①]

六、趣味式呈现的艺术

趣味式呈现是指教师在教学之前，以有趣的语言、故事等把所要学习的内容向学生展示出来，使学生明确本节课所要达到的学习目标并产生学习兴趣。这种方法一般在学生接触新学习内容的时候使用得较多。兴趣是最好的老师，教师通过对学生学习趣味的培养，使他们产生进一步学习的愿望。学生在刚开始接触一门新的学科时，如何让他们了解这门学科的学习目标，并对这门学科的学习产生初始的兴趣，艺术地将这门学科的学习目标加以呈现是一种较好的解决问题的办法。

【典型案例】

案例一：《平面几何导言》教学目标的趣味式呈现艺术

（平面几何是新开设的一门课，初中学生对内容非常陌生，如何通过有趣的导入引起学生对这门的兴趣，从而进入积极的学习状态？这也是教师需要突破的教学重点。）

上平面几何课之前，由于初中生对平面几何是一门什么样的学科不太清楚，我们就讲古人为了知道土地面积的大小，逐步研究有关实际问题，积累了一些初步的丈量土地面积的知识；为了制造各种工具，建造简单的建筑物，就需要了解图形的各种性质，因此，古代有许多人从事对平面图形的深入研究。后来有一个名叫欧几里得的数学家，在前人研究的基础上系统而较完整地奠定了"几何学"这门学科，从此几何学在许多领域有着广泛的应用。这些讲述使学生明确了平面几何是研究平面图形性质的一门学科，它产生于生产实践，并随着生产实践的发展而发展起来，应用非常广泛。这样做，

[①] 宁鸿彬. 中学语文教学改革探索[M]. 济南：山东教育出版社，1997：29.

有利于帮助学生树立正确的学习观,激发学生学习几何知识的兴趣。①

案例二:《初一历史导言》教学目标的趣味式呈现艺术

创造一个融洽向上的环境。学生从小学刚升入中学,都有一种荣誉感,希望在新的环境里给老师和其他同学留下一个好印象;同时,他们也有陌生感,对一切感到新鲜好奇,特别想了解自己的老师怎么样。特级教师陈毓秀正是用自己渊博的知识和满腔的热情去理解、尊重学生的荣誉感,缩小了由于陌生感而造成的师生差距。

上课铃响了,教室内鸦雀无声,气氛略显紧张,这时,学生们看见了一位年已花甲,衣着整洁,面含微笑的女教师迈着稳健的步伐走到讲台前,然后用慈祥的目光环视全班。这就是陈毓秀老师在新生面前的第一个"亮相"。接着,陈老师亲切地说:"这一节是历史课,同学们的历史课由我给你们上。首先祝贺大家是中学生了。今天是开学第一天上课,我和同学们是第一次在课堂里见面,先自我介绍一下,我姓陈,名毓秀。"陈老师一边说一边在黑板上工工整整地写了"陈毓秀"三个大字。学生们静静地听着陈老师讲话,"你们认识了我,我也要来认识你们。希望大家认真听讲,谁能积极举手回答问题,我就会很快认识你的。"陈老师告诉学生,从小学到中学是一个跃进,在中学阶段可以奠定一生事业的基础。②

【教学艺术评析】

在趣味活动中把目标呈现出来

案例一中,教师通过具体介绍抽象的几何学知识,引导学生了解这门学科的特点,从而让学生对这门学科产生学习的兴趣,使学生愿意亲近这门学科。特级教师任勇老师介绍了古人丈量土地的情况以引起学生对几何学学习的兴趣。他从几何学科发展历史的角度入手,概要地介绍了这门学科在古代的实用价值,从而让学生了解这门学科的学习内容,产生深入学习的愿望。

案例二中,特级教师陈毓秀老师通过平易近人的语言引起学生对历史学习的兴趣。她将教师的自我介绍与一门新课程的学习巧妙地结合起来,拉近了学生与一门陌生学科的距离。在接手新班或借陌生班级上课的时候,这种趣味性的自我介绍的方法经常被教师们使用。教师们在自我介绍的时候,可以将语言表达艺术、自己的人格魅力以及趣味性的学习内容有机地结合起来,营造出轻松、有趣的课堂氛围。

教师以自我介绍作为教学的开始,常常用于异地借班上课的情况时,因为这样可以化解师生之间的陌生。为了增进师生之间的了解,教师从自我介绍入手,在轻松的氛围中把学生带入学习状态中。教师的自我介绍,既表现了自己的真诚态度,又展示了自己的风趣和才华,让学生认识到站在他们面前的是一位可亲、有才华的老师。

---

① 任勇.追求数学教育的真谛[M].北京:首都师范大学出版社,2011:199.
② 齐渝华,范瑞样.一堂成功的导言课——兼谈特级教师陈毓秀的历史教学艺术[J].历史教学,1989(2).

【拓展延伸】

课堂教学如何结合学习目标培养学生的学习兴趣？

1. 引入学生熟知的生活现象培养对学习目标的兴趣

学生在第一次接触某个学习内容的时候很容易产生畏难情绪，因此教师在教学开始的时候要有意识地帮助学生消除这种畏难情绪。消除畏难情绪的一种有效的方法就是通过学生熟知的日常生活现象，让学生产生对学习目标的兴趣。例如，物理"力的相互作用"是一个比较抽象的问题，学生在开始学习这一内容的时候会感到有一定难度。针对学生可能出现的畏难心理，教师可以选取日常生活中学生熟悉的力的相互作用现象作为教学的材料，将抽象的道理直观化、经验化。申洁老师在教学这一内容的时候，让学生先观看一段拳击比赛的视频，再观看一段足球比赛的视频，然后提出一个问题让学生思考、讨论：在运动员进行拳击的时候，如果拳击运动员把对方击倒了，是否证明只有对方才受到力的作用；足球运动员把球用头顶出去以后，他感觉头很疼，这时候他是否受到了足球对头的作用力？[①]这一教例中，教师以现象带出问题，现象是学生熟悉的，而力的相互作用知识的学习是本节课要完成的主要教学目标。从学生熟悉的现象中提出问题，更容易引起学生的注意和思考的兴趣。

2. 在命题（公理、定理、公式）的教学中培养学习兴趣

初中生的抽象思维能力正处于形成阶段，对概念（公理、定理、公式）的理解有时会不准确，因此，对初中生进行新的概念教学时，帮助他们准确地理解概念非常重要。教师如果直接讲授，学生常常会感到学习枯燥，对概念学习失去兴趣。这个时候，如果教师根据初中生的认知特点，故意将概念（公理、定理、公式）进行曲解或误解，或进行错误的推理，从而得出错误的结论，会激发起学生探究的兴趣。例如，任勇老师在教学"有理数"这一内容时，就设计了这样一道数学诡辩题：

证明：$a > a$（a 为实数）。

证明：不妨设 $a > 0$，任取正数 b，使得 $a > b > 0$，于是 $ab > b^2$，$ab - a^2 > b^2 - a^2$

即 $a(b-a) > (b+a)(b-a)$

约去公因式 $b-a$ 得：

$a > a+b$

因为 $a+b > a$

所以 $a > a$。[②]

结论显然不成立，但是它是上述推理的结果，那么问题出在何处？这一教例中，表面上看，教师的推理过程是正确的，但结论显然是错误的，这其中的原因是什么，哪一个地方出现了问题，学生自然而然地产生了思考的兴趣。\

---

① 根据申洁的《力的相互作用》的教学录像整理。
② 任勇. 追求数学教育的真谛［M］. 北京：首都师范大学出版社，2011：200.

3. 教师设置特定的情境培养学生的学习兴趣

如初中物理中的"磁场"教学，如果教师单就"磁力线""磁场""磁极"等概念用语言进行介绍，那么学生常常就会对学习内容很难理解，不能收到理想的教学效果。但如果教师设计一个磁力实验，学生就会从磁场中感受到磁力的存在，进而让学生对"磁力线""磁场""磁极"等概念的理解由直观到抽象逐步加深。

知识链接

怎样在知识分类标准和教学目标之间建立科学的联系

任何一门学科从本质上看都是以知识的形式存在的，没有知识的存在就没有学科的存在。研究知识的学问被称作知识论或认识论。知识是人类对世界的一种认识，包括世界"是什么""如何是""怎样是"："是什么"表现为信息或概念、原理的知识；"如何是"表现为程序性的知识；"怎样是"表现为认知本身的知识，即元认知的知识。从当代知识学的角度看，知识不同于具体的学科知识，人们通常所说的具体的学科知识所指的其实是学科的具体内容。例如，知识即这门学科中的具体内容，包括字词句篇、文学史知识、语法知识、情感及情感引起的自我反思知识等。

然而，知识学是对知识本身的研究，其对知识的分类标准一般比较抽象，抽象的分类标准很难用于具体的学科教学指导。为了解决这个问题，需要将目光从当代知识学移向当代教育心理学。当代教育心理学有许多关于知识分类标准的研究，如认知心理学关于陈述性知识和程序性知识的分类标准，布卢姆的认知领域、情感领域、动作技能领域的分类标准，加涅关于学习结果的分类标准，奥苏伯尔关于有意义学习和机械学习的分类标准等，这些心理学的知识分类研究成果对我国的课程与教学都产生了一定程度的影响。但是大都停留于理解的层面，还没有在教学设计层面对实际课堂教学设计发挥具体的指导作用。大多数课堂教学研究者的目光依然停留于具体的课堂教学内容上，没有将具体的教学内容纳入某一严格的知识分类框架中，通过知识分类框架指导具体的学科教学设计。

当前，对初中各科教学目标设计有较高参考价值的知识分类理论有布卢姆的学生安德森修订的教育目标分类理论和加涅的关于学习结果的分类理论两种。其中安德森修订的教育目标分类理论较适合于初中文科课程的学习，加涅的关于学习结果的分类理论则较适合于理科课程的学习。下面分别对这两种知识分类理论及其对教学目标设计的指导意义加以简要介绍。

1. 安德森修订的教育目标分类理论对初中文科教学目标设计的参考

安德森在布卢姆原教育目标分类标准的基础上修订的"学习、教学和评估的分类学"中所提出的关于知识分类的标准，较适合作为教学评价的指导。它从知识的维度和认知过程的维度建立知识分类表。从知识的维度看，知识可以分为四种，事实性知识、概念性知识、程序性知识和反省认知知识，每一种知识又可以分为若干子类；从认知过程的维度看，前述的每一种知识又可以分为记忆、理解、运用、分析、评价和创造六个层级。①

有了这个分类表，教学过程中的具体内容就可以归于某个知识类别，可以让学生明确地知道相应内容要求掌握的水平，并且教学结束之后的课堂评价具有明确的知识分类依据。在教学设计过程中，参照这个二维分类表既可以明确地为某一教学内容找到其知识类属，又可以确定某一教学内容所处的这个类属的发展层级。

2. 加涅关于学习结果分类标准对初中理科教学目标设计的参考

加涅从现代认知理论学习与记忆模型的角度提出了教学设计的系统模式。加涅提出了基于现代认知理论的学习与记忆基本模型，他的教学设计就是在这个模型的基础上完成的。加涅将学习结果分为五类：智慧技能、认知策略、言语信息、态度和动作技能。这五类学习结果的每一种又根据学生的认知发展水平分为若干层级，如智慧技能可以分以下几个层级。

（1）辨别——区分事物之间的不同点，如区分字母 b、d、p、q，汉字已、己、巳。

（2）具体概念——识别具有共同特征的同类物体，不能通过下定义，只能从具体的实际例子中学，如把大小、厚薄、封面颜色和图案不同的书，都看作"书"这个类别的实例。

（3）定义性概念——运用概念的定义特征对事物分类，能够通过下定义揭示其正例的共同本质属性的概念，如把2、3、7、11、17、19、23等数分为质数一类，把4、6、9、10、12、14、15、16、18、20、21等数分为合数一类。

（4）规则——运用单一规则办事，如用公式 $S=\pi r^2$，计算 r 为 15 cm 的圆的面积。

（5）高级规则——同时运用几条规则办事，如某个几何问题的解决需要同时用到"等腰三角形两底角相等""等量相加恒等""三角形两边夹一角对应相等，两三角形全等定律"等规则。

加涅进一步提出五种智慧技能的习得存在着如下的层次关系：高级规则学习以简单规则学习为先决条件，规则学习以定义性概念学习为先决条件，定义性概念学习以具体概念学习为先决条件，具体概念学习以知觉辨别为先决条件。这是加涅的智慧技能层次论的核心思想。

这五类学习结果是从知识分类的角度作出的划分，它运用认知心理学的方法对具体的学习内容进行归类，课堂活动中学生学得的某个具体内容被归属于这五种学习结果中的一种。运用加涅的关于学习结果的分类来指导教学设计，对于使教学走向科学

---

① ［美］L.W.安德森.学习、教学和评估的分类学——布卢姆教育目标分类学修订版［M］.皮连生，主译，上海：华东师范大学出版社，2008：25.

化、提高课堂教学效率具有积极的意义。

  根据这五种学习结果，教师可以判断课堂上发生的活动是哪一种类型的学习。例如，让一名三岁儿童朗读背诵"床前明月光，疑是地上霜。举头望明月，低头思故乡"，这种学习实质上是动作学习，而不是言语信息的学习，因为这名儿童在学习过程中只是进行语音的动作模仿，并没有理解这首诗本身所蕴含的意义。

第二章　教学导入的艺术

教学导入是课堂教学的一个重要环节，合适的课堂导入能够较好地激发学生的学习兴趣，让学生较快地进入学习状态。对教学导入艺术的研究有助于课堂教学效率的提高。教学导入需要教师具有教育的智慧，教师通过巧妙的设计在教学内容与学生的认知特点之间找到一个合适的结合点，通过这个点将学生带入知识探索的殿堂。不同教师的课堂导入风格是不一样的，特级教师的课堂导入更是如此。他们将自己的人生智慧、学识修养、学生观融入日常的教学细节之中，每每在课堂开始的时候就将学生带到一个精彩的天地。特级教师在长期的课堂实践中形成的独特教学导入艺术虽然印有其鲜明的个人印迹，但在许多情况下这些印有鲜明个人印迹的导入案例对课堂教学仍然具有借鉴作用。

本章从活动方式的角度将教学导入的形式分为如下八种：

- 温故式导入的艺术
- 揭题式导入的艺术
- 活动式导入的艺术
- 渲染式导入的艺术
- 问题式导入的艺术
- 创境式导入的艺术
- 即兴式导入的艺术
- 任务式导入的艺术

一、温故式导入的艺术

温故式导入是课堂教学中最常用的新课导入方式。它有如下两个好处：一是巩固已经学过的旧有知识，使学生在快要遗忘或已经遗忘的时候对旧有知识重新整理，唤醒学生的认知；二是将旧有知识作为新知识学习的固定点，为新知识的学习建立一个支架性结构，使新知识附着在旧知识之上或通过旧知识来同化新知识。

温故式导入的方法是我国传统教学中的一种有代表性的课堂导入方法，这种导入方法各科教学都适用，其最大的特点是在新旧知识间建立有机联系，帮助学生在已经掌握的学习内容基础之上进行新内容的学习。运用温故式导入课堂教学的方法要特别注意的是,"温故"不是目的,引导学生学习新课才是目的,用的时间不能太多。同时还要注意,"温故"不只是简单的内容的温故,更重要的是在学生既有的认知基础与新的学习内容的认知要求之间建立联系。

【典型案例】

案例一:《明朝中后期的资本主义萌芽》教学导入艺术

师:同学们,我们已经学过了明朝前期的历史。我提两个问题,大家回忆一下。第一个问题,明朝是哪一年建立的?开国皇帝是谁?都城先在什么地方?后来迁到什么地方?

生:明朝建立在1368年,开国皇帝是明太祖朱元璋。明太祖时建都应天府,就是现在的南京,明成祖时迁都到北京。

师:明朝初年,明太祖采取了什么措施来恢复和发展生产?

生:明太祖下令移民开荒,又下令各地驻军屯田,增加了粮食产量;派人丈量田亩,按亩纳税,增加了政府收入,减轻了农民负担;兴修水利;推广植棉,扩大了植棉范围;明太祖还下令改革工匠制度,规定可以纳银代役,手工业者生产积极性有了提高。

师:同学们都答得很好。明朝初年,由于刚刚经过元末农民战争,自耕农的数目增加了,"驱口"获得了自由,再加上明太祖这一系列的措施,农民和手工业者的生产积极性有了提高,经过六七十年的努力生产,农业和手工业都有了显著的发展。到了明朝中后期,明朝农业和手工业生产都超过了前代的水平。在农业和手工业生产发展的基础上,商品经济繁荣起来,我国历史上的新现象——资本主义萌芽出现了。今天,我们要学习的第三节就是《明朝中后期的资本主义萌芽》。[1]

案例二:《胶体》教学导入艺术

师:上节课我们已经讲了物质的分类,对于物质之间的重组关系我们已经知道,如果要对自然界的物质进行考量的话,首先分为混合物和纯净物。纯净物当中又包含了单质和化合物,化合物当中又分为有机物和无机物,当然无机物中又包含了氧化物、酸碱盐等等。之所以会分为这样一类一类的物质,它的理由我们在上节课都陈述过,这节课不再细讲。假如说这是一个分类的方法,这是一棵在不断成长的树的话,是不是有一个树枝显得那么不匀称,这是哪一枝?

生:混合物。

师:混合物。(PPT展示物质的分类)两边是对等的,但是混合物没有对等的,混合物的不匀称还表现在什么地方呢?是因为我们在自然界中接触到的绝大多数都是什么?

生:混合物。

师:混合物。而不是绝对的纯净物,所以作为我们学习化学的基础来讲,似乎我们

---

[1] 陈毓秀.怎样教好历史课[M].北京:北京师范学院出版社,1985:162-163.

应该把重点放在混合物才是,那为什么我们化学把重点放在纯净物上?混合物的性质怎么样?

生:不好研究。

师:不好研究。混合物的性质不好研究,下面就该变为混合物的性质好研究。为什么?我们的第一章就是从实验中学化学,混合物经分离以后得到纯净物。当我们一旦对纯净物的性质有所了解的时候,请问,混合物的性质来源于什么?是不是组成这个混合物的纯净物的总和?当然,与此同时,我们会考虑这些物质之间彼此的相互作用。但总之,我们是有办法的。所以研究纯净物的性质,其实是为了让我们更好地研究混合物的性质。那么,混合物,今天我们去做什么?既然我们理解混合物的性质在很大层面上与纯净物有关,所以我们今天研究的混合物是与混合物的组织形态有关的。所以第一句话,我们讲在物质的分类中,值得关注的是混合物。那么,我们要研究混合物就引入了一个新概念——分散系。(PPT展示,含有两种或两种以上的物质的体系叫分散系)如果在形成混合物时,这两种或两种以上的物质在混合物当中的地位是不对等的,是有主次之分的,它就会被分别称为分散质和分散剂。(PPT展示概念)那也就是说起到分散作用的为分散质,起到包容作用的为分散剂。可以想见,一个分散系是由什么构成的呢?[①]

【教学艺术评析】

为新学习的内容巧设支架

案例一中,特级教师陈毓秀老师的导入看似平淡,只是要求学生对已经学过的知识点进行回忆,但这些知识点构成了本节课所涉及的历史事件发展的逻辑线索,"明朝是哪一年建立的?开国皇帝是谁?都城先在什么地方?后来迁到什么地方?"教师的第一个问题关系到"建国""迁都"两件大事,而"建国""迁都"与社会的经济发展又存在着必然的联系。教师的第二个问题,"明太祖采取了什么措施来恢复和发展生产?"直接就关系到社会经济的发展,自耕农数目的增加、工业生产和农业生产的发展,与商品经济的繁荣又存在着必然的联系。这样,教师提的两个问题,表面上是简单的过去学过的信息点,实质上是通过这些信息点之间的关联性,使学生体验到一种认识事物本质特征的历史学习方法。因此,陈老师引导学生复习旧课的作用是向学生提供新的学习支架,而不只是教学过程中的简单的内容过渡。这个案例的亮点是教师将旧有知识与新授课知识巧妙地结合,为新授课知识提供了一个内容和认知的支架。

案例二中,特级教师江敏老师上课之初,以上一节课的教学内容"物质的分类"为话题引入本节课新内容的教学。学生已经学过的知识分类为新的学习内容提供了一个支架结构。与案例一一样,这一个案例也是教师在导入的时候为学生的学习提供了一个学习内容和认知的支架。

[①] 江敏的《胶体》教学实录:根据金陵中学江敏老师对南京师范大学化科院2008级教学论硕士研究生开设的一堂公开课录像整理。

上述两位老师的教学导入，表面上看相差很大，一节是历史课，一节是化学课，一节是20世纪80年代的课堂，一节是最近时期的课堂，两节课教学的时间先后相差近三十年。但是从教学结构本质的角度看，两位教师的教学导入实质是一样的，即都注重新旧知识之间的联系，让旧知识成为新知识学习的固定点，为新知识的学习提供内容和形式的框架。从这个意义上讲，课堂教学的导入，既是一种科学，也是一种艺术，只有遵循科学的教学认知规律，教学艺术才能保持其持久的生命力。

【拓展延伸】

复习旧课导入新课时让学生保持新鲜感的教学策略

复习旧课是新课教学导入的常见形式，经常为教师所采用，学生也都习惯了这种新课导入的形式。这种新课导入形式的最大优点是能让学生在对旧知识复习的基础上学习新的知识，将旧的知识学习作为新知识学习的基础。但这种新课导入形式也有缺点，其最大问题是导入的内容都是学生已经接触或比较熟悉的，较难在学生的心里引起新鲜感。那么，能够运用什么方法解决这个问题，从而既让学生新知识的学习建立在上一节课学习内容的基础上，又能激发学生学习知识的欲望？

第一，运用先行组织者策略，建立新课学习的认知支架。复习旧课的目的不是简单地对已经学过的知识进行巩固，而是要为学习新的知识奠定基础，为新知识的学习提供认知支架。所谓先行组织者是先于学习任务本身呈现的一种引导性材料，它要比原学习任务本身有更高的抽象、概括和包容水平，并且能与认知结构中原有的观念和新的学习任务之间建立关联。教师在进行旧课内容的复习设计时，需要从认知结构的角度，在旧的知识内容与将要学习的新知识内容之间建立联系。

第二，运用对比策略，建立新课学习的认知参照。如果旧课的知识内容与新课的知识内容之间不能建立包含与被包含的关系，那么可以选择在两种知识内容之间找到对比的因素，从认知的角度引导学生进行对比学习。

第三，运用冲突策略，形成新课学习的欲望。要解决这个问题，就要对旧知识进行重新组织，以新鲜、生动的形式激起学生认知的冲突或唤起学生情感。以旧课产生的认知冲突会引起学生进一步探究的欲望，以旧课激起学生的情感会渲染课堂的气氛。不同的教师在不同的教学情境中会选用不同的处理方式。特级教师袁卫星老师在教学《就是那一只蟋蟀》时通过复习旧有的知识，将旧有的知识作为渲染课堂氛围的材料，他引导学生齐背《静夜思》、齐诵《乡愁》，引出新课的学习内容："面对乡愁者的倾诉，我们这些安居家乡的人该以怎样的心态来理解，来接受，来思考，来慰藉呢？现在，让我们打开课本，从大陆诗人流沙河的《就是那一只蟋蟀》中，去寻找答案！"[1]教师通过氛围的营造，使学生的情绪受到感染，带领学生进入积极的学习状态。

---

[1] 袁卫星.听袁卫星老师讲课[M].上海：华东师范大学出版社，2006.

二、揭题式导入的艺术

揭题式课堂导入是引导学生通过对"课题"的分析直接进入新课程内容的学习。"揭题"有多种形式,如:"读题",通过读题,审清题意,推测将要学习的内容;"点题",通过师生的活动引出将要学习的新内容;"释题",通过解释、分析标题,明确将要学习的新内容。揭题式导入可以通过师生谈话、质疑、开展活动、问题解决等途径来实现。

揭题式导入的适用范围较广,理科课程的概念学习、文科课程的标题教学都会用到这种教学方法。揭题式导入新课的好处是教师上课直入正题,能够很快地将学生的思维引导到新课内容的学习中来。

【典型案例】

案例一:《石壕吏》教学导入艺术

师:打开课本,今天我们学习《石壕吏》。(板书:石壕吏)

师:请同学们看注解①,这首诗选自《杜工部集》,作者杜甫。这首诗叙述了作者在战争时途经石壕村,遇夜里差役抓人当兵的事。下面请一位同学读完这首诗,其他同学认真看课文,做好准备,在他读完后,把诗歌的大意说出来。听清楚了吗?

生:(齐)听清楚了。(一名学生将全诗读完)

师:读得很好。有节奏,也有语气。下面大家看课文,不明白的地方读一下注解,将故事的大意叙述出来,准备三分钟。(学生准备)[1]

案例二:《变阻器》教学导入艺术

师:我们先来认识一下调光灯,有的是直接在上面调,有的是装在墙上面有一个按钮,我这里也带了一个调光灯,这里有一个转的旋钮,我把它转过来,发现什么问题?

生:变亮了。

师:灯越来越亮是不是,反过去转,又慢慢地变暗了,这个灯的亮度是可以变化的,这是怎么回事,是怎么做到的,现在我们就要研究这个问题,我给大家都准备好了铅笔芯,然后我就要用这个铅笔芯接到电路当中去,跟电灯串联,跟电流表串联,然后我们两个同学合作,看看能不能使用铅笔芯,让灯泡的亮度发生变化。

(学生做实验)

师:好,有不少同学呢,都发现了这个现象,然后让两个同学起来,好,就你来回答一下看看,有没有看到,灯的亮度有没有变化?

生:有。

师:你说一下,当小灯泡的亮度变亮时,你看到电流在变大,接入电流的长度在变

---
[1] 宁鸿彬. 初中语文课堂教学实录选[M]. 北京:教育科学出版社,2000:179-180.

短(学生回答),说明电阻在变小(学生回答),很好,其他人是不是看到这个现象,这样我们就可以考虑刚才那个调光灯的原理了,实际上它是通过调节接入电路中的电阻线的长度,可以改变接入电路的电阻,从而改变电流的状态,根据这个原理呢,我们在电路上做了一个元件,叫作滑动变阻器。这个滑动变阻器我们知道原理之后,首先我们要解决一个技术问题,我看到刚才有些同学在做实验的时候,发现电流呢,变化一点点,变化范围很小是不是?如果使电流能够在更大的范围内变化,那么对接入电路的中的电阻线有什么要求?(重复)哪位同学说一下?

生:长度、横截面积,还有材料。

师:有要求了,让它有更大的变化,希望这个接进去的电阻线应该怎么样?

生:越长越好。

师:越长越好,这个问题解决了,越长的话,这个电阻的变化范围就越大,但是又带来了另外一个问题,假如电阻线这么长,(动作演示)再做了一个电阻的元件放在家用电器里面就不方便是不是?占的空间很大,这个问题怎么解决?①

【教学艺术评析】

抓住要旨揭题入境

案例一中,特级教师宁鸿彬老师的教学导入形式属于"读题式"揭题,打开课本,直接读题"石壕吏"并板书。接下的让学生读课文注释,其实也是"读题"的一部分,通过"读注释"让学生明白相关的时代背景、语文知识点、生字、主要内容等。宁老师的教学风格很突出的一点是他在课堂开始的时候能通过题目引发学生的思考和探究,这也是宁老师课堂教学的一个突出亮点:在课一开始的时候紧紧抓住学生的注意力,将学生引导到课堂活动中来。

案例二中,特级教师吴志明老师的揭题是从引导学生观察转调光灯旋钮引起的变化发现问题开始的。接下来,教师提出,"如果使电流能够在更大的范围内变化,那么对接入电路的中的电阻线有什么要求?"当学生回答"长度、横截面积,还有材料"之后,教师进一步引导对话展开,"假如电阻线这么长,(动作演示)再做了一个电阻的元件放在家用电器里面就不方便是不是?占的空间很大,这个问题怎么解决?"通过问题分析的深入,引导教学活动逐步展开。

题目本身是教学内容的一部分,文科类的课程如此,理科类的课程也一样,所以教学之初,抓住了题目,也就抓住了教学重点,抓住了关键词,突出了课堂上所要解决的主要问题。案例一和案例二在这方面提供了很好的参考。

---

① 吴志明的《变阻器》教学实录:http://www.tudou.com/programs/view/4VWtLpmse38/

【拓展延伸】

新课教学的揭题如何做到准、深和有趣？

1. 从学生情感体验的角度揭题

揭题式导入的目的是通过"揭题"引起学生对新课学习的兴趣。揭题式导入要求教师事先对教学内容有较深刻的理解，只有理解的深刻才能"揭"得准、"揭"得深、"揭"得有趣。学生的体验需要教师的引导，只有教师对教学内容具有深刻的理解和独特的体验，才能较好地把这种体验传达给学生。黄玉峰老师将自己读《庄子》的感受和人生体悟化作教学的语言激起学生对《秋水》文本阅读的欲望，请看黄玉峰老师《秋水》教学的开场白："当有人没有征求我们的意见，更未经我们的同意，把我们抛到这个世界上时，我有没有想过我现在身处何处？我从哪里来，到哪里去？我要干些什么？我能干些什么？我的终极目标是什么？我的次目标是什么？有的人一辈子来去匆匆，到死都不明白。但我们的前辈、我们的祖先，却对这个问题进行过深入的思考。其中，庄子的想法是最深最广的。他对很多问题都有独到的见解，比如物与我、生与死、大与小、是与非、贵与贱、寿与夭、得与失、成与败，他都想过。庄子的精神资源是一个文化的宝库，是一个思想的富矿。"①《秋水》是一篇蕴藏着丰富的哲学智慧的文章，如果没有教师对这篇文章的引导性解读，学生很难理解文章中蕴藏的智慧；同时，如果教师对这篇文章没有深度的理解，他的教学就会停留于文字的表层；再则，如果教师没有高超的语言表达能力，不能通过语言的艺术把文章的内容表达出来，他的教学就不能明白晓畅。黄老师做到了，在他的教学导入中，教师将自己对人生的理解和对《庄子》的阅读感悟转化为诗一般的课堂语言，在学生正式阅读《秋水》之前把学生领进《庄子》的境界，既有语言的品位、情感的熏陶，又有智慧的启迪。

2. 从学生认知水平的角度揭题

揭题式导入需要根据学生的认知水平，只有基于学生的认知水平设计教学导入语，才能在教学内容与学生的学习状态之间建立积极的联系。文科课程的揭题导入多采取情绪渲染的方式进行，而理科教学的揭题式导入可以从与题目有关的现象、情境、问题入手。教师通过情境的设置引出讨论的问题，启动学生的思维。

三、活动式导入的艺术

活动式导入是师生双方在上课之初以课堂活动的形式对课堂教学进行的导入方式。活动式导入的特点是教学的导入过程与教学内容的展开过程没有非常明显的界限，即课堂教学在一开始的时候，师生双方就进入了一个由教师根据教学内容设计的活动空间。教师是活动的发起者，教师和学生共同构成了活动过程的主体。教学导入的活动是围绕教学目标而展开的，学生的活动行为受教学目标的指引。整个教学过程由活动导入开始，在教学目标的指引下，活动按

---

① 黄玉峰. 教学生活得像个"人"——我的大语文教学[M]. 上海：上海教育出版社，2011：183.

照多个环节有序地展开,教学目标最终在活动中达成。

活动导入新课教学的方法运用范围广泛,适用于不同的教学内容。活动的目的有两个,一个是从情感的角度引导学生进入新内容的学习,另一个是从认知的角度引导学生进入积极的思维状态。前者多用于文科课程的教学组织,后者多用于理科课程的教学组织。

【典型案例】

案例一:钱梦龙《驿路梨花》教学导入艺术

师:今天我们学习了《驿路梨花》(板书:驿路梨花)。我已经布置同学们自读了,自读的第一个要求是找词语,现在我们就来交流一下。请大家把词语找出来。

生:陡峭——形容山势直上直下。

生:迷茫——迷迷糊糊,看不清楚。

师:你说说看,这个词可以用来描写什么?

生:描写山,描写暮色……

师:回答得好。还找了哪些词语?

生:简陋——简单、粗陋。

师:在课文里,这个词是形容什么的?

生:是形容大竹床的,其实也可以描写小茅屋。

(学生又陆续找出了一些词语,接着老师也提出了"箩""撑""挨""菌"等字,检查学生掌握字、词的情况,学生都作了圆满的回答)

师:同学们,你们自读的第一步走得很好。大家找了很多词,这些词本来是老师要准备给你们讲的,现在你们都自己找出来解决了,而且解决得挺好。我相信同学们一定能学好这篇文章。[①]

案例二:徐锐《自感和互感》教学导入艺术

师:首先,我想给大家做两个实验,你仔细观察,观察后用前面所学过的知识来进行思考。你有什么问题就写在上面(平板)。

师:这是个线圈,马上给它通电。(教师将线圈举起给学生观察)我还有一组小线圈,这儿,(教师将小线圈举起给学生观察)这是一个独立的线圈。这个线圈上呢我穿了一个小灯泡。我把它(大线圈)通电,大家注意观察。

(教师将小线圈逐渐靠近大线圈,小线圈上的小灯泡发光了,再将小灯泡远离大线圈,灯泡熄灭)

师:再看一下。

(重复上述动作)

---

① 钱梦龙.导读的艺术[M].北京:人民教育出版社,1995:236-237.

师：你们用你以前学过的知识去分析一下这个现象的本质是什么。

师：第二个实验，我再跟大家介绍一下。这个呢，就是我们实验室的螺线管，还有一个是喇叭，现在不响。（教师将螺线管和上课用的"小蜜蜂"举起给学生观察）我还有一个小线圈，这是一个小线圈，我再加一个手机。（教师在讲台上找到小线圈和手机展示给学生观察，小线圈接连着一根耳机线）我用手机放一段音乐给大家听听。

（有学生笑）

师：笑什么？我放段流行音乐给你们听听。

（全班同学笑，教师用手机播放音乐）

师：声音比较小是吧？听到吧？我把它当成耳机，插上去大家知道还响不响啦？

（教师将小线圈上的耳机插头插入手机的耳机孔里，音乐声停止）

生：不响。

师：不响了是吧，你们注意听啊。

（教师将较小的螺线圈插入接着"小蜜蜂"的螺线管中，"小蜜蜂"中放出音乐，又将小的螺线圈拿出，音乐声又听不见了）

（全班学生很惊奇，兴奋地鼓掌；教师又一次演示了这一现象）

师：好，这两个实验你们给我分析一下，用你们学过的知识来考虑一下。①

【教学艺术评析】

活动导入产生美感

案例一中，特级教师钱梦龙老师的《驿路梨花》教学在一开始的时候就直奔课堂的主题：在预习的基础上"请大家把词语找出来"，请学生找出词语，说出词义，并说明所找出的词语在文章中所描写的对象。在教学的整个过程中，学生是活动的主体，突出了语文课词语教学的特点。教师提出学习要求，学生根据教师的要求在阅读的过程中发挥自主性，自己寻找词语，自己查阅词语的意思。通过这一活动，学生不但理解、积累了词语，还在理解、积累词语的过程中感受到了学习过程的乐趣。

案例二中，徐锐老师《自感和互感》的导入活动是由教师来完成的，教师首先提出明确的要求："我想给大家做两个实验，你仔细观察，观察后用前面所学过的知识来进行思考。你有什么问题就写在上面（平板）。"教师对学生的指令非常明确，"观察、思考、写出问题"。与钱梦龙老师课堂上的学生是活动的主体不同，徐老师的课堂上的学生好像只是一名观察者，他们没有进行独立的活动，只是从旁边观察教师的实验，对教师的实验进行思考和判断。二者差异只是形式上的，本质上看，由于学习内容不同，这两节课的导入活动中学生都处于一种积极的思维状态，在钱老师的课上学生通过自学积累语言，在徐老师的课上学生通过观察物理实验发现问题，培养科学思维。

---

① 根据徐锐的《自感和互感》课堂教学录像整理。

教学是一种活动,课堂导入的过程中如何恰到好处地运用活动的形式组织教学需要处理好学生活动的外显性和内隐性的关系。外显性活动是可观察、可测量的活动,如学生发言的次数、举手的次数、提问的次数、同学间交流的次数等;内隐性活动则是较难观察的,它常常不是表现为外在的行为,而是表现为学生内在的思维和情感的变化。

教学导入的时候,教师要对活动的外显性和内隐性进行艺术的处理:既让课堂有一种积极的氛围,又要让课堂有一种厚重感。所谓的外显性是指活动本身。一般情况下,课堂活动有两个指向,一个指向是学生的情感,一个指向是学生的认知。学生的情感活动多具有外显性特征,认知活动则具有较多的内隐性特征,深层的认知活动多是内隐的,常常不表现于外部的行为。还有一种被称作直觉思维的思维方式也具有内隐性特征。

【拓展延伸】

如何以活动导入为起点生成课堂活动单?

王策三先生把教学方法定义为"活动":"为达到教学目的,实现教学内容,运用教学手段而进行的,由教学原则指导的,一整套方式组成的,师生相互作用的活动。"①教学过程是在师生的相互作用的活动中展开的,教学以活动导入为起点,然后以连续相承的活动单元生成一节课的整体单元结构,这样就使课堂教学成为一个有机整体。

钱梦龙老师在上《谈骨气》的第一课时时,将课堂分为五个环节:导入新课、提示自读要求、检查自读、梳理文章内容、布置作业。②每一个环节由若干活动组成,导入新课是让学生对一篇与文章观点不同的短论发表自己的看法,教师提供材料,学生读议;提示自读要求学生读两遍,思考三个问题,由两个小活动组成;检查自读,了解学生自读情况,要求学生朗读;梳理文章内容,由"揣摩思路"和"整体解读"两个活动组成,主要是学生的活动;布置作业要求学生课外查阅资料。总体上看,五个环节共七个活动组成整个课堂教学内容,活动主体分明,课堂活动线索清晰。

从上面的分析我们可以得出如下启示。

第一,教师是教学活动的组织者,起着发起、引导、总结的作用。

第二,教学活动即学生的学习活动,学生是教学活动的主要参与者,即活动的行为主体,活动即学生的活动。

第三,活动单元的设计需要紧凑连贯;学生的行为之间要有内在联系。

第四,活动是在教学目标的引导下进行的。

第五,一节组织得好的课堂活动还要有一根贯穿课堂首尾的主线,根据这根主线,课堂可以划分为若干环节。

---

① 王策三.教学论稿[M].北京:人民教育出版社,1985:245.
② 钱梦龙.导读的艺术[M].北京:人民教育出版社,1995.

四、渲染式导入的艺术

渲染原来是指国画的一种画法，用水墨或淡的色彩涂抹画面，以加强艺术效果。教学开始时教师运用语言手段对将要学习的内容进行多方面的生动的描述，引导学生进入积极的心理状态，这种教学导入方法就是教学中的渲染式导入。教师往往立足于课程的内容，运用形象生动、情感激昂的语言导入教学，创造适宜的环境气氛，引发学生相应的感情，使学生产生学习的迫切感和学习的兴趣，进而易于关注和接受课程的内容。

渲染式的课堂导入需要教师有良好的语言素养、丰富的知识储备和积极的情绪状态。渲染式导入一般多适用于文科课程的教学，渲染的目的是激发起学生积极的学习情感，让学生在教师语言行为的引导下进入活跃的情感状态。

【典型案例】

案例一：于漪《春》教学导入艺术

一、复习旧知识，展现春的意境

今天学习朱自清先生的《春》。一提到春，我们眼前就仿佛展现出阳光明媚、春风荡漾、绿满天下的美丽景色，就会觉得有无限的生机，无穷的力量。古往今来，许多文人用彩笔描绘春天，歌颂春天。

同学们想一想，诗人杜甫在《绝句》（《绝句四首》之三）中怎样描绘春色的？（学生背诵：两个黄鹂鸣翠柳，一行白鹭上青天。窗含西岭千秋雪，门泊东吴万里船。）王安石在《泊船瓜洲》中怎样描绘的？（学生背诵：京口瓜洲一水间，钟山只隔数重山。春风又绿江南岸，明月何时照我还？）哪个句子写春？哪个字用得特别好？（学生回答）苏舜钦在《淮中晚泊犊头》的诗中又是怎样写春的呢？（学生背诵：春阴垂野草青青，时有幽花一树明。晚泊孤舟古祠下，满川风雨看潮生。）

二、进行比较，激发兴趣

以上背诵的诗都是绝句，容量有限，往往是选取一个景物或两三个景物来写春的，今天学的朱自清先生的这篇散文，写的景物可多了，有山、水、草、树、花、鸟、蜜蜂、蝴蝶、有风、雨等等。作者对它们是怎样描绘的呢？再说，春就在我们身边，现在我们就欢乐地生活在阳春三月的日子里，文中写的这些景物的姿态、色彩等等，平时，你注意到没有呢？我们要细读课文，领略大好春光，寻找与作者观察的差距。①

案例二：于漪《木兰诗》教学导入艺术

一、由祖国灿烂的古代文化引出名篇《木兰诗》

我们伟大祖国曾以古文明称著于世。古代文化灿烂，文学艺术上的财富数不胜数，

---

① 徐金海，徐正扬. 中学语文教学探索——特级教师于漪的教学经验[M]. 上海：上海教育出版社，1981：270-271.

妙诗佳词多如天上璀璨的明星。美丽的神话，动人的传说，优美的民间故事给人以丰富的想象，有益的启发。木兰替父从军的故事就在人民中广为流传，深受大家的喜爱。

这个故事原见于《木兰诗》，又名《木兰辞》，是南北朝时北方的一首民歌。写作年代大约为北朝后魏时期，乃古代劳动人民集体创作的民间文学作品，后虽经封建文人改动，仍保留民歌特色。

二、由对《木兰诗》的评价，引入课文学习

著名历史学家范文澜在《中国通史简编》一书中说："北朝有《木兰诗》一篇，足够压倒南北两朝全部士族诗人。"《木兰诗》为历代人民传诵，和《孔雀东南飞》诗合称为我国民间文学史上的"双璧"。

《木兰诗》如此佳妙，让我们诵读，欣赏，享受享受这首叙事诗的艺术美吧！[①]

【教学艺术评析】

披文入情，分享体验

案例一和案例二中，特级教师于漪老师《春》和《木兰诗》的课堂教学导入运用的就是情绪渲染式导入法。

在《春》的教学中，教师用饱含感情的语言把学生带进美丽的春天，引导学生回忆并朗诵学过的古代诗人描写春天的诗句，最后以"作者是怎样描绘的呢"和"文中写的这些景物的姿态、色彩等等，你注意到没有呢"唤起学生积极的阅读情绪。

《木兰诗》的教学中，教师首先由祖国灿烂的古代文化引出名篇《木兰诗》，其次由对《木兰诗》的评价把学生带入课文，在从这两个方面对《木兰诗》进行介绍后，教师用"如此佳妙，让我们诵读，欣赏，享受享受这首叙事诗的艺术美吧！"这句富有感情的话把学生带入阅读状态。这两节课的导入，教师情绪是饱满积极的，这种情绪对学生的学习会产生感染和触动作用。

情绪渲染式导入要求教师有较高的语言表达艺术，教学过程中教师自己首先进入积极的教学状态，然后在课堂上用语言把这种状态表达出来，引导学生进入积极的情绪体验状态。教《最后一次演讲》时，于漪老师先是满怀深情地朗读闻一多先生《红烛》序诗"请将你脂膏，不息地流向人间，培出慰藉底花儿，结成快乐底果子"，又出示《闻一多传》的封面图案（黑色大理石的花纹，正中上方一支醒目的红烛）与《红烛》序对照讲解。然后又引用毛泽东同志《别了，司徒雷登》中的语句，渲染闻一多先生拍案而起横眉怒对、慷慨就义的情感，再进入正式课文的讲解。

【拓展延伸】

教学导入时如何把握情绪渲染的度？

许多教师喜欢借助音频、视频资料进行教学内容的导入，试图以优美的音频、视频资料渲

[①] 徐金海，金正扬.中学语文教学探索——特级教师于漪的教学经验[M].上海：上海教育出版社，1981：268.

染出理想的课堂教学氛围。但教师们在使用音频、视频资料的时候又难以把握好使用的度,不能在选用的导入资料与正式的课堂教学内容之间寻找到一个合适的交集点,关于这个问题,如下几点需要引起注意。

第一,导入阶段的音频、视频资料只是起着辅助的作用,使用这些资料的目的只是促进学生产生学习的兴趣和认知冲突,但这些活动不是教学内容的主体,不能喧宾夺主。音频、视频资料运用不当常常会赞成喧宾夺主的现象,教师不能单纯地为活跃课堂氛围特意运用一些与教学内容本身没有直接关系的手段,这样常常会影响教学的效果。

第二,如果使用音频、视频资料,这些资料应与主要的教学内容有内在的联系,如情感相似等,能帮助学生认知和进行思维。生物特级教师王美华老师在执教"食物链"一节时,播放了一段视频:鸟语花香,春色满园,一片生机盎然的景象。学生的思绪一下子流淌在春意盎然的美景中。教师立即将画面定格,并提出问题:你知道在这百花齐放的场景中有哪些吃和被吃的现象吗?请大家思考后交流。① 这一教例中,教师将视频与教学内容较好地结合了起来。与上一教例不同,本教例的教学内容"食物链"本身就涉及学生的生活,正是由于"食物链"这个世界才充满生机。

第三,音频、视频资料一般放在正式上课之前,作为正式课堂教学的引子。要注意的问题有两个:一个是所选的渲染材料与教学内容有一定的内在联系,有助于学生更深入地理解教学内容;另一个是时间可以安排在课休时间,这样与正课的教学不发生冲突,使学生在一种放松的状态下自然而然地进入课堂学习。

总之,运用情绪渲染式导入应该注意的问题是避免过度渲染,过度渲染会造成喧宾夺主的局面,使导入的过程游离教学目标和教学内容。理想的渲染式导入需要做到如下几点。

(1)适时适度,导入的过程是对将要学习的内容产生积极体验的过程。

(2)紧扣主题,学生积极的情绪状态伴随着活跃的思维活动,帮助学生形成初步的问题意识,从而进入发现探究的学习状态。

(3)渲染的目的是引起新的课堂活动,教师需要通过渲染调动起学生积极的学习情绪状态。

(4)渲染不宜过度夸张,这样会给课堂教学带来不真实感。

五、问题式导入的艺术

问题可以触发思维,问题式导入使学生的思维在教学一开始的时候就受到触发。无论一节课的教学目标是传授知识、培养技能、形成能力,还是发展个性,通过问题的设置以问题为驱动,常常能取得满意的教学效果。就知识学习而言,学生在分析、解决问题的过程中获得的知识经过了思维的深度加工,这种经过深度思维加工的知识与被告诉的知识相比更能在学生的头

---

① 王美华.让学生的生命活力在探究学习中飞扬[M]//吴生才.著名特级教师教学思想录(中学生物学卷).南京:江苏教育出版社,2012:201.

脑中产生较深刻的印象,从而进入学生的深层认知结构。同样,学生技能的培养、能力的形成、个性的发展,如果教师能适当地进行引导,让学生在对问题的探究中实现这些教学目标,就会取得较好的教学效果。

问题导入的方法有较大的通用性,中学文理各学科的教学过程中都可以采用这种方法。巧妙地设计问题能在学生的认知状态与教学内容之间找到一个好的结合点,较快地将学生带入新课内容的学习。

【典型案例】

案例一:《岳阳楼记》教学导入艺术

范仲淹的《岳阳楼记》历代都作为散文名篇收入各种选本,它究竟有哪些独到之处,使它成为千古传诵的名篇呢?这是我们在阅读这篇文章时必须认真思考的。

关于岳阳楼和作者,请先看本文的题注。范仲淹是北宋杰出的政治家、军事家,在文学方面也相当有成就。下面是《宋史》里关于范仲淹的简略介绍,对我们理解《岳阳楼记》的思想内容很有帮助,请同学们先读一读(手指小黑板):

范仲淹二岁而孤,家贫无依,而少有大志,以天下为己任。发愤苦读,惫甚,辄以凉水沃面;食不给,啖粥而读,人不堪其忧,仲淹不改其乐也。既仕(做官),每慷慨论天下事,奋不顾身。以力主革除弊政,被谗受贬,庆历五年由参知政事(副宰相)谪守邓州。勤政爱民,有政声,常自诵曰:"士当先天下之忧而忧,后天下之乐而乐也。"死之日,四方闻者,皆为叹息。(指定语文学习好的学生读讲)

思考:(1)范仲淹少年时为什么发愤苦读?(2)范仲淹论政事奋不顾身,力主改革,勤政爱民,他的思想基础是什么?[①]

案例二:《孔乙己》教学导入艺术

师:今天我们一起来学习鲁迅先生的小说《孔乙己》。(板书课题、作者)同学们读过《孔乙己》之后,孔乙己这个人物给你留下的最深的印象是什么?

生:青白脸色。

师:对。不劳动,营养又不良。这是肖像描写。

生:穿着长衫。

师:这是读书人的身份标志,也是肖像描写。

生:只有孔乙己到了,才可以笑几声。

师:是的。这是一句耐人寻味的话。但这不是对人物的直接描写。

生:他的话及他文绉绉的语言。

师:能具体说说吗?

---

① 根据钱梦龙的《岳阳楼记》课堂教学录像整理。

生：“多乎哉，不多也。”

生：“窃书不为偷书。”

生：“君子固穷。”

师：是的，这些话是经典的语言描写，已成为"名言"。鲁迅先生对孔乙己的语言描写非常精彩。你们有没有注意作者对孔乙己哪一方面的描写最多？

生：肖像。

生：笑声。

师：作者写了孔乙己的笑声吗？孔乙己笑了吗？

生：没有。笑声是酒店里其他人的。

师：对。在这个环境中孔乙己是笑不出来的。

生：语言。

师：是有好几处语言描写，但并不是次数最多的。老师在读这篇小说时，印象最深刻的是鲁迅先生对孔乙己手的描写。下面我们分工找一找小说中哪些地方写了孔乙己的手，有几处，看是不是描写次数最多的。①

【教学艺术评析】

在问题的思考中进入学习状态

案例一中，特级教师钱梦龙老师的《岳阳楼记》教学导入，让学生对《宋史》中的一段记载范仲淹的文字进行解读，教师提出了两个问题，第一个问题，范仲淹少年时为什么发愤苦读？第二个问题，范仲淹论政事奋不顾身，力主改革，勤政爱民，他的思想基础是什么？这两个问题的讨论与《岳阳楼记》的"先忧后乐"的主旨是一致的，并且这段文字从另一个侧面让学生感受了范仲淹的形象。点名让一位成绩较好的学生来讲读这段文字，考虑到这段文字对那些语文基础较弱的学生来说可能有一定难度，让成绩较好的学生来讲读这段文字，使导入之后的新课教学过程能比较顺利地展开，那些文言文阅读能力较弱的学生可以根据同学的讲读理解这段文字的意思。

案例二中，在课一开始的时候，教师以课堂活动的形式将本节课的主要学习目标"作者是怎样刻画孔乙己这一人物形象的"提出来。接下来，根据这一问题，教师要求学生阅读课文，找出作者在描写孔乙己时抓住了他的什么特征，着重描写了孔乙己的哪些特点。这样，就抓住了理解文章的关键点——肖像、语言，通过这些关键点的解剖分析人物性格特征。使学生既理解了人物形象，又学会了描写人物的方法。教师在教学设计中，既让学生理解了文章中的言语信息，又使学生增长了智慧技能。教师通过问题引起学生的积极参与，产生了较好的教学效果。

问题式导入需要注意以下几个问题。

第一，问题的设计不能脱离学生的实际能力，不能太难，又不能太简单，问题的难度要在学

---

① 黄厚江.享受语文课堂——黄厚江本色语文教学典型案例[M].北京：教育科学出版社，2012：14-15.

生的"最近发展区",让学生跳一跳能够摘到桃子。

第二,问题要与新的教学内容具有内在的联系。教师在教学设计的时候对教学内容要进行深入的分析,从教学内容和学生的认知水平两个维度研究教学内容。

第三,问题的设计要尽量做到使问题的解决成为新的学习的开端,或者使问题成为学习新内容的知识支架。

【拓展延伸】

如何以问题导入为驱动生成问题串?

课堂教学以问题导入可以直接触发学生的思维,学生上课一开始就因教师经过巧妙设计的问题而使自己的思维处于活跃状态。这种教学导入的形式把问题作为教学的驱动,使课堂教学过程以问题串的形式顺利展开。以问题作为教学的驱动要求教师在进行问题设计的时候,应善于根据教学内容,遵循事物发展的逻辑顺序对问题进行科学而巧妙的设计。常见的问题串生成形式有两种,一种是以教师为主体的生成,另一种是以学生为主体的生成。

1. 以教师为主体生成问题

教师根据教学内容进行问题设计,由第一个问题引发,问题一环套一环,一步接一步,问题之间存在内在的逻辑关系,最后伴随着问题的解决达成预定的教学目标,或者随着问题讨论的深入形成新的教学问题,为下一课的教学形成一个新的问题起点。良好的课堂问题设计常常以问题串的形式呈现出来,如"一元二次方程"这一教学内容的问题生成可以分为四步。

第一步,设疑——熟悉感与新鲜感并存。

引出问题:我们今天先尝试一下做自己的题目,首先来看这个话题,这个梯子 A 点距离地面的距离是 4 米,梯子的长度是 5 米,我们能发现什么?

第二步,呈现变式——激发学生思维的灵活性与创造性。

(1)假设下滑的距离和平移的距离相等,可以求什么?

(2)梯子的顶端下滑 1 米,可以求什么?

(3)加上假设条件,使得问题更好解决——假设梯子与地面形成的外角的变化对问题解决的影响(当角 $C=135°$ 时,求梯子顶端到地面的距离)。

第三步,引导——发现式探究。

引出任务:如果编写教材,按照以往教材学习的经验,应该怎么为"一元二次方程"的学习编写教材?

教师鼓励学生大胆思考,如果自己是教材的编写者,对于"一元二次方程"内容的学习,应该会有哪些部分——定义、解法、应用。本节课主要是对一元二次方程的定义和特殊形式解法的学习,整个学习的过程真正是以学生的自主发现、探究为主。

第四步,升华——设疑式总结。

首先,对学生价值观、人生观的引导。

发现的过程是美好的，教师要引导学生学会用数学的眼光看问题、看世界。学习数学不仅是为了考试，更是为了看人生、看世界。总之，要引导学生在发现中体验智慧活动的快乐。

其次，概念应用的引申。

设疑：出示一个矩形，给出已知条件（长比宽多2米），思考：再给它一个什么条件，让它成为一个一元二次方程的应用题，涉及周长和面积的问题。这个问题涉及一元二次方程的建构（应用）和解法，需要同学们继续自学和探究。

教学过程中，教师发挥主体作用进行问题的设计，教师设计的问题针对学生的认知水平，第一步是设疑引出学生的思考；第二步是在新课的基本概念学习任务完成之后，教师又设计变式练习，把学生的思维引向深层；第三步是在学生掌握概念的变式之后引导学生进行探究性活动；最后，总结提升，给学生布置问题，让他们继续探究。

2. 以学生为主体生成问题

如特级教师钱梦龙老师《故乡》一课教学的问题生成方法。教师首先让学生以书面形式提出问题，然后教师对学生的问题进行回复，再逐一分析讨论。教师把问题提出的机会交给学生，让学生在阅读文本的基础上，对文本提出疑惑或发表质疑。这种方法的好处是能较好地培养学生的认知能力、获取认知策略能力。

六、创境式导入的艺术

创境式导入即在课堂教学之初，创设合适的情境展开教学。这是教师常用的一种教学方法，这种导入的方法能够让学生把自己既有的生活经验与教师设计的情境相结合，使学生既有的生活经验与教师设计的情境相互作用，引发积极的学习情感体验。

【典型案例】

案例一：《人生的境界》教学导入艺术

师：同学们，你们平时课前3分钟做什么呢？

生：介绍古诗。

师：怎么个介绍方法呢？

生：按照学号进行。

师：那今天该谁了？

……

师：平时你们是在讲台下面介绍，还是在讲台上面介绍？

生：在讲台上。

被叫起的学生：老师，由于今天是在这儿上课，所以我没准备。

师：（微笑）那怎么办呢？

师：(征求全班学生意见)让他非干不可？找人代替？还是不干了？

学生：找人代替。

(其他学生也小声回答：找人代替)

师：那找谁？

生：语文科代表！

师：谁是语文科代表？

(语文科代表起立)

师：好吧，开始。

(语文科代表上台开始介绍古诗《春晓》，包括：作者、朝代、逐句抽查学生回答含义、全班诵读全诗)

师：说得很好，上课！

(师生互相问好后，学生没有坐下)

师：我在我们班上课时，一般要求他们进行口头作文，我们今天可不可以？

(学生没有回答)

师：举手表决吧！

师：一半以上的同学举手了，说明可以通过。那我们今天说什么呢？(停顿一下)说"我的一天"吧！既然是我的一天，那么一定要说整天所做的事情，我的一天是哪天呢？2020年3月28日！今年你们多大了？

(有学生回答13岁，有学生回答14岁)

师：算算看，中学还有2年，高中3年，大学4年吧，特殊专业可能更长一点，有的同学可能还会继续深造，读完硕士研究生还需几年，到了2020年的今天大家参加工作了吧？

生：是。

师：好吧！到了那时，我们已经过上小康生活了，你们愿做什么就说什么，随便说说，别管别人，七嘴八舌地说。预备，开始！

(学生开始口头作文，老师到几个学生旁边询问他们说的什么。大约3分钟后，学生口头作文结束)

师：看来同学们一天的工作干得够快的！

(全场爆出一阵笑声)

师：同学们都说得不错，有的当医生了，有的做警察了。好吧，我们开始上课！(生坐下)①

案例二：《艾滋病》教学导入艺术

在讲"艾滋病"一节时，我让学生搜集了有关"艾滋病"的图片、文字等，并在课堂上

---

① 根据魏书生的《人生境界》课堂教学录像整理。

展示。学生们看了图片以后，问题就接踵而至：为什么人们会谈"艾"色变？艾滋病是如何传播的？如何防治艾滋病？随着一个个问题的提出，紧接着就是一次次热烈的讨论。①

【教学艺术评析】

创境导入激活思维

案例一中，执教老师是在一个大学的大礼堂给学生上课，当时听课的师生共有四千余人。而《人生的境界》这篇课文选自高中课本，当时的教学对象却是初一学生。在这样的教学情境中，利用巧妙的导入激活学生的思维非常必要。教师利用课前3分钟进行情境导入，活动内容是"介绍古诗"。通过这一活动，学生的情感和认知逐渐适应了课堂，于是教师又提出了一个要求引导学生，"我在我们班上课时，一般要求他们进行口头作文，我们今天可不可以？"这里运用激将法，学生都有好胜心，魏老师的学生能做，他们为什么不能做？于是课堂进入口头作文这一环节。这样自然而然地把课堂带入正式的学习内容的学习。

案例二中，特级教师吴红漫老师的这节生物课以艾滋病的相关图片设置情境，通过图片，学生自然而然地就会思考与其相关的问题，这样就顺理成章地进入了相关内容的学习。吴老师的这节课的亮点是从熟悉的日常生活情境入手，通过相关追问，引起学生的深度思考，激活学生的思维。

教学导入的情境创设要避免为情境而情境的状况，避免过于夸张。有人提出教师要像导演那样来设置课堂情境，这只是从对教师的教学素质要求而言的，并不是真的要把课堂变成舞台。课堂情境的特殊性在于情绪、情感、知识、能力是整体一致的。在情境设置过程中，过与不及都是教学过程中需要克服的现象。

【拓展延伸】

学生对教师的导入没有回应怎么办？

教学导入的时候，教师进行了充分的准备，然而在有些时候，学生对教师的问题不能作出反应，遇到这种情况一般可以从如下几个方面进行引导。

第一，换一个角度提问，选取与学生较贴近的角度设问。通过问题，教师可以确定学生学习的基础。

第二，换一个层次提问，选取适合学生心理特点的问题层次，注意不要使问题过难，也不能过简。

第三，教师用生动形象的具体事例进行提示帮助。

第四，变教师提问为让学生活动，通过活动使教学过程展开。教师在活动设计的时候要注意在学生的活动与认知之间建立联系。

---

① 吴红漫.追求和谐而精致的中学生物学课堂[M]//吴生才.著名特级教师教学思想录(中学生物学卷).南京：江苏教育出版社，2012：283.

第五，教师设法巧妙地引导学生阅读教材。如果学生没有按照教师的预期回答问题，教师则可用表扬性的话等策略巧妙地进行引导来化解课堂上的尴尬。

七、即兴式导入的艺术

即兴式导入类似于创境式导入，但二者亦有区别。即兴的情境不是创设的，而是真实的。即兴是对眼前景物有所感触，临时发生兴致而创作。即兴教学给学生带来的感受是真实、亲切、自然的，真实的生活场景与课堂情境形成无缝对接，师生之间的距离因为生活的真实性被缩短。即兴式导入常常能产生和谐的课堂教学氛围，这种导入方式在借班上课，教师在面对陌生的学生的时候使用得较多。

【典型案例】

案例一：《天气系统》教学导入艺术

有一次我因参加教学基本功竞赛在外地借班上课，教授"天气系统"这一内容，由于时间仓促，不可能进行从容的课前谈话，而学生的紧张情绪却明显可见，严肃的气氛笼罩着整个教室。如果立即进入新课的学习，准会一上课就"闷"，于是我即兴说出了一段轻松的"导入语"。

"同学们，老师今天起得很早，因为昨天晚上看了中央台的天气预报，说今天早上有雾，怕堵车耽误大家上课，所以提早出门。中央电视台只预报了这两天的天气预报，而老师看了中央台的天气预报图却知道我们学校未来四天的大致天气状况，你们想知道为什么吗？你们想学习看图预报的本事吗？那么我们就需要学习天气系统一节。"[1]

案例二：《你的判断正确吗？》教学导入艺术

师：各位同学下午好，在上课之前我们先互相熟悉一下。就是说我来之前昨天晚上或者说今天早晨没看见我之前，有没有想象一下给你们上课的老师是老头还是小伙子？原来怎么想象的就怎么说……

生：我想的是一个小伙子，然后大众脸。

师：最后那个男生你怎么说？

生：我觉得也是一个小伙子，而且是从无锡来的。

师：好！那么今天我们给大家上的内容也不难，放心。我了解了一下，我们中学的孩子都是成都市非常聪明的孩子，所以反而我觉得准备的内容比较简单，大家一看就会了。那么今天呢，既然有同学梦见过我，有同学说是从无锡来的小伙子，我觉得自己

---

[1] 廖书庆.引导学生发现和领略地理之美[M]//沙润.著名特级教师教学思想录（中学地理卷）.南京：江苏教育出版社，2012：360.

是个老伙子,那么我想请同学们猜猜看,我的年龄有多少?

生:51。

师:(板书:51)51岁,有不同意见吗?

生:我猜大概是45、46岁左右。因为我感觉这个层次教得比较好的不可能太大,也不可能太小。

师:那就45吧!(板书:45)还有吗?比较接近了啊!我们请个男生来说说。

生:我觉得应该是49.

师:好像看来是要体育锻炼了。(板书:49)还有吗?这位女同学你说。

生:47。

师:还有没有?你来说。

生:我觉得他们给您的岁数太令您失望了,所以我猜40岁。

师:(板书:40)我现在就定在40到45之间。

生:我猜是42,因为我觉得我们和你很有缘,今天我们正好来了42个同学,所以我猜42岁。

师:那么这样吧!实际上,我们就这五个年龄之间,你的判断对吗?这就是我们今天要研究的课题,你的观察,你的猜想是不是对的呢?怎么验证?

生:我觉得验证年龄最好的方法就是查看身份证。

师:我的身份证今天也带来了,你来念念?

生:1971年11月27日。

师:1971年出生的,是多少周岁?

生:42周岁。

师:你很有眼光!(学生大笑)说明我跟大家很有缘,就像你说的,42个同学,我今年就是42岁。就像刚刚那个女生说的,特级教师的年龄都比较大,也是很有判断力的!看来我回去要积极锻炼了。总体上来看,大家觉得老师头发比较少,年龄应该比较大。绝顶不聪明。好,在这个过程中,我们经历了什么?一下子就猜想吗?闭着眼睛猜想吗?

生:观察(板书:观察)。

师:对,我们经历了观察的过程,观察以后我们再做什么?

生:猜想(板书:猜想)。

师:对,猜想。这都是数学的重要方法。然后再怎么样呢?判断验证(板书:判断验证)。那么,有的时候通过观察、猜想就错了吧!有的时候就能够做出正确的判断,所以我们还要验证。好,我们再看一个生活中的例子。(PPT展示)请同学们看实验:当在插有筷子的透明杯子中注入水,说一说你看到了什么现象?①

---

① 根据章晓东的《你的判断正确吗》课堂教学录像整理。

【教学艺术评析】

在真实的情境中进入学习状态

案例一中，特级教师廖书庆老师的"天气系统"导入是即兴式导入，由于是教学比赛，又在外地借班上课，师生之间很陌生，加之时间短，师生之间不可能有很充分的了解，教师从早上出门、赶车和昨天的中央台天气预报说起，真实的生活场景一下子就把师生间的陌生、紧张化解了。教师借题发挥，体现课堂教学的即兴之美。

案例二中，特级教师章晓东老师的导入方式也是许多异地借班上课的老师较常运用的课堂导入方法，主要目的是增强师生之间的了解。但章老师的教学导入不是为了沟通而沟通，而是基于课程内容把握得有的放矢，将学生对老师的年龄判断与本节课的教学内容"你的判断对吗"结合起来，导入的阶段让学生明白判断与观察、生活经验之间的关系。

即兴式导入的教学艺术要求教师必须具备较灵活的教育机智，针对千变万化的现实情境，择机而教。同时，还要求教师具备较强的调控能力，把现实情境与既定的教学目标结合起来，使即兴要为教学目标和教学内容服务。

【拓展延伸】

即兴式教学导入对教师素养有哪些要求？

即兴是一种能力，这种能力运用到最佳状态就会成为一种艺术。课堂教学活动中有许多偶发的事件，这些偶发事件如果处理得好就能成为精妙的富于魅力的教学资源，使学生的心灵感受到教育力量的震撼。对于一位教师来说，让即兴成为一种信手拈来的艺术非一朝一夕之功，需要经过长时期的努力。

首先，教师要有深厚的生活积累，具有独特生活体验，并且能将之转化为教育的因素。教师把个人对社会的理解、人生阅历与具体的教学内容进行有机的结合，给学生以看问题的开阔视野。

其次，教师要有教育的智慧，能从日常的生活细节中发现其教育的功能。教育的智慧源自对教育的理解，它是在具体的教学细节中生成的东西。教育的智慧可以去揣摩，但不可以机械地模仿，用心体验、自我揣度是形成教学智慧的有效途径。

再次，教师要有艺术的眼光，从艺术的视角感受生活。教学中的艺术是一种对教学内容的理解和欣赏，它的前提是教师理解学生，热爱课堂，而且对教学内容有精熟的掌握。

八、任务式导入的艺术

任务式导入是指教师结合本节课的教学内容提出一些任务，要求学生在课堂开始的时候完成这些任务，学生在完成任务的过程中进入新内容的学习。任务式导入把任务的完成作为教学的导入阶段，任务常常被设计为新的课堂教学内容的引子，学生在任务的完成过程中能够较快地进入新课的学习状态。

任务式导入的教学艺术有两个特点：第一个特点是学生在课堂开始的时候会产生明确的责任导向，即教师在这节课上要完成一个什么样的任务，由于任务对每一个学生具有同样的完成机会，所以每一个学生都会有同样的参与度，课堂的积极性会较高。第二个特点是教师在设计任务的时候一般会考虑到本节课的教学目标和教学内容，教学起始阶段的任务完成被作为进入正式学习的一个中介，这样任务的难度一般不会太大，学生不会产生畏难情绪。

【典型案例】

案例一：《晋祠》教学导入艺术

师：我们伟大祖国历史悠久，山川锦绣，名胜古迹星罗棋布，在世界上可以说是——

生：首屈一指。

师：首屈一指（竖起拇指）。现在请每位同学就你所知道的名胜古迹说一处，要求，一说清楚，二速度。我不一个一个叫名字了，请挨着次序讲下去。你先说（示意第一排一位学生）。

生1：青岛八大关。

生2：故宫。

……

生42：庐山的花径。

生43：中岳嵩山。

师：中岳嵩山，你还能够说出其他的几个"岳"吗？

生43：能。西岳华山、东岳泰山、北岳恒山、南岳衡山。

师：对不对？

生（部分）：对！

师：记得很熟，好。

生44：浙江的瑶琳仙境。

师：刚才我们花了不到两分钟的时间，把自己熟悉的名胜古迹初步检阅了一下，已经巍巍乎壮哉！我们祖国无处没有名胜古迹，真是美不胜收。我们祖国究竟有多少名胜古迹呢？我给你们介绍一本书，（出示图书）大家看：《中国名胜词典》。这本书里介绍的都是我国名胜古迹，我们今天要学的《晋祠》，这里也有介绍。"晋祠"，你们学过地理，"晋"是指什么地方？

生（部分）：山西省。

师：因此我们查这本词典的时候，在山西省部分可以查到。"晋祠"在这本词典的127页（翻到127页），山西省太原市下的第一个条目就是"晋祠"（出示给学生看）。我们听写一下。为了节约时间,把"晋祠"修建的时间以及后来重建的时间略去。现在请同学们把笔记本拿出来听写。

(听写)

晋祠在山西太原市西南25公里悬瓮山下("悬瓮山"请你们翻到教科书的137页,"悬"是悬挂的"悬","瓮"是酒瓮的"瓮")晋水发源处。北宋天圣年间(重复一遍),(请翻到书的140页,"天圣"圣人的"圣"),追封唐叔虞(唐尧虞舜的"唐"是地名,"叔虞"是人名,追封唐叔虞)为汾东王("汾水"的"汾"),并为大母邑姜(板书:邑姜)修建了规模宏大的圣母殿(重复一遍),("圣人"的"圣")殿内有43尊宋代彩塑("尊"在这里是量词,"尊敬"的"尊"),殿前鱼沼飞梁(请看140页最后一行,鱼沼飞梁)(重复一遍)。为国内所仅见(重复一遍)("仅"不仅而且的"仅")。殿两侧为难老("难老泉"的"难老")、善利("善恶"的"善","利益"的"利")二泉,晋水主要源头由此流出(重复一遍),常年不息(哪个"常"?)。

……①

案例二:《双桅船》教学导入艺术

师:今天我们要学的是舒婷的《双桅船》。"桅"会写吗?是什么意思?

生:……

(教师提出活动要求:自由朗读+讨论"主题")

师:(1)指导朗诵。(2)问:你读完后心里涌起的想法是什么?(3)提示:一个是你涌起的感受,一个是你可能想到的东西。出声读,自己读自己的。好,开始。

师:开火车回答……

生:……

(板书:父母、国家、真挚的感情、理想、友情、宇宙、人生路上的险阻、缘分、希望、人生的寄寓、宿命与追求、台湾)②

【**教学艺术评析**】

巧置任务让学生的思维活起来

案例一中,特级教师于漪老师在课上提出两个任务,一个是让学生以开火车的形式逐一说出一处名胜古迹,另一个是听写《中国名胜词典》中"晋祠"词条内容。前一个任务是为了让学生感受"我们祖国无处没有名胜古迹,真是美不胜收",为后来的教学蓄势;后一个任务是为了教学的展开设置比较性阅读的材料。这两个任务落实过程中,使学生进入了一种积极的学习状态。这两个任务的完成为引导学生对文本进行深入的解读创造了条件。其教学亮点表现在导入

---

① 根据于漪的《晋祠》教学录像整理。
② 郑桂华.听郑桂华老师讲课[M].上海:华东师范大学出版社,2007:212.

过程的教学任务安排与整节课的教学安排有机融为一个整体，学生在不知不觉中进入文本的阅读和学习状态。

案例二中，郑桂华老师的课也提出了两个任务，一个是让学生注意课题中的生字，一个是自由朗读课文后学生逐一回答读后的感受。前一个任务落实基础知识，后一个任务为后来的教学展开作准备。

【拓展延伸】

如何进行任务式教学导入的设计？

任务式教学可以让学生有明确的学习目标，激发他们学习的主动性和积极性，因此教学导入的设计首先需要仔细研究教学内容，提炼出本节课教学的核心任务，从核心任务入手，进行任务设计。这种教学设计在优秀教师的教学案例中较常见。

其次，任务分配要与教学目标保持一致，做到任务为教学目标服务。例如在一节英语课《Cooking is Fun》的教学中，教师让学生说出自己当天的"happy"，从学生快乐的生活经验开始本课的教学，引出课文内容"Cooking is Fun"。

再次，任务的难度应该适合大多数学生的发展水平。如一位教师的英语课教学中，教师从学生刚开始的反应看出他们的语言水平不高，几乎听不懂老师的英文。教师就运用了一些方法帮助学生去理解她的课堂话语，比如当学生因不懂"trip"的意思而无法回答教师问题的时候，教师通过让他们回忆早上上交的郊游计划让学生理解该词，同时还指出通常要去某些地方郊游，以此来帮助学生理解。这位教师英语课上，"Good"一词是教师上课的常用语，所以当教师问"That sounds……"学生的第一反应就是"good"，教师耐心地引导学生说出了其他的形容词："interesting""great"。尤其是"great"一词还有双关的作用，既回答了该问题，同时也是教师对学生回答的积极反馈。

最后，注意通过活动激活学生的思维。特级教师王永元在进行《变压器》一节内容的教学时让学生观察一个实验"一个线圈跟一个发光二极管相连"，通过对弯度变化的分析，认识其中原理，进而引出本节课的教学内容"变压器"的学习。[①]学生的思维由现象观察的层面被引入理论分析的层面，进入活跃的学习状态。

知识链接

怎样理解课程目标与课堂教学目标的关系？

理论界和实践界对课堂教学目标的设定存在着一些认识上的误区，如将"课堂教学目标"混同于"课程目标"，将三维目标等同于教学目标。这些误区使我们在进行课堂

---

① 根据王永元的《变压器》教学录像整理。

教学目标设计的时候不能抓住教学的本质，使课堂教学偏离了学科特性。因此，纠正课堂教学目标的认识误区对我们继续深化新课程改革、科学地把握学科特性、提高课堂的教学效率至关重要。

1. 两种不同话语体系中的课程和教学

"课程"与"教学"是两个不同理论的话语体系。"课程话语"体系在英美等国使用，"教学话语"体系在欧洲大陆国家、俄国和中国使用。美国课程与教学理论体系中的"课程"是一个很宽泛的概念，课程涵盖了教学。自泰勒开始美国的课程理论研究注重课程的设计编制，却不十分注重教学。这样就形成了美国成熟的"课程"理论研究传统，而没有形成完善的"教学"理论研究传统。欧洲大陆国家、俄国和我国的课程与教学理论研究所运用的是"教学"理论体系。这些国家的教学论发展都有着悠久的历史。同时这些国家形成了自己比较完善的课程制度，课程已被政府以课程标准和教材的形式制定好，教师无须关心课程的问题，教师所需要关注和研究的主要是教学问题。

我们的新课程改革所采用的是"课程"理论话语体系，改革设计者从英美等国引进了这种话语理论，由于没有做好理论的吸收转化，将引进的课程理论直接运用到教学改革中，就出现了不同的人使用不同的理论话语体系来研究课堂教学的现象，课程改革倡导者运用的是新引进的"课程"话语体系，一线教师运用的是传统的"教学"话语体系。这样也就在新课改过程中产生了许多误解和冲突。

新课程改革形势下的课程和教学的话语体系是不统一的，人们有时在课程理论的话语下谈论课程和教学，有时在教学理论的话语下谈论课程和教学，甚至同一个说话者在同一时候、同一个场合谈论课程和教学时采用的是不同的话语体系。当人们不是站在同一个话语体系下来谈论课程和教学的时候，人们话语的所指是不同的，这样就会出现"此课程和教学"与"彼课程和教学"分野的现象。像这样的不在同一个话语体系下的学术争论究竟有多少学术价值呢？因此，我们讨论课程和教学必须站在同一个话语体系下进行对话，首先要弄清楚我们所说的"课程和教学"是在哪一个话语体系下。课程理论话语体系下的课程相当于教育，课程包含了教学，说教学就是指课程实施；教学理论话语体系下的课程指课程标准和教材，教学包含了课程，说课程就是指课程标准和教材。

2. 课堂教学目标与课程目标的关系

课程目标是人们进行课程设计，包括提出课程方案和课程标准时的依据。施良方先生将"课程目标"定义为"指导整个课程编制过程的最为关键的准则"，[①] 课程目标是针对课程的设计和编制而言的，它借用了英美的课程话语体系。而在"课程话语"和"教学话语"这两种理论体系中都存在着"教学目标"这一概念，课程话语体系中的"教学目标"与教学话语体系中的"教学目标"所指内容是不同的。课程话语体系中的"教学目标"的研究主要借鉴了美国布卢姆等人的研究成果，这一话语体系中，"教学目标

---

① 施良方. 课程理论——课程的基础、原理与问题[M]. 北京：教育科学出版社，1996：93.

是课程目标的进一步具体化,是指导、实施和评价教学的基本依据"。[①] 教学话语体系中的"教学目标"是指教师在课堂上想教的是什么,具体地说就是指教学内容,它是针对教师的教和学生的学而言的。

教学实践中,"课程话语"体系中的教学目标和"教学话语"体系中的教学目标必须找到一个恰当的对接点进行转换,把两种话语体系中的教学目标放到一个层面上,才能形成共同的对话平台,发挥"课程目标"对课堂教学的指导作用。由于我们的教学主要是在课堂上发生的,两种不同的理论话语在课堂上产生交汇,所以转换也必须发生在课堂上。为了克服新课改实践中两种理论话语不一致所带来的误解和冲突,我们引入"课堂教学目标"这一概念,把它作为新引进的课程话语体系中的"教学目标"和传统的教学话语体系中的"教学目标"之间的转换点。通过课堂教学目标的转换,两种不同的理论话语中的教学目标就统一起来了。所谓"课堂教学目标"就是指一节课上教师所要教给学生的是什么知识,即具体的课堂上的教学内容。"课堂教学目标"是我们从课程理论话语到教学理论话语转换的中介。在理论上完成了这个转换,实践中我们就能合理地接纳新课改所提出的课程精神,又能自如地运用已有的教学传统所形成的教学实践智慧进行课堂教学。教学的改革最终要发生在课堂上,课堂上教师的教学智慧使课改理想和教学现实之间的矛盾得以平衡,只有发生在课堂上的教学改革才是大家所期盼的实实在在的教学改革。

3. 三维目标能否直接设定为课堂教学目标

课堂实践中一些老师在进行教学目标的设计时,常常把三维目标直接当作课堂教学目标,并且详细地从知识、能力、情感态度价值观三个方面进行目标设置。这其实是人们对三维目标的一种错误认识,这种错误认识会使我们的课堂教学的方向迷失,使课堂教学丢失学科教育特点。

三维目标所采用的是课程理论话语体系而不是教学理论话语体系,是针对课程理论工作者而言而不是具体针对教师的课堂教学而言的。它是课程理论工作者在进行课程方案设计、课程标准编制、教学用书编定和课程评价时所依据的准则。三维目标是课程目标而不是教学目标,三维目标对课堂教学具有指导作用,但不能把三维目标直接当作"课堂教学目标"来运用。从三维目标到课堂教学目标必须有一个转化,这一转化过程的落脚点就是具体的"课堂"。具体表现为从目标的角度对教学内容和教学方法提出要求,在课堂活动中把三维目标融合到教学内容和教学方法之中。

从理论上看,一节课的教学目标设计要从"教学内容"和"教学方法"两个维度来进行。但对于课堂来说,应该由教学内容来选择教学方法,教学方法为教学内容服务,即通过运用适当的教学方法去展现一定的教学内容。因此课堂教学目标设计只能落脚在课堂教学内容上。而实践中我们总是试图将"知识、能力、情感态度价值观"都写进

[①] 施良方. 课程理论——课程的基础、原理与问题[M]. 北京:教育科学出版社,1996:95.

课堂教学目标，这必然要出现面面俱到却又面面虚化的课堂教学目标设计，使教学目标不能发挥对课堂的定向作用，同时也使教学内容发生了虚化。我们在一节课后问学生，他在这节课堂上学到了什么，收获了什么，如果他很难说出具体的内容，这节课就上得有问题，没有具体内容的课到底有多高的教学效率呢？而这种奇怪的无效课堂现象在实践中是经常发生的。在我们把三维目标和具体的课堂教学目标相混同的过程中，三维目标的精神在课改实践中被误解、被失落了。要科学地把握新课程改革所倡导的三维目标的精神，就要对课堂教学内容进行科学的分析研究、组织设计，以具体的教学内容来体现三维目标的精神。

第三章　教学过程展开的艺术

教学过程，即教学活动的展开过程，是教师根据一定的社会要求和学生身心发展的特点，借助一定的教学条件，指导学生通过学习教学内容认识客观世界，并在此基础之上发展自身的过程。影响教学过程展开的因素有教学目标、教学内容、学生特点等。教学过程展开的艺术是教师教学艺术的集中体现，通过对教学过程展开艺术的分析，可以发现蕴藏于教师身上的教学智慧。

教学过程展开的艺术有多种形式，本章通过对特级教师课堂案例的分析，从教学过程展开形式的角度将教学过程展开的艺术分为如下五种：

- 任务推进的艺术
- 对话交流的艺术
- 问题解决式的艺术
- 情境活动式的艺术
- 教学生成的艺术

一、任务推进的艺术

任务推进的艺术是指在教学过程中，教师将教学内容分成若干个教学任务，通过一个个教学任务的完成使课堂活动得以开展，从而完成教学内容，达成教学目标。任务推进的教学艺术要求教师在进行教学任务的分配时注意任务的层次、任务的线索和任务的连续性。任务的层次指教学过程的总任务和分任务的关系，如何将总任务分解成分任务，通过分任务的完成来完成教学的总任务；任务的线索指教学任务的设计要有一个一以贯之的主导思想或理论；任务的连续性是指分任务之间要有一定的内在联系，不能把教学任务割裂。

任务推进的艺术在中学文理学科中都适用，其特点是教师根据教学内容和学生认知特点，在教学设计的时候将教学内容分成若干个教学任务，由教师指导学生完成。每一个教学任务构成一个小的教学阶段，一节课由若干个小的教学阶段组成。教师是教学任务的设计者，一般情况下，由教师提出教学任务，任务完成的形式有学生个人单独完成、学生集体完成和师生共同探讨完成几种形式。

【典型案例】

案例一：《变色龙》任务推进艺术

（任务一：读标题，正音正字，了解文学常识）

（任务二：读课文，给课文加拟副标题）

围绕"变"字展开讨论。

师：大家的发言可以概括为三种情况，第一种是用褒义词概括，第二种是用中性词概括，第三种是用贬义词来概括。对奥楚蔑洛夫这样的人物应该使用哪种感情色彩的词语呢？

生（齐）：贬义词。

师：那么用哪个词语来概括最为恰当呢？

生（齐）：见风使舵。

师：（板书：见风使舵）

（任务三：讨论"变"与"不变"）

下面大家进一步想一想，除了"变"这个特点外，奥楚蔑洛夫有没有始终不变的思想或行为？

师：（板书：不变）

师：大家的发言意思都对，但还要往深处去思考。

生1：我觉得人们笑将军哥哥家的一条狗比赫留金都强。一般来说狗咬人是要赔偿的，而将军哥哥家的狗咬了人却不用赔偿，狗的主人地位不同，狗的价值也就不同。

师：你的意思是说在当时沙皇俄国统治的社会里，穷人还不如阔人家的狗，也就是说，穷人不如富家犬（板书：穷人不如富家犬）。这条狗为什么受到赞扬呢？只是因为它是将军哥哥家的。我们可以这样想，将军当了将军，将军的哥哥也就值钱了；将军的哥哥值钱了，所以将军哥哥家的狗也就值钱了。这就叫作一人得势，鸡犬升天（板书：一人得势，鸡犬升天）。我们来总结一下，人们一笑赫留金的愿望未实现，反而向反方向发展，二笑奥楚蔑洛夫警官见风使舵，媚上欺下，三笑穷人不如富家犬，四笑一人得势，鸡犬升天（手指板书"穷人不如富家犬"和"一人得势，鸡犬升天"），最后这两点是这篇课文所要告诉人们的深刻的思想内容。请大家回忆一下，这节课的学习过程渗透着一种阅读方法。你们能不能总结概括一下？

生2：我觉得是围绕主题进行阅读。

生3：我认为是弄懂主要人物。

生4：我认为是从表层到深层。

（任务四：发挥想象力，增添情节）

师：课文写了奥楚蔑洛夫的"变"，咱们在研究"变"后，又研究了他的"不变"。这也就是说不但要从正面思考问题，还要倒过来从反面去思考问题。这种方法叫"逆向思考阅读法"。这篇课文结尾写道,"我早晚要收拾你!"奥楚蔑洛夫便裹紧大衣离开广场走了。后来怎样了呢?课文没有交代,留给读者去思考。现在,就请同学们发挥想象力,把后来的事情说出来,以《广场事件之后》为题,做口头作文。这篇口头作文,第一,内容要和原文衔接,不是另编故事;第二,人物的思想品质、道德作风,必须和原文一致;第三,口头作文的中心思想,要和原文中心思想吻合;第四,在符合上述三点要求的条件下,充分发挥想象力,添出生动有趣的故事情节来(生沉默思考)。①

案例二:《我的叔叔于勒》任务推进艺术

(任务一:明确切入点,学生读课文)

师:首先请同学们阅读课文,找出课文中的人物是怎么评价于勒的,包括怎么称呼他,怎么说他的。

(教师根据学生的回答进行板书)

全家唯一的希望

全家的恐怖(坏蛋、流氓、无赖)

正直的人、有良心的人

好心的于勒、有办法的人

这个家伙、这个贼、这个流氓

我的叔叔、父亲的弟弟、我的亲叔叔

(任务二:评价分类,划分结构)

师:请同学们把这些评价分分类,分类的标准是哪些?话是在大致相同的情况下说的,并说说是什么情况,他们对于勒又采取了什么态度。请按时间顺序说。

师:我们把情节理一下,请看板书。

赔钱……盼

占钱……赶

有钱……赞

没钱……骂、避

从以上板书可以看出,小说情节虽不长却也曲折起伏,特别是后面情节的安排,既在意料之外,又在情理之中。如果我们把课文分成两大部分的话,应该分在哪里?

(任务三:巧拟对联,加横批)

师:我用一副对联概括两大部分的内容,十年思盼,天涯咫尺,同胞好似摇钱树;一朝相逢,咫尺天涯,骨肉恰如陌路人。这家人盼于勒,盼了十年,希望与日俱增,甚至在脑海中出现了幻觉,明明远在天边,却如近在眼前,把骨肉同胞当成摇钱树,为了用于勒的钱制订了上千种计划。一朝相逢,期望中的富翁变成了穷水手于勒,他们失

---

① 根据宁鸿彬的《变色龙》教学录像整理。

望沮丧,本是同根生,相逢就是不相认,骨肉兄弟如同陌生的路人,前后之间构成了鲜明的对比,这一切因为什么?这副对联少了一个横批。请同学们来拟。

(任务四:品读小若瑟夫的话,深化主题)

师:好,我们来齐读文章写小若瑟夫的一段话,从"我看了看他的手"开始到"我的亲叔叔"结束。(读略)

师:同学们还没有把文中的感情读出来。我们一起来分析一下,这里一共三句话,前两句写谁?①

【教学艺术评析】

巧置任务形成课堂的完整序列

案例一中,特级教师宁鸿彬老师这篇课文的教学共有两课时,全篇课文的教学共计安排了五项任务,整个教学过程是伴随着一项项任务的完成向前推进的。

第一课时共安排了四项任务。《变色龙》正式学习开始后,教师安排了如下两项任务:读作者名字给易错字正音(给课文中出现的易错字正音、正形)、读标题给课文加拟副标题(抓住了课文主人公——奥楚蔑洛夫警官人物性格的特点,拟出的标题基本正确,可见大家对课文已有了比较不错的认识。然后又讨论了课文为什么要以"变色龙"为题)。第二课时,教师安排了如下两项任务:讨论奥楚蔑洛夫性格中的不变因素,并以《广场事件之后》为题做口头作文。下面就这节课的教学过程展开进行具体分析。

(1)确立主线,讲究任务设计的整体性。这节课的四项任务都是围绕对小说主人公奥楚蔑洛夫性格的"变"与"不变"这一主题的探讨进行的。第一课时的教学中,教师把对主人公性格的讨论简化为让学生给课文加拟副标题,在加拟副标题的过程中学生对主人公性格的认识由浅入深,渐渐抓住人物性格的本质。在这个教学过程中,教师把抽象的文章主旨思想讨论简化成一个具体的学习任务,整个第一课时的教学就是围绕这个任务的完成而展开的,这样就形成了一条明确的课堂教学主线。第二课时的两个任务是第一课时两个任务的深度继续。第一课时讨论了奥楚蔑洛夫性格中"变"的因素,让学生对这一人物性格有了初步的理解,第二课时讨论了奥楚蔑洛夫性格中"不变"的因素,从另一个方面对其性格进行深入剖析,从而使学生的认识更全面。最后一项任务"以《广场事件之后》为题做口头作文"是一项综合性的任务,这项任务是在全文教学任务完成的情况下安排的一个能力提升任务,这项任务把课堂教学推到了高潮,而整个教学就在高潮出现的时候戛然而止,学生意犹未尽,回味无穷。

(2)化繁为简,变难为易。课堂教学的任务不能止于将教学内容准确科学地向学生呈现,还要以适合学生的情感、认知的方式把教学内容进行艺术的呈现,而化繁为简、变难为易是艺术呈现的一种重要形式。

(3)运用卡片教学,在任务完成的过程中进行基础知识的教学,即以卡片的形式结合特定

---

① 根据程红兵的《我的叔叔于勒》教学录像整理。

语境进行基础知识教学。教师把语文教学中的字词教学穿插在具体的解决学习任务过程中，把基础知识的教学与文章主题思想的讨论有机融为一体，让学生在生动活泼的课堂氛围中避免单一的枯燥练习。这种教学方法与小学识字教学中的"随课文分散识字教学"有异曲同工之妙。

案例二中，特级教师程红兵老师的《我的叔叔于勒》的教学是以任务推进的形式开展的。整个教学过程教师安排了四个任务：读课文，找出课文中人物对于勒的评价；对评价的语言进行分类，并明确分类的标准；给课文划分结构，形成对比；齐读课文，升华理解。这四个任务将整节课的教学分为三个阶段，第一阶段初步感知课文内容，理清小说中人物对于勒的态度，第二阶段讨论课文的结构，将课文结构与人物前后态度进行对比，第三个阶段是讨论升华阶段。下面对这四个教学任务进行分析。

第一项任务，阅读课文，"找出课文中的人物是怎么评价于勒的，包括怎么称呼他，怎么说他的"。让学生阅读课文是一般语文阅读课教学设计常用的方式，这种设计的好处是能够让学生通过阅读在整体上感知课文内容。但程老师这节课的教学与一般语文教师感知课文的方式不同，他没有从小说的情节、要素等角度引导学生对课文进行思考，而是引导学生找出小说中一群人物对一个人物的评价性语言，从他们的评价性语言中发现人物的态度。这样的教学设计使学生在对信息的筛选中学会评价，并且为下一步的教学任务的完成提供了基础。

第二项任务，对评价语言进行分类，这项任务实质上是第一项教学任务的继续，在学生进行分类之前，教师确定了分类的标准，"哪些话是在大致相同的情况下说的，并说说是什么情况，他们对于勒又采取了什么态度。请按时间顺序说"。"大致相同的情况"是帮助学生认识人物态度的具体语言情境，通过相同情境的人物语言对比认识人物态度；"按时间顺序"则保证了课堂教学内容的相对集中，这样不会导致学生的发言过于散乱，使课堂教学具有合适的节奏。

第三项任务，划分课文的结构，实质上是让学生通过对课文结构的划分对小说中的人物对于勒前后不同的态度进行对比，教师用一副对联"十年思盼，天涯咫尺，同胞好似摇钱树；一朝相逢，咫尺天涯，骨肉恰如陌路人"概括了两大部分的内容，既有助于学生在划分课文结构时进行参考，又把教学推进了一个高潮，而让学生拟写横批则又把学生的思维引向更深的一步。

第四项任务，齐读文章中写小若瑟夫的一段话，朗读后，师生讨论若瑟夫的情感，着重让学生分析"这是我的叔叔，父亲的弟弟，我的亲叔叔"这一句话。教师总结："孩子是纯真的，大人是世故的；孩子是诚实的，大人是虚伪的；孩子是善良的，大人是势利的；孩子是慷慨的，大人是刻薄的。"

上述两个案例的共同点是整个教学过程是在一个个教学任务完成的基础上实现的。这两个案例共同的亮点是课堂活动中任务安排明确具体，课堂教学紧凑。

【拓展延伸】

在教学过程中如何对教学任务进行分层？

教学任务不能太零乱，需要有整体性。较早对教学设计的一般过程的整体性进行研究的是迪克（Dick，1990）和卡里（Carey，1996），他们提出的教学设计过程模型将教学设计分为九个环节和一个信息反馈环节。这九个环节依次为：确定教学目标、进行教学分析、确定起点能力、制订行为目标、编制标准参照测验、选择教学策略、设计和选择教学材料、设计和进行形成性评价、修改教学。信息反馈环节是设计和进行总结性评价。这一模式是基于一般教学过程的教学设计，也是一个以学生为中心的设计过程。这一设计模式强调学生学习任务的分析以及起点能力的确立，教学设计是一个反复的过程，需要设计者不断进行分析、评估和修正。[①]

具体的教学任务分层可以参考以下几点。

第一，依据教学内容进行分层，如特级教师黄厚江老师对《我们家的男子汉》一文的教学中，指出理解"男子汉精神"和小标题在文章中的作用是教学重点，黄老师对这两个内容进行了层次分解。前一个问题通过四个层次加以突出：一是归纳"我们家的男子汉"身上的主要品质；二是加工文中的话或用自己的话描述心目中的男子汉；三是讨论男子汉最可贵的品质应该是什么；四是全班合作完成小诗《小小男子汉宣言》。后一个问题的解决，有这样几个层次：一是学生先说说小标题的一般作用；二是归纳本文小标题的主要作用；三是引导学生用人物语言改换小标题；四是比较两种小标题的不同效果。[②]这节课的教学，教师安排学生完成两个任务，"研究男子汉的精神"和"小标题的作用"，前一个任务是课文内容的研究，后一个任务是文章写法的研究。教学过程中，教师采取了分层推进的方法，即把两个任务分为若干层次指导学生去完成。这样清晰有效的分层推进，使教学重点的解决非常到位。

第二，依据学生的活动进行分层，如黄厚江老师在讲授《阿房宫赋》这篇课文时，理解文本内容毫无疑问是重点。黄厚江老师是这样分层到位的：一是让学生课前对照注释自读课文，提出问题；二是通过讨论解决疑难问题，教师点拨释疑；三是通过对压缩短文的填空，把握文章的基本内容；四是通过比较结尾理解文章主旨；五是用三个词概括脉络和主旨，把握结构思路。这些层次，由浅入深，由言及意，比较透彻地解决了文本理解的问题，并且较好地为表现手法的欣赏提供了铺垫。[③]

第三，分层的目的是化繁为简。课堂教学要帮助学生解决在学习过程中遇到的疑难问题，对学生来说，"要么是感到课文内容复杂纷繁，理不出头绪，抓不住要点；要么是感到课文中某些地方深奥难解，搞不明白。因此，如何使学生提纲挈领，把握要点，实现化繁为简，或是简明而通俗地解说课文，做到变难为易，这便是进行教学设计必须考虑的问题。"[④]在课文《变色龙》的教学过程中，宁鸿彬老师把繁难的人物性格分析简化为对两个词的讨论："变"与"不变"。教师让学生在阅读的过程中找出"变"的因素和"不变"的因素，课堂教学由此变得集中紧凑。类似的教学案例，宁鸿彬老师在《皇帝的新装》教学中也采用了这种化繁为简的教学方法。在整个教学过程中他让学生完成四项任务：第一项任务，在学生读课文之后，以"一个……的皇帝"

---

① 皮连生.教学设计——心理学的理论与技术[M].北京：高等教育出版社，2000：18-19.
② 黄厚江.享受语文课堂——黄厚江本色语文教学典型案例[M].北京：教育科学出版社，2012：117.
③ 黄厚江.享受语文课堂——黄厚江本色语文教学典型案例[M].北京：教育科学出版社，2012：117.
④ 宁鸿彬.中学语文教学探索[M].济南：山东教育出版社，1997：55-56.

的形式给本文加个副标题;第二项任务,教师要求学生用一个字概括这个故事的内容;第三项任务,教师组织学生讨论研究这个皇帝上当受骗怨谁;第四项任务,讨论那两个骗子的骗术并不高明,为什么那么多人上当受骗,他们受骗的根本原因是什么。这个精简的教学设计把教学变得简单,对年轻教师的课堂教学有许多可以借鉴的地方。

二、对话交流的艺术

如果把教学过程比作一种交往过程,那么对话就是一种主要的课堂交往形式。教学是一种对话,对话即一种交流。教学对话是指教学过程中教师和学生在一定的语境中围绕文本和问题情境而展开会话的过程。教学对话中教师和学生双方的地位是平等的,如果说他们有什么不同,那就是教师在对话过程中往往承担着引导和展开对话的责任。教学对话是一种艺术,这种艺术不但使教学过程顺利展开,教学目标得以较好地实现,而且还能营造出平等和谐、充满创造力的课堂氛围。

这里所说的对话艺术是指中国传统教学中的对话艺术,而不是从西方哲学层面对"对话"概念的理解。对话的主要表现形式是"问答",我国古代教学理论著作《学记》中对此有精辟的论述:"善问者如攻坚木,先其易者,后其节目,及其久也,相说以解。不善问者反此。善待问者如撞钟,叩之以小者则小鸣,叩之以大者则大鸣,待其从容,然后尽其声。不善答问者反此。"有"问"的艺术,有"答"的艺术,还有在学生回答的基础上进行的"理答"艺术。

【典型案例】

案例一:《愚公移山》对话交流艺术

(补充材料,拓展话题)

师:"愚公移山"这个故事,经常和另外两个故事一起出现。一个是"夸父逐日",这个我们非常熟悉,夸父在那里追赶太阳,最后道渴而死;还有一个就是"精卫填海",精卫本来的名字叫女娃,是炎帝的女儿,后来在游泳的时候被淹死了,魂魄化成一只精卫鸟,经常衔一些微小的土、石、木头,要把大海给填平。

师:这三个故事中,显然有共同的东西,对吗?(话筒往后传)有什么共同点?

生:都经过不懈的努力,完成自己的梦想。

师:请坐。前面最好加一个词语——"试图",试图完成自己的梦想,对不对?最后能不能完成可能还不知道,而且他们努力的目标,好像过于艰巨,是艰巨的任务。

那么,有没有不同的地方?(停顿)愚公移山的故事和夸父、精卫的故事,至少有三处不同……

(回归文本,比较"愚公"和"智叟")

师:"汝心之固,固不可彻(chè)",翘舌音,"彻"。你的心太顽固了。愚公他非常深切地坚信自己会子子孙孙无穷无尽的,是吧?他的话是在和另外一个人的争辩中说出来的,是和谁?……

(比较阅读,破解文化密码)

师:提供了一点新的视角。采访里面可以注意到,他们在强调:"愚"——"foolish"。最后 Ryan 还说了句:"crazy!"那么我们,是不是可以顺着他们的思路追问?

师:中国人都这么聪明,为什么会对这样一个疯狂的愚老人这样津津乐道呢?会千年传诵呢?思考一分钟,好不好?把你的观点酝酿得成熟一点。你也许可以结合我们发下来讲义上的材料。它肯定背后隐藏着中国人非常喜欢的,或者我们非常熟悉的一种密码,文化的密码。你可不可以跳出来阐释一下,到底有哪些理由?①

案例二:《南极洲》对话交流艺术

教师:人们在南极大陆上找到了煤,说明了什么?

学生 A 头头是道地回答:很久以前,地球上的陆地是连成一片的,南极本不在现在的位置,而在现在的印度,那里的气温很高,降水很多,生长有大量植物,植物死亡后,被地层覆盖,形成了煤。

学生 B 跳了起来:不对,南极一直没移位,有煤说明南极过去的气温比现在高。

学生 C 抢答:南极过去是一片海洋,海洋里有大量海参等动物生长,后来就形成了煤。

教师:大家议议,哪种解释更可信?

……②

【教学艺术评析】

在教学对话中生成课堂智慧

案例一中,特级教师郭初阳老师的《愚公移山》教学是以对话的形式展开的。整个教学过程通过教师设置的对话语境平等而又有刺激性地进行,对话的内容围绕传统寓言故事"愚公移山"所提供的文本故事展开。整个教学过程中的对话可以分为如下几个阶段。

教学的第一个阶段是文本自身的呈现,教师播放录音,学生边听录音边对照文本阅读,初步感知文本内容。教师在播放录音之前提出了要求学生在听读完课文后需要解决四个问题:"第一,山是怎么样的?第二,愚公是怎么样的?第三,'移山','移'的过程是怎么样的?第四,最后的结局又是怎么样的?"对这四个问题的讨论,学生分别用文章的原句进行了回答。接下来,教师把学生的注意力引导到对寓言意义的解读上来,但是学生并没有对此作出明显的态

---

① 郭初阳.《愚公移山》课堂实录[J].教师之友,2005(3).
② 朱慧.对"基于学生发展"的地理教学的思考[M]//沙润.著名特级教师教学思想录(中学地理卷).南京:江苏教育出版社,2012:63.

度反应。这个时候，对话似乎将要中断，教师又重新设置语境，用投影仪显示出三句话："知其不可而为之！""三军可夺帅也，匹夫不可夺志也。""天行健，君子以自强不息。"这三句话与"愚公移山"故事一样，"与我们传统的一种精神是一脉相承的——儒家的一种非常积极的精神。"同时又提供了两个古代寓言"夸父逐日"和"精卫填海"，为后来的对话展开提供丰富的情境内容，使教学对话以文本为基础而又超越了文本。

第二个阶段，比较"愚公移山"和其他两个寓言的异同。这一阶段，其实只是作为教学对话的一个过渡，关键是要引出后面对"愚公移山"这则寓言本身的讨论。

第三个阶段，比较寓言中"愚公"和"智叟"这两个人物的形象。关于这两个人物的讨论使对话在一个更高的平台上展开，对话使学生的思维走得更深更远。教师设置了一个语境，让学生以智叟的口吻回答愚公的问话"何苦而不平？"，留给学生讨论的空间。这一阶段，思维放得更开，甚至让听课的老师们着急，这对话究竟会走向哪里。

第四个阶段，关于文化密码破解的对话，帮助学生从新的视角理解文本。

案例二的对话是从一个现象的原因分析开始的。教师首先抛出问题，学生根据自己的知识积累对问题作出回答，由于不同的学生分析问题的视角和知识积累的程度不同，他们给出的答案也是不一样的，教师机智地使这些不同的答案在学生头脑中产生认知冲突，从而达到培养学生分析、解决问题这种能力的目的。

这两个案例的共同点是将对话作为培养学生思维能力的有效方式，通过对话，课堂教学在充满协商的艺术的氛围中展开。

【拓展延伸】

课堂上如何让对话顺利地展开？

对话有孔子式对话和苏格拉底式对话两种形式。孔子式对话的特点在于"不愤不启""不悱不发"，孔子向学生发问很注意对象和情境；苏格拉底式对话则依靠理性的力量引导，其特点是他的"产婆术"，问者以引导性问题让被问者说出答案，这个答案被认为是事先已存在于被问者心中的，问者只是扮演助产士的角色。这两种对话都值得在一线的课堂实践中揣摩运用。然而，教学实践中运用得最多的还是通过情境设置问题，引起学生思考辨析。例如胡明道老师教学《变色龙》时，课堂开始的时候进行了这样的问题设置："今天我们学习《变色龙》，变色龙是一种什么样的动物？"又问："这篇课文是写这种动物吗？""既然是写'人'的，为什么要用'虫'命题呢？这个问题真费解！让我们带着这一问题学习这篇课文吧！"[①]教师和学生简洁的对话让学生对新课的学习有了良好的心理准备。

教师通过具体情境中的问题使学生产生认知冲突，以对话的形式使冲突逐步解决，冲突解决的过程也即对话进行的过程。同时，对话需要教师和学生都学会倾听，倾听是相互的，通过倾听，教师理解学生，学生理解教师。在多数情况下，师生之间的对话与倾听是围绕教学内容展开

---

① 胡明道. 胡明道讲语文[M]. 北京：语文出版社，2007：91.

的。李镇西老师一次在执教《荷塘月色》时，首先摆出问题："同学们能不能交流一下，这篇文章最打动自己的文字？"开始教师对学生的回答没有作出评价，当一个学生说到喜欢《采莲赋》时，教师紧跟着追问，"你为什么喜欢呢"，进而展开深层次的课堂引导，起到了良好的教学效果。

三、问题解决式展开艺术

问题解决式展开艺术是指教学过程围绕某一核心问题的解决而展开，师生活动以问题的呈现及解决、问题的变式设计、问题解决能力的实际运用来推动课堂活动展开的教学艺术。问题解决式展开艺术关注的是课堂活动中的人类思维美。课堂教学的过程是师生的理性思维活动过程，抽象的思维活动隐藏于师生的情感、语言等外显的活动之中。这样的课堂教学井然有序，初遇问题的困惑、深度思考的沉默、灵感突现的惊喜、问题解决的快乐充满教学过程之中，活跃的思维与积极的情感、准确的语言、愉悦的氛围成为一个有机整体。

问题解决式展开的教学艺术在中学各科教学中都具有适用性。与课堂活动的任务式展开不一样，问题解决式的课堂展开一般要围绕一个核心问题进行教学，把问题从常式引向变式，在变式的问题解决中发展能力。

【典型案例】

案例一：《鸡兔同笼》问题展开艺术

《鸡兔同笼》问题展开过程：

一、提高兴趣，情境引入

（多媒体展示鸡兔同笼的图片）

二、启发诱导，探究新知

师：古代数学有许多典型的例子，今天我带着大家回到过去，看一道典型名题。这就是我国古代一部算书《孙子算经》记载的问题："今有雉兔同笼，上有三十五头，下有九十四足，问雉兔各几何？"谁能将其翻译成现代汉语？

生3：如今有鸡和兔子在同一个笼子里，上面有35个头，下面有94只脚，问鸡和兔子各有几只？

师：很好。谁能够解决这一问题？

三、自主探究新知并应用

师：其实方法各有长处，各有优点，我们要根据题目不同的要求选择合适的方法。我们再来看一道题目（屏幕显示），今有牛四羊三，直金九两，牛二羊五直金八两，问牛羊各直金几两？能否找到等量关系。

四、随堂练习，感悟收获

师：接下来我们再练习两道题。练习一是和尚分馒头的故事，练习二是大中型客车载客问题(屏幕展示题目内容),先独立思考,可以讨论解决。①

案例二:《物体运动的速度》问题展开艺术

在进行"物体运动的速度"一节中"速度"概念教学时,我设计的问题是:平时我们是怎样来确定一个物体运动快慢的?学生结合平时的观察和经验,通过讨论,得出两种结论,一是确定距离,先到达目的地的就是快(速度大),如学生校运动会100米赛跑;另外一种方法就是在规定的时间里,看谁跑得远,跑得远的就是快(速度大)。学生通过这样的问题讨论,觉得"速度"概念很好理解,一点也不抽象。

紧接着我还布置了一个问题:其实还有更多测量速度的方法,课后同学们可以通过各种方式探讨。下一节课我们作为前课复习进行提问。学生积极性很高,等到下一节课时,大家踊跃发言,居然说出了与前面不一样的五种方法。②

【教学艺术评析】

让问题成为学生思维的驱动

案例一中,特级教师吴学峰老师的《鸡兔同笼》教学是以提出问题来展开的。整个课堂教学分为四个环节,从第二个环节起就围绕"今有雉兔同笼,上有三十五头,下有九十四足,问雉兔各几何?"这个核心问题展开,通过这道题目的解决培养学生数学分析能力。下面就其艺术表现进行分析。

第一,巧妙地呈现问题。抽象的问题总是隐藏在具体现象背后,教师在教学过程中需要把抽象的问题还原为具体的情境。吴学峰老师教学一开始就在屏幕上展示教学内容,给学生以直观印象,把学生的思维引导到课堂所要讨论的问题中来。鸡兔同笼是我国民间广为流传的数学趣题,是训练数学思维、培养解决问题能力的典型题目。运用这一例子,一方面可以培养学生的逻辑推理能力,另一方面,可以让学生体会代数方法的一般性。老师为学生创设了这样一个有趣的问题情境,有利于学生了解我国古代的数学文化,激发学生的民族自豪感,调动学生的学习兴趣。老师提出"谁能够解决这一问题"后,没有马上叫学生回答,而是巡视全班同学,留给学生思考的空间,让学生先思考后交流,培养学生独立思考的意识,为学生以后能独立解决问题奠定基础。

第二,多角度探究问题。在对"鸡兔同笼"问题探究过程中,有学生提出了运用"列方程"的解法,但学生头脑中对问题的认识并不明确,是用一元方程还是用二元方程,学生的认识是模糊的。针对学生认识上的这一特点,教师以明确的语言对学生的判断进行强调,促使学生认识明确。在讨论完用方程解决这一问题的方法以后,教师又用提示性的语言启发学生"还有没有别的办法",以激发学生进一步的思考。老师恰当的提问,鼓励一题多个解答方法,可以开阔

---

① 根据吴学峰的《鸡兔同笼》教学录像整理。
② 夏彤.我的"问题式课堂教学模式"[M]//陶洪.著名特级教师教学思想录(中学物理卷).南京:江苏教育出版社,2012:396.

学生思维的广度。所有的解法都由学生说出来，这对老师的要求更为严格，因为他必须是整个课堂过程中最认真的聆听者，要根据情况适时纠正学生的错误，适当地引导，做到"道而弗牵"。

第三，引入问题的变式并尝试引导学生解决。"解决问题"教学注重数学思考，关注解决问题的方法和策略的形成，使学生学会用多种方法收集和处理问题情境的信息，学会从问题中发现隐含的数量关系，学会多角度地思考问题，使"用数学的方法和策略思考问题"逐步成为学生思维方式的重要组成部分。"今有牛四羊三，直金九两，牛二羊五直金八两，问牛羊各直金几两？"通过讨论，问题得到解决后，教师又让学生自创情境、自编题目，以引导学生进行思维发散，更好地巩固了知识。从学生回答问题的状况中可以看出教师设置自编题的效果很好，学生可以体会到数学来源于生活，提高应用数学的意识并获得了成功的体验，通过老师的鼓励和肯定，学生增强了自信心。

第四，建立问题解决的模型图式。建立模型是指人们在以数学方式研究具体问题时，通过一系列的思维活动来探究、挖掘具体事物的本质与关系，最终以符号、模型等方式将其中的规律揭示出来，使复杂的问题本质化、一般化，让同类问题的解决有了共同的程序与方法。现在的数学教学不再是以往的以点为中心的教学，它不是一个个分散的知识点，所以在本节课教学中教师注重使知识点连成线连成面以模型的形式呈现，并使学生在具体问题中能运用习得的方法、策略解决问题，通过这道题，老师向学生们渗透了数学建模的思想和意识。

案例二中，特级教师夏彤老师的"问题"具有典型性和针对性。教师抓住对概念的理解和对规律的运用提出问题，分析处理问题的典型思路和方法、知识间的内在联系以及易错易混的问题等，使问题讨论与概念建立、知识理解、知识运用和能力培养结合起来，针对性强，教学效果较好。

合适的问题情境是课堂教学问题顺利展开的重要条件，也是课堂教学能取得良好效果的关键。合适的问题首先要具有针对性。问题的设计要抓住对概念的理解和对规律的运用，如重要概念及规律的理解，解决问题的典型思路和方法，知识间的内在联系及易错易混的问题，使课堂上的问题讨论与概念建立、知识理解运用和能力培养结合起来。

【拓展延伸】

文科问题解决的教学设计如何分板块推进？

问题解决的教学方法多用于理科教学，那么文科教学是不是也可以运用这种方法？这里以一节语文课为例加以说明。请看特级教师胡明道老师《夜走灵官峡》的教学分为三个板块推进的：第一板块，通读，整体把握，解决写了什么的问题；第二板块，精读，分析品味，解决文章怎样表达的问题；第三板块，研读，切磋探讨，解决迁移运用问题。[①]

类似的其他学科的课堂教学展开也可以运用这种分板块推进的方法，将教学内容分成若干个小的板块，每一个板块之间或并列，或承接，或递进，教学过程便得以有序地展开。

---

① 胡明道. 胡明道讲语文[M]. 北京：语文出版社，2007：35.

四、情境活动式展开艺术

情境活动式展开艺术是指教师通过创设特定的情境,引导学生在特定的活动情境中获取知识、形成能力的教学艺术。这种教学艺术有两个要素,一是情境,二是情境中活动主体的相互作用。情境是依据教学目标针对教学内容来设计的,学生在教师创设的情境中通过探究思考形成对概念原理的认识。由于学生在课堂活动中一直与情境中的各种因素相互作用,他们所得到的知识具有准确、深刻的特征,这种知识能够进入学生的深层认知结构。这种通过情境活动中探究形成的知识能在学生不同的学习经验之间相互迁移。

学生在具体学习情境中获得的知识是活的知识,具有变通性,因为以这种形式获得的知识能够应对复杂的情境去思考、判断,而不是机械的记忆。杜威有一次到他所访问的芝加哥附近一所学校的某个班级,当时这个班级的学生正在学习地球形成的可能的方式。杜威问学生:如果他们能够挖掘到地球的中心,他们所发现的地球中心是热的,还是冷的?当时没有一个学生能回答。这时,那位教师对杜威说,他提了一个错误的问题。然后她转过身问学生:"同学们,地球中心处于一种什么样的状态?"结果所有学生异口同声地回答:"处于一种火球般的熔化状态。"像这种没有理解的对知识的机械记忆,其教学效果是有限的。[①]学生经常是死记硬背,而对他们所记住的观念并没有任何真正的理解,也没有获得运用这些观念的能力。

【典型案例】

案例一:《力的作用是相互的》情境展开艺术

(一、情境导入)

师:前面我们已经学了物体对物体的作用就是力的作用,那么,我们接下来请同学们看两段比赛中的场景涉及的力的作用,先来看一段拳击的视频(播放视频),再来看一下足球场(播放视频),好,看完这两段视频,大家一定有自己的想法,那么小明认为在运动员进行拳击的时候,如果拳击运动员他把对方击倒了,那就说明只有对方才受到力的作用,而这个足球运动员他在把球用头部顶出去以后,他感觉头很疼,小华说:他这个时候也受到了球对他的头的作用力。那么这两个观点,你赞成哪一个观点?

(二、活动体验力的作用)

师:好,认识力的作用是相互的,下面我们请同学们通过一些活动来体会一下,感受一下,首先拿出你的笔,然后用手指压笔尖,感受一下,好,我请同学来说一下,用手指压笔尖什么感觉,说明什么问题,好,你来说一下。

师:是的,手压笔尖对笔尖施的力,同时手指感到痛,说明笔尖对手也施了力。好,这是一个现象,说明一个物体在对另一个物体施力的时候,另一个物体也对这个物体施加了力,那么我们再来通过其他的现象感受一下,是不是也有共同的情况。(PPT展

---

① [美]拉尔夫·泰勒.课程与教学的基本原理[M].施良方,译.北京:人民教育出版社,1994:101.

示)好,我们现在看到的图像是小华从背后推小明,他们穿的是旱冰鞋,是吧,现在呢,老师备了两个滑板,我想请四个男同学上来,也来做一做类似的现象,好!请哪四位同学上来,嗯,好,来(学生上来),请两个同学站在滑板上,另外两个同学做好保护啊,我们请这位同学推这位同学的背,大家观察有什么现象,好,开始!很好,请推的同学来说一说,刚才这个过程你是什么样的感受,说明什么?

(三、实验活动)

刚才我说了,发生力的作用的物体是直接接触的,那么如果不接触,他们之间是什么样的作用呢,好,我们来看,这里有两辆小车,一辆小车是粘了磁铁的,是绿色的,一辆小车是粘了铁块的,是红色的,(展示实验器材)好,那么,磁铁能够吸铁(实验展示),看到了,这两小车是个铁块,那么磁铁吸铁的话,我们同学就想啊,这两小车绿的肯定是吸引什么?红的,那我们见证一下,啊,我把这两辆小车保持在一定距离的时候,红色的车逐渐逐渐靠近绿色的车,靠近以后我松手,看到红色的车被绿色的车怎么样?(实验展示)

(四、学生自设情境,体验力的作用)

(五、阅读教材,讨论教材的情境)

(六、空气动力小船和火箭升空情境)[①]

案例二:《烹饪的快乐》情境展开艺术

英语特级教师八年级公开课《烹饪的快乐》

(第一部分:课堂导入)

T: Good morning, our class.

S: Good morning, teacher.

T: First of all, I'd like to ask you are you happy today?

S: Yes.

T: I think we should be happy everyday because our life is colorful and full of fun, do you think so?

S: Yes.

T: As for me, I'm a teacher. I like singing and I think singing is fun. I also think dancing is fun. I like dancing very much. Please look, I'm dancing a little bit for you. Now, please tell me, what's your opinion?

S1: I think playing basketball is fun.

T: Very good. Playing basketball is fun. What about you?

S2: I think cooking is fun.

T: Cooking is fun. Good idea. What about you?

S3: I think playing computer games is fun.

---

① 根据申洁的《力的作用是相互的》教学录像整理。

T: Please tell me how long do you play computer games everyday?

S3: One hour.

T: One hour is okay. En, there are so many funny things. She just said cooking is fun. And we are going to talk about cooking.

（第二部分：看图识词）

T: Let's look at the PPT. Please list the things you can eat as quickly as you can. Think it over.

S1: Chocolate.

S2: Banana.

……

T: Any more? No more?

……

T: Very good. There are so many delicious foods.

（第三部分：我最爱的三明治）

T: See here. We can put all these ingredients in sandwiches.

S: Sandwiches.

……

（第四部分：制作三明治）

T: Okay. Next, we will learn how to make sandwiches. Look at your book and listen to the tape. Try to write down the ingredients you hear. If you hear tomato, you can write t to save time. Are you clear?

S: Yes.

T: Try your best. Let's begin.

……

（第五部分：制作粽子）

T: Good. Now let's see the picture. A boy who is very...

S: Fat.

T: Yes, very fat. Maybe he eats too much...what?

S: Junk food.

T: Yes, junk food. I think you should keep away from fast food, do you think so?

S: Yes.

T: You see hamburgers and sandwiches belong to fast food. Are you clear?

……

（第六部分：布置作业）

T: Very good. In this lesson, we talk about how to make a sandwich and also we talk about how to make a zongzi. Next let's look at our homework.

Showing the homework...

T: Look at the message. Write an e-mail to tell your pen friend how to make something you like to eat. Are you clear?

S: Yes.

T: Okay. Now boys and girls, in this lesson, we talk about how to make a sandwich and zongzi. And I think life is very fun. So please enjoy your life, Okay?

S: Yes.

T: So much for today. Goodbye.

S: Goodbye.[①]

【教学艺术评析】

在真实的情境中展示教学的魅力

案例一中，教学内容是"力的相互作用"，讨论的是一个物理现象。特级教师申洁老师在教学过程中把这一物理现象置于不同的生活情境，使抽象的物理概念与具体的生活情境发生联系，引导学生观察、尝试不同生活情境中的力的相互作用现象。从课堂上学生的反应来看，教学效果是较好的。下面从教学过程展开的角度对这一节课进行分析，以体验教学过程中情境创设的艺术魅力。

这节课的教学过程可分为如下几个情境活动阶段。第一个情境活动阶段是情境导入，观察生活中力的作用现象，引出教学内容：力的相互作用。第二个情境活动阶段是请学生在教室情境中尝试体验力的作用：用手指压笔尖和同学互推实验。通过讨论感受，得出现象背后的原理：力的作用是相互的。学生在这个阶段中的观察感受深化。第三个情境活动阶段是用粘了磁铁的小车实验和吸管摩擦带电实验，实验结束后，教师总结：力的作用是相互的。第四个情境活动阶段是学生自设情境，体验摩擦现象。让"力是相互作用的"这一判断切实地融入学生的生活感受。第五个情境活动阶段中教师再置情境，进行气球实验，讨论复杂情境中力的相互作用原理。第六个情境活动阶段为阅读教材，总结力的相互作用的特点：两个物体，时间同时，方向相反。第七个情境活动阶段中设置空气动力小船和火箭升空。总结教学内容，布置作业，完成教学任务。

这节课的教学过程中，教师非常重视经验对于学生获得有意义知识的重要性。经验就是个体与环境的相互作用。学生生活中的经验知识是无序、零乱的，缺少有序的结构，但这些缺少有序结构的知识都源自学生的切身感受，大多已经进入学生长期记忆的仓库中。教学过程中教师如果创设合适的情境，把那些已经进入学生长时记忆仓库中的知识与目前阶段的新知识、能力的学习结合起来，将有利于教学效果的提高。

案例二的教学，特级教师顾群辉老师设置了五个情境：课堂导入、看图识词、我最爱的三明

---

① 根据顾群辉的《烹饪的快乐》教学录像整理。

治、制作三明治、制作粽子。

第一个情境，"课堂导入"。教师问学生什么是令人愉快的，学生的回答多种多样。英语学科中，教师的导入往往会设置开放性问题（Free Talk），目的是增加学生的语言输出。在学生回答之前，教师先做了个示范，她说自己觉得唱歌和跳舞是令人愉快的，并且当场给学生唱了一小段曲儿、还摆了跳舞的姿势，学生的注意力一下子就被吸引过来。

第二个情境，"看图识词"。其中，教师应用Free Talk，让学生做头脑风暴（Brain Storming），这是对学生词汇量的考验。词汇量储备丰富的同学会说出新词，诸如Coconut，Turkey，教师及时将新词做解释并在班里分享，这就给其余同学提供了可理解的输入，起到了较好的教学效果。教师在黑板上画出各种食物的简笔画，然后由学生来辨别其英文名称。教师以问答的方式开展活动，其中多次出现意义协商（Negotiation of Meaning）和反馈（Feedback）。虽然看图识词的难度并不大，但教师在她的话语中常常会加入可理解的语言输入，比如slices of bread，cut the turkey into slices，这有助于将学生对新单词的理解提升为语块（Chunks）的层次。最后，教师告诉学生，黑板上的食物都可以称为"原料"，用了上义词（Superordinate），不仅有效加强了语言输入的质量，还巧妙过渡到接下来关于三明治的教学。

第三个情境，"我最爱三明治"。这是一个活动情境，教师用PPT展示各式三明治，有火鸡三明治、香肠三明治、蔬菜沙拉三明治……又提供给学生新词汇的输入，诸如sausage，vegetables，salad，语言输入的质量再次得以提升。最后，教师布置了语言输出的任务，要求学生就"我最喜爱的三明治"这一话题编写对话，准备在学生的语言输出方面再下功夫。

第四个情境，"制作三明治"。该部分针对课文内容教学生如何用英语表达制作三明治的过程，谈论的话题始终围绕着制作三明治，随着学生对该话题的熟悉，教学任务的难度也逐渐增大，这种循序渐进的小步子教学对学生吸收和掌握知识特别有帮助。教师最后设置了角色扮演的活动，假想央视主持人李咏主持的节目"咏乐汇"里的场景，请学生扮演主持人和嘉宾的角色，嘉宾要用英语给观众解释制作三明治的过程。该任务的设计生动有趣，学生参与得特别积极，充分展现了学英语的快乐。

第五个情境，"制作粽子"。该环节的设计为整节课进行了漂亮的收尾。最后的情境设计可谓别出心裁。教师由三明治这种快餐（Fast Food）联想到粽子这种传统美食（Traditional Food），该部分的课堂话语，并再次是基于自由发言（Free Talk），但教师在语言的输入方面又做了加工，诸如keep away，belong to，low-carbon的用法；又播放了英文讲解的制作粽子过程，需要学生仔细观看并记录下其过程，又融入了中华传统文化的教学设计，确实值得欣赏。

【拓展延伸】

如何创设情境引导学生自由思考？

课堂教学中的情境创设不能为了情境而情境，而是要通过情境刺激学生的思维发展，帮助他们展开思维的羽翼进行自由翱翔。因此，课堂情境形成之后，教师要做的事情就是让学生在情境中动起来,教师在学生活动的过程中给予适当的评价。

袁卫星老师在进行诗歌写作教学时先布置了一个难度较大的练习,让大家画一幅画,用画的形式回答一个问题:诗是什么?学生画得五彩纷呈。教师挑了一些同学,让他们制成胶片。教师和同学们一起讨论诗歌真、善、美的问题。[①]

"诗是什么"是一个很抽象的问题,中学生已有的知识积累使其很难对这个问题给以确切的回答。而教学过程中,教师换一个角度,让学生以图画的形式对这个问题进行回答,学生展开想象的翅膀在课堂上自由翱翔,很自然地就理解了这一问题。因此,课堂情境中,教师应善于通过情境引导学生的思维活动,从而更有利于激起学生智慧的火花。

五、教学生成的艺术

生成教学强调教学的过程性,重视学生在学习过程中的自我建构,追求学生个体的生命成长。生成教学是在教学过程中实现的,具有情境性、动态性、发展性的特点。生成不是对教学结果的预期,而是伴随着教学过程发生后产生的结果,生成的结果是由教学过程内在决定的,教学结果的生成与教学活动本身是同一的,但它关注的重点是教学过程,而不只是教学结果。

教学生成的艺术又可以称为过程的艺术,因为它是发生在教学展开的过程中的。生成性的教学观看来,教学不是一个静态的过程,而是一个动态的过程,课堂上教师和学生以及教学媒体的相互作用,在原来预设的教学目标的基础上会有新的目标生成。生成教学的完美实现需要教师具有较高的教学智慧和以学生为主体的学生观。特级教师们在自己的课堂实践中给我们提供了大量精彩的课例,这些课例具有欣赏和借鉴的价值。

【典型案例】

案例一:《自然资源的概念》教学生成艺术

师:根据刚才的讲授,请同学们判断一下这五幅图片哪些是自然资源,哪些不是?

生:原始森林、山上的石头是自然资源。

生:棉花、清洁汽油不是自然资源,因为他们不是直接从自然界获得的物质和能量。

生:闪电是自然资源,因为它是自然界的。

其他同学:错了。闪电不是,虽然它来自于自然界,但它现在还不能给我们提供福利,还不能为我们的生产和生活提供能量。

生:也许未来是可以。因为我们人类具有主观能动性,随着科技的发展,有一天终究会把它变成自然资源的。

师:对。这个同学说的好。判断某一物质是否是自然资源,必须同时具备两个条件:第一,它必须来自于自然界;第二,它现在能为我们提供福利,即用于我们的生产

[①] 袁卫星.听袁卫星老师讲课[M].上海:华东师范大学出版社,2006:33.

或生活。比如说闪电,一直以来,人们都在想方设法去利用它,但是现在暂时还没有做到,它还不是自然资源。但是我相信在不久的将来,就像刚才这位同学所说,随着科学技术的不断发展,我们就可以利"闪电"这样的资源了。[①]

案例二:《风筝》的教学生成艺术

师:"无怨的恕,说谎",说谎话指的是什么?是不是弟弟说"有过这样的事吗"是说谎?"无怨的恕,说谎罢了",这个再念念看,"说谎"指什么?来,我们一起来把第九节、十一节念一念。"有过样的事吗",开始!

(老师和学生一起朗读)

师:说什么谎?本身没有埋怨过你,没有记恨过你,所以这个地方说谎,不是指弟弟的这个说法是假的,懂吗?哦,还有想说的?你说。

生:我觉得从第十自然段"无怨的恕,说谎罢了",可以知道弟弟并没有完全忘记,他嘴上是说忘记的意思,可是他心里还是记得的。因为这种事就像一个人的尊严受到了伤害,让人永远忘不了,可是哥哥听他的话,知道这件事已经补偿不了了,所以哥哥还是记着的。

师:他还是坚持,你认为造成这么大的伤害,伤了弟弟的尊严,怎么可能忘记呢?对吗?"无怨的恕"是不是没有埋怨?不同意的来说。

生:我觉得弟弟确实忘记了。因为作者说,就是鲁迅说,过了很长时间反省过来,觉得小时候对弟弟的是一种精神的虐杀,用了"虐杀"这么严重的词语。而他的弟弟,当时年龄还是很小的,我觉得并不会因为这个而受到很大的精神创伤,只会受到一点点创伤,就算这一点点创伤,现在弟弟长大了还是会理解哥哥的。

师:我们还是从我们的生活经验出发,我们要从文本中找出依据来。从哪里、哪一句话、哪一个词确实看出弟弟是全然忘却了?支持他的观点的,你要找到你自己的依据。哪一句话看出弟弟是忘记了呢?来,旁边那位同学来说。

生:我从第八自然段看出的,"是脸上都已添刻了许多'生'的辛苦的条纹",说明经历了很多磨难,可能把这件事给忘记了。

师:好。这是一处,但还不是最有力的一处。

生:我认为弟弟不可能全然忘却,因为第四自然段说过,"他绝望地站在小屋里",前面说过"绝望"是很严重的,他怎么可能全然忘却呢?

师:是呀,怎么可能全然忘却呢?那他有没有忘却呢?同意忘却的人举手,我们发现这一边力量好像太不够了。同意弟弟忘却的,只有三个人啦,孤军奋战了。我是坚决地认为弟弟是忘却的。话筒给他,怎么能忘却,这么重要的事情怎么就忘却了?

[①] 侯建成.活动润泽,智慧共生——我的地理新成长教学[M]//沙润.著名特级教师教学思想录(中学地理卷).南京:江苏教育出版社,2012:319.

生：从前面的"我当然得到完全的胜利，于是傲然走出，留他绝望地站在小屋里。后来他怎样，我不知道，也没有留心"这句话可以看出他弟弟没反抗，这说明他弟弟也觉得风筝是没出息孩子所做的玩意。那么，他也不觉得怨恨他的哥哥。而从"'有过这样的事吗？'他惊异地笑着说，就像旁听别人的故事一样。他什么也不记得了"这句话中的'惊异''笑着''旁听''不记得'都可以看出他的弟弟已经全然忘却了。[①]

【教学艺术评析】

让学生在知识的建构过程中实现生命的成长

案例一中，特级教师侯建成老师首先提出问题，"判断一下这五幅图片内容哪些是自然资源，哪些不是？"学生根据以前已经学过的知识对这五幅图片内容进行判断，课堂教学从对学生的错误判断的讨论开始，生成正确的判断并恰当地进行评价，这样，错误就成为一种课程资源。其作用不仅在于改正学生的错误，而且可以让学生学会分析问题的方法，增长了智慧。把学生的错误作为一种教学资源的教学方法具有积极的意义，让学生在对错误的分析讨论过程中，生成正误知识的辨析点。

案例二中，郑桂华老师从对课文中的一句话"无怨的恕，说谎"的讨论开始，提出问题，"说谎话指的是什么？"当学生的讨论偏离了文本，凭自己的生活经验来思考这个问题时，教师作出正确的引导，"我们要从文本中找出依据来。从哪里、哪一句话、哪一个词确实看出弟弟是全然忘却了？"，这样学生就转到从文本出发来思考问题。最后得出紧扣文本的正确判断，"'惊异''笑着''旁听''不记得'都可以看出他的弟弟已经全然忘却了。"这个案例中，教学生成的过程是借助师生对话来完成的，在对话的过程中指导学生掌握分析理解文本的方法。

【拓展延伸】

文本解读的生成是基于生活还是基于文本？

教学实践中，人们关于"生成"的理解存在一些偏向：脱离文本，天马行空，学生只是从自己的实际生活出发来理解文本。这是阅读教学中的一个问题。教师在教学中如何引导学生？做到既能活跃他们的思维，又能使他们在阅读过程中紧扣文本，发表有理有据的观点，下面几点需要注意。

第一，教学中的生成是有限的生成，而不是无限的生成。学生可以从自己的知识背景、情感态度出发作出自己的判断，但教师对学生的判断要作出正确的评价和引导，要让他们知道，读者可以从自己的经验出发对文本进行个性化的理解，但对文本自身的正确把握是必须遵守的标准。教师对文本的解读一般会高于学生的解读，如何把教师的解读有效地传达给学生，使学生能真正读懂文章，是教师必须解决的问题。否则只由学生信马由缰地解读，往往会曲解文意。

---

① 郑桂华.听郑桂华老师讲课[M].上海：华东师范大学出版社，2007：55.

这个时候需要教师在课堂上能捕捉到学生思考的问题所在,哪些地方可以生发,哪些地方需要引导,最后通过师生之间的讨论达成对文本的正确理解。

第二,教师要能巧妙地引导学生解读文本,在读的过程中体味出作者通过文本所要表达的最真实的意图。例如,在《孔乙己》的教学中,教师抓住"我们都是用脚走的,他为什么用手走?"这一问题,引导学生从文本中发掘意义,从而更全面地理解孔乙己的个性特征,从而了解作者写作时的真实表达意图。

知识链接

怎样理解教学过程设计的三种取向?

教学是一种有计划的活动,教学行为取决于教学设计,而教学设计又取决于每一位设计者的设计取向,因此研究教师的课堂教学行为需要从教师的教学设计取向分析入手。就教学而言,我国当前的教学设计主要存在三种取向:哲学取向、行为取向、认知发展取向。这三种不同的设计取向源自教学设计者所持有的不同的设计理论,其结果是产生不同的课堂教学行为方式。下面试就这三种不同的教学设计取向加以分析,以期对我国当前的教学形成一种客观的认识。

1. 哲学取向的教学设计

哲学取向的教学设计是从一定的哲学理念出发来对教学进行设计,我国古代的孔子和古希腊的苏格拉底是哲学取向教学理论的最早代表。

从我国教学发展史来看,哲学取向的教学设计具有深远的影响。自1902年我国正式独立设科以来,教师的教学设计就具有哲学取向的特点,这种特点可以从教学指导文件中看出来。如1912年颁布的《小学校教则及课程表》就对语文科目作了如下规定:"国文要旨,在使儿童学习普通语言文字,养成发表思想之能力,兼以启发其智德。初等小学首宜正其发音,使知简单文字之读法、书法、作法,渐授以日用文章,并使练习语言。"[①] 从上述规定中可以看出,学科的教学目标有两个,一是"养成发表思想之能力",一是"启发智德",二者是统一的一体,难以彼此分开,是从哲学视角对学科教学目标进行的分析。当下人们关于课程性质的"工具性和人文相统一"的规定也是一种哲学取向的判断,对学科性质的哲学取向判断自然而然地形成哲学取向的教学设计观。

哲学取向的教学设计具有以下特点。

第一,教学目标的模糊性和整体性。在哲学取向的教学设计中,学科的教学目标尚未从教育的育人目的中分化出来,教学目标表现出整体性和模糊性的特点。以语文学科为例来看,传统的"文史不分家""文道统一"正是这种模糊性的表现。语言的学习与德性品格的教育是高度一致的,我国1955年和1956年颁布的《小学语文教学大纲草

---

① 课程教材研究所.20世纪中国中小学课程标准·教学大纲汇编(语文卷)[G].北京:人民教育出版社,2001:11.

案》（初稿）直白地提出"小学语文科是以社会主义思想教育儿童的强有力的工具"，学科的语言、思维等工具性特征被思想教育的工具所淹没。这种特定时代的学科教学目标的表述，一方面适应了那个时代社会发展的需要，另一方面也说明当时人们对学科教学目标的认识处于一种抽象水平，还没分化到具体学科，还未形成学科的问题视角。

第二，教学过程具有阶段性。哲学取向的教学阶段性特点在我国的课堂上也表现得很充分。对我国中小学教师影响最大的是凯洛夫教学五环节理论："组织教学、复习旧课、讲授新课、巩固新课（或知识、练习）、布置作业"，凯洛夫教学五环节理论之所以能对我国的课堂教学产生那么大的影响主要是因为它具有可操作性，按照它的五环节，课就好上了。这种倾向在当前的课堂教学中依然存在，以语文教学为例，课堂总要被划分成若干阶段，如"初读课文，整体感知内容"——"精读课文，评析课文语言"——"拓展应用，形成语言能力"——"练习巩固，形成作业评价"，我国当前的许多课堂教学基本上都遵循某种固定的模式，体现出哲学取向教学设计的阶段性特点。

第三，教师的主导性。教学过程中教师的教起着主导作用，课堂是由教师控制的。教师对教学内容的组织是根据固定的教材进行的，教师的教学要"依纲据本"，教学内容基本上是在教材中规定好的，教学不能脱离教材的要求。教学方法要采用讲授法。教师也重视学生预习的作用，但教师一般不对预习的目标提出明确具体的规定，且预习的内容主要限制于字词的操练和掌握。

第四，教学行为的艺术性。哲学取向的教学设计继承了中国传统教学思想中重视教学艺术的特点，教师重视课堂教学艺术的研究，教师的课堂行为往往会带有某种表演性。

哲学取向的教学设计一直到20世纪80年代还影响着我国广大中小学教师的课堂教学，在布鲁姆教育目标分类学传入我国以后，这种影响才慢慢开始发生变化，但教学设计的哲学取向依然明显，主要表现在教学目标的制定和陈述上。例如2000年开始的课程改革提出的"三维目标"其实是一种哲学取向的目标设计，将教学目标视为"一个由三个维度构成的不可分的整体"，这种理解本质上是一种简单化的哲学理解，是一种哲学倾向性的表述，它具有模糊性和不可操作性特点，对于一线教师进行具体的课堂教学目标的设计的指导意义是有限的。三维目标的致命缺陷是其没有将心理学的最新研究成果用于指导教学目标设计，教学目标的设计缺少教育心理学的依据。这也是哲学取向教学设计的一种缺陷。

2. 行为取向的教学设计

行为目标取向的教学设计起自于博比特的《课程》，经由查特斯的《怎样编制课程》，在泰勒的《课程与教学的基本原理》基础上形成了系统的教学设计模式。

泰勒从课程编制的角度提出了课程设计的目标模式：确定目标，选择经验，组织经验，评价经验。他认为在对目标进行确定的时候要从"内容"和"行为"两个方面来思考问题,"内容"涉及学科的组织和结构,"行为"涉及学生的表现。泰勒的贡献是提出了"行为"在目标设计中的地位,故他又被称为"行为目标之父"。但泰勒所说的"行为"又不是典型的行为主义心理学所主张的"行为",他受到了杜威的影响,在"行为"概念中纳入"学习经验"含义,他认为"学习经验"是指学习者与他作出反应的环境中的外部条件之间的相互作用。①学习是通过学生的主动行为而发生的;学生的学习取决于他自己做了些什么,而不是教师做了些什么。在西方,泰勒被称为"课程之父",泰勒的课程与教学理论至今仍然主宰着大多数的学校课堂。

当下的教学设计在很大的程度上仍受泰勒目标模式的影响,在教师们日常的教学实践中行为取向因素非常明显。我国1963年颁布的《全日制小学语文教学大纲》(草案)初步具备了行为取向教学设计的特征。以这份大纲对语文教学的要求为例来看,语文大纲的第一部分"语文的重要性和语文教学的目的",提出"语文是学好各门知识和从事各种工作的基本工具","小学语文教学的目的,是教学生正确地理解和运用祖国的语言文字,使他们具有初步的阅读能力和写作能力"。第二部分的"教学要求",提出"小学语文教学的要求,是使学生认识三千五百个常用汉字;学会汉语拼音,作为识字的辅助工具;掌握常用的词汇;流利地诵读课文,并且能够背诵教师指定的一部分课文;字写得端正;会写一般记叙文和应用文,语句通顺,注意不写错别字,会用标点符号"。②上述1963年教学大纲的表述突出了学科的工具性特点,重视学生在学习过程中的具体行为。

行为取向的教学设计具有以下特点。

第一,行为取向的教学设计关注学生学习过程中外在行为的变化,较少涉及学生内在认知变化,如《全日制小学语文教学大纲》(草案)中"教学要求"所提到的"认识""学会""掌握""背诵"等动词。这些动词所反映的都是学生外在的行为,教师的教是为了促进学生外在行为的产生或变化。

第二,行为取向的教学设计对教学目标设计的要求是"具体、可观察、可测量";在教学过程中关注预设教学内容的落实程度。知识的掌握、技能的形成、能力的培养和个性的养成是教学设计需要关注的内容。

第三,行为取向的教学设计重视评价在学生学习过程中的作用,评价是从"内容"和"行为"两个方向展开的,对学生教学结果的评价要编制内容和行为双向细目表。

3. 认知取向的教学设计

认知取向的教学设计是在认知心理学的基础上形成的。认知心理学关注的不是学生学会对某种刺激作出某种反应,而是学生头脑中认知结构的重组或重建。认知心理学家感兴趣的不是行为发生的频率,而是学生的思维过程和思维方式。代表人物有布

---

① [美]拉尔夫·泰勒. 课程与教学的基本原理[M]. 施良方,译. 北京:人民教育出版社,1994:94.
② 课程教材研究所.20世纪中国中小学课程标准·教学大纲汇编(语文卷)[G]. 北京:人民教育出版社,2001:153-154.

鲁纳、奥苏伯尔和加涅。布鲁纳认为要关注学科的知识结构，进行归纳化的教学设计，"给任何特定年龄的儿童教某门学科，其任务就是按照这个年龄儿童观察事物的方式去阐述那门学科的结构。""任何学科的基础都可以用某种形式教给任何年龄的任何人。"[①]这些都是他的观点的形象表述。奥苏伯尔则认为要关注学生的认知结构，进行演绎法的教学设计。他认为，"影响学生的最重要的因素是学生已知的内容，然后据此进行相应的教学安排"。因此他提出了教学设计的"逐渐分化"和"整合协调"两条原则。此外，在本书第一章介绍过的加涅关于学习结果的分类理论和安德森修订的教育目标分类理论，都对认知取向的教学设计理论发展产生了重大影响。

从关注学生的外在行为的变化到关注学生内在认知结果的变化是当代教学理论的重要发展。认知取向的教学设计吸取了当代认知理论的研究成果，认知理论被用来指导教学设计。认知取向的教学设计具有以下特点。

第一，从知识分类的角度分析设置教学目标，运用科学的知识分类框架进行教学目标设计。这样就突破了原来哲学取向和行为取向教学目标设计时缺少科学的知识分类框架指导的状态，设计者从知识分类的角度而不是仅仅从具体的教学内容的角度去分析教学目标。这样，教学目标就变得非常清晰，哲学取向的教学目标的模糊性缺陷被克服了。

第二，教学过程展开的依据是学生内部认知状态的变化，教学任务的安排要满足或促进学生内部的认知需要或发展。教师对学生学习过程的指导不是仅仅停留于抽象水平，而是细化为具体的认知行为。例如"理解课文"，哲学取向和行为取向的教学设计一般不会对"理解"这一学习行为进行具体细化，而认知取向的教学设计则将"理解"细化为"解释、举例、分类、概要、推论、比较、说明"七个具体的认知行为。

第三，教学过程是由一个一个教学事件构成的。教师是教学事件的设计者和安排者，每一个教学事件都由教师发起，教学事件指向学生的认知发展，教学结果是学生的心理状态发生变化。基于任务解决是认知取向教学设计的另一重要形式，以任务作驱动促进学生的认知发展。

总之，在我国当前教学设计实践中，哲学设计取向、行为设计取向和认知设计取向同时并存，不同的教师、同一位教师在不同的具体情境中可能会选择不同的设计取向指导自己的设计行为。而教学的科学化追求将引导教师把研究的目光聚焦于认知取向的教学设计。

---

① ［美］杰罗姆·S.布鲁纳.教育过程［M］.上海师范大学外国教育研究室，译，上海：上海人民出版社，1973：8.

第四章 教学高潮生成的艺术

教学高潮是指在教学过程中，教师依据教学目标，根据教学内容，通过对学生活动加以艺术地点拨、引导，使学生学习激情高涨、学习兴趣浓厚、参与意识倍增，从而产生热烈精彩、生动活泼的教学场面。"不愤不启""不悱不发"是教学高潮形成的重要条件，具体表现为在教学活动中学生的思维、情绪都处于一种蓄势待发的状态。教师适当的教学行为是教学高潮形成的必要条件，因此，研究教学高潮生成的艺术一定要关注教师的教学行为，通过适当的行为引导使学生的思维和情绪达到最佳的状态。教学高潮的生成有时天然去雕饰，是教师不经意间的信手拈来；有时却需要踏破铁蹄，才有蓦然回首的惊喜。一线特级教师都非常重视课堂活动中教学高潮生成的艺术，高潮是一节课的亮点，教学设计时要为寻找这个亮点而进行精心的努力。

本章结合具体教学案例，从教学高潮出现时机的角度将教学高潮生成的艺术分为如下七种形式：

- 问题悬念中生成高潮的艺术
- 教学对话中生成高潮的艺术
- 思维点拨中生成高潮的艺术
- 发现探究中生成高潮的艺术
- 偶发事件中生成高潮的艺术
- 学生活动中生成高潮的艺术
- 作业展示中生成高潮的艺术

一、问题悬念中生成高潮的艺术

悬念是欣赏戏剧、电影或者其他文艺作品时的一种心理活动，即引起读者对故事发展和人物命运关切的紧张心情，它具体表现为"紧张与期待"的心理活动。教学过程中教师通过巧妙的课堂安排和悬念的设置使课堂教学出现高潮，从而收到理想的教学效果。悬念可以使学生集中注意力，唤起学生兴趣，激发探究知识的欲望，产生"逼人期待"的教学魅力。[1]

悬念的设置常常对教学高潮的生成起着关键作用。悬念的设置可以在课的开始阶段，也可

---

[1] 李如密.教学艺术论[M].北京：人民教育出版社，2011：191.

以在课中或课快要结束的时候。"欲知后事如何,且听下回分解"的中国古典小说的情节设置方法,偶尔也会出现在当下的课堂教学中。

【典型案例】

案例一:《大气的运动》悬念艺术

问题一,在地面受热的情况下,空气有没有升降运动?为什么?

问题二,如果A地受热,B地冷却,空气将会怎样运动?

问题三,试用实验解释问题二。

实验材料:长方形玻璃缸、塑料薄膜、一盆热水、一盆冰块、一根香、一包火柴。

实验步骤:第一步,将一盆热水和一盆冰块分别放置在玻璃缸的两端;第二步,用塑料薄膜盖严玻璃缸上部;第三步,在装冰块的盆上方,将塑料薄膜挖一小洞;第四步,将点燃的一根香放入小洞内。

问题四,根据玻璃缸内烟雾飘动状况,画出势力环流形成示意图。

问题五,如果A地受热,B、C两地冷却,空气将会怎样运动?[①]

案例二:《一件小事》悬念艺术

比如学习《一件小事》,已完成一般任务,学生心理趋于平衡、缓和,此时,蔡澄清先生再生波澜:"作者写风有什么用意?"只见很多学生面有疑惑,急切查阅,互相叽叽喳喳讨论不息,这表明:新的心理冲突已经产生。蔡澄清先生就抓住这一心理良机,带领学生找出文中写"风"的文字,共同分析出三点结论:写"风""猛",说明天气坏,"车夫"谋生艰难;风吹开了老女人衣服,挂上车把而被带倒,说明责任不在车夫;由"猛"而"微",由"微"而"住",风的变化说明了时间的推移,作者写"风"实有一石三鸟之妙。[②]

【教学艺术评析】

巧设问题,以悬念激活思维

案例一中,特级教师朱其山老师以问题形成悬念,引起学生思考,使学生产生动手实验的愿望。这样五个问题和一个实验,轻易地将学生引入"热力环流"内容的学习中,在地理课上做实验,学生兴致高,效果好。可见,"悬念"不仅表现为"欲知后事如何,且听下回分解"的小说戏剧情节的欣赏,还表现在抽象的思维推理中。

案例二中,教师所提的问题"作者写风有什么用意?",是一个让学生感到有难度的问题,

[①] 朱其山.情智比翼,让生命飞——我对生本教育的思考[M]//沙润.著名特级教师教学思想录(中学地理卷).南京:江苏教育出版社,2012.

[②] 蔡澄清,陈军,张鹏举.蔡澄清中学语文点拨教学法[M].济南:山东教育出版社,1997:108.

初看上去这个问题学生无法回答。正当学生们处在思维的困惑中的时候，教师带领学生阅读文本，找出文本中描写"风"的文字，并且逐一分析讨论。最后由教师对学生讨论的结果进行总结。与案例一一样，本例教学的精彩也出现于教师提出的问题所造成的悬念，及这一悬念引起学生的思维困惑后教师的精彩点拨。

上述两个案例虽然都运用了悬念设置的方法，但具体情境是不一样的。案例一的悬念是在教学任务开始的时候设置的，而案例二的悬念是在教学任务将要结束的时候设置的。任务开始的时候设置悬念可以使教学任务顺利展开，任务结束的时候设置悬念可以加深学生理解的深度。教学过程中，有经验的教师在学生思维的"临界"状态，即中国传统教学论所称的"愤""悱"阶段巧妙设疑，引起教学悬念，生成课堂精彩的一刻。

【拓展延伸】

如何设置能产生悬念的问题？

第一，问题的设置要针对学生的心理状态，使他们感到教师的问题虽然有一定难度，但是通过自己的思维活动可以解决。例如，初中语文课文《一面》中有一句："那笑声里有一点'非日本'的什么东西。"这一句对学生的理解力来说有难度，于是教师巧妙设计问题：文章写于何时，有何背景？文中提到的内山与鲁迅关系如何？何以见得？内山是什么样的人？教师联系当时的时代背景，引导学生在抗日战争这一背景下理解文章中主要人物的思想感情。通过这些问题引导学生思考，从而使学生更深入地理解课文。

第二，问题的设置要处于学生思维的临界状态，教师稍作点拨，学生即有豁然开朗之感。在《祝福》的教学中，祥林嫂之死常被忽略，人们只关心祥林嫂的生前命运，而教师提出"祥林嫂是怎么死的？"的这一疑问更能促进学生理解这一艺术形象。

第三，问题的设计要前后贯穿，前能启后，后能承前。如蔡澄清老师《触龙说赵太后》的教学过程中，教师围绕"说"展开问题的设计，辐射延展到说的原因、说的过程、说的效果。通过上述的扩展，学生在知识上至少有两点收获：(1)触龙的说话艺术；(2)文章谋篇结构的特点。在技能上也有两点借鉴：(1)学习说话；(2)学习扣住文眼分析作品。[①]

第四，问题提出之后，要重视教师讲的作用，通过教师的讲生成教学的高潮。例如，一位老师在《从百草园到三味书屋》的教学中，先提出这样的问题："'油蛉'真会'低唱'，'蟋蟀'真会'弹琴'吗？"在学生对问题的思考回答的基础上对"形象化"的拟人手法进行总结："这是把动物当作人来写，是一种修辞方法，叫作'拟人'。这样写，就使本来不是人的事物人格化了，显得活泼可爱，富有情感。用'低唱'，就使人好像听到油蛉那低回婉转的悦耳的歌声；用'弹琴'，就使人好像听到了蟋蟀那清响的琴声。听到这些，当然会使孩子们感到十分快活。"继而抛出新的问题"那'无限趣味'还有些什么？"，当学生在阅读课文后说还有"斑蝥"后，老师顺势又针对斑蝥提问，启发学生阅读，找到原文中的句子。正是在这层层递进的提问中，老师巧

---

① 蔡澄清，陈军，张鹏举. 蔡澄清中学语文点拨教学法[M]. 济南：山东教育出版社，1997：50-51.

妙地引导学生理解文章的主旨和艺术特点。

第五，课堂教学中如果学生的思维被教师激活，学生的问题也会变成课堂教学的悬念，教师通过悬念的破解生成精彩的课堂瞬间。如钱梦龙老师有一次执教《故乡》，当读课文中的"跳鱼儿"这个词时，有学生突然问："鱼儿怎么会跳？"教师以其教学智慧对这个在备课的时候没有注意到的问题进行了化解。

二、教学对话中生成高潮的艺术

对话是教学过程展开的一种重要形式，精彩的对话常常能把课堂活动推向高潮。在对话中生成教学的高潮需要教师结合特定的教学情境进行巧妙的安排，合适的问题设计是对话高潮形成的重要条件。能够生成教学高潮的对话需要能调动学生的情绪、激活学生的思维，同时，教学对话中问题的设计还要做到既有广度，给学生留下思考的空间，又有深度，让学生形成探究的兴趣。如果问题太简单，没有挑战性，学生不容易产生深入思考的兴趣；如果问题太难，不在学生思维的临界点，对话也难以继续下去。良好的教学对话需要教师、学生、教学内容之间保持一种合适的张力。

课堂的亮点可以体现在教师身上，但是如果课堂的亮点不是体现在教师身上，而是体现在学生身上，那么通过学生语言、活动生成精彩的课堂瞬间，就更能表现出教师的教学艺术。对话的艺术需要教师巧妙地发问。教师的发问有很多形式，如设问、反问、疑问、追问，这些不同的发问形式如果运用得巧妙会给学生带来较大的问题空间，从而快速地激活学生的思维。教学对话艺术不只表现在教师的发问艺术，还表现在教师的倾听艺术，教师诚心地去倾听学生，听懂学生，进而在教师、学生、教学内容以及教学环境之间生成一种和谐美妙的瞬间。

【典型案例】

案例一：《葡萄月令》教学对话艺术

师：在汪曾祺的心目中，葡萄是什么？

生：孩子。

师：有何凭据？请从文中找凭据。

生：四月份，给葡萄浇水，"不一会，它就从根吸到梢，简直是小孩嘬奶似的拼命往上嘬"。

师：这是把葡萄当孩子了。有其他依据吗？

（生讨论）

生："九月的果园，像一个生过孩子的少妇，幸福、平静、慵懒。"

师：这怎么说明葡萄是孩子呢？（学生笑）不要害怕别人质问。好多同学都是这样，有好的想法，看到老师眼睛一瞪就以为自己错了。还有的同学就看老师的眼色判断对不对。这都是不好的习惯。现在请同意这个同学意见的同学举手。（几个学生举手）我认为这足以说明这个问题。葡萄园把每个葡萄看成它的孩子，那葡萄园就是孩子的妈妈。那为什么说葡萄又是汪曾祺的孩子呢？很简单，我们想一下，如果葡萄园是妈妈，爸爸是谁呀？（学生笑）

生：（齐笑）汪曾祺。

师：对！（学生笑，鼓掌）其他有没有依据？我们再来看文章最后一小节是怎么说的："老鼠爱往这里面钻，它倒是暖和了，咱们的葡萄可就受了冷了。"请注意，"咱们"能不能是一个人？不能，至少两个人。那这里的"咱们"除了作者还包含谁？

生：（齐）果园。

师：这样的依据在文中还有很多，同学们可以课后去找。葡萄在汪曾祺的眼中就是他的一个孩子。由此可以推出结论，汪曾祺是一个什么样的人？

（有学生答：汪曾祺就是一棵葡萄树）

师：非常好。葡萄的爸爸就是"葡萄"吗？（学生笑）今天我们这节课一起欣赏了汪曾祺为我们提供的一串葡萄——葡萄一样的语言，葡萄一样的散文，葡萄一样的心，葡萄一样的人。读散文，读现代散文，要读出人物的性情。怎么读出人物的性情呢？从语言入手，走进作者的心中。[①]

案例二：《光合作用》教学对话艺术

师：什么是光合作用？

生：植物通过叶绿体色素吸收光能，将二氧化碳和水合成糖类等有机物，并释放氧气的过程。

师：蓝藻能进行光合作用吗？

生：能。是叶绿体中吗？

师：不是。蓝藻没有叶绿体，但有叶绿素等光合作用的色素以及相关酶系。

生：噢，光合作用的细胞都是绿色的。

师：不完全正确。绿色的叶肉细胞和一些幼芽或幼茎细胞等是进行光合作用的，褐藻和红藻不是碧绿的，也进行光合作用，为什么？

生：有叶绿素和相关色素。

师："植物人"能光合作用吗？

生：（笑）不能。

师：植物人也是人，没有叶绿体或光合色素，是不可能进行光合作用的。

生：动物都不能进行光合作用吗？

师：绝大多数动物是不能进行光合作用的，但有特例。你们课后去"网寻"一下。

[①] 黄厚江.享受语文课堂——黄厚江本色语文教学典型案例[M].北京：教育科学出版社，2012：79-80.

生物的结构总是与功能相适应的……①

【教学艺术评析】

在智慧的对话中绽放心灵

案例一中的对话是学生在初读文本后对文本的深度解读。教师提出的"汪曾祺心目中的葡萄是什么"这一问题,并不能只从文本的字面上寻求问题的答案,它还需要学生透过文本将文本内容与自己阅读后的理解和感受融为一体去思考这个问题。当学生回答是"孩子"的时候,教师又引导学生从文章中寻找线索,这样就更深入地进行对文本的解读。关于"汪曾祺心目中的葡萄是什么"的对话讨论完成之后,教师又提出下一个问题引出后面的对话,"汪曾祺是一个什么样的人?"在语文课堂这个特定的情境中,学生根据自己的直觉判断,自然而然地说出"汪曾祺是一棵葡萄树",教师顺势总结,用形象的语言把课堂教学推到一个高潮:"今天我们这节课一起欣赏了汪曾祺为我们提供的一串葡萄——葡萄一样的语言,葡萄一样的散文,葡萄一样的心,葡萄一样的人。"课堂结尾时,教师、学生、文本、作者产生心灵的共鸣,课堂戛然而止。

案例二中,对光合作用的学习看似简单,其实不然。特级教师吴红漫老师通过与学生的对话,使"光合作用"概念的内涵和外延变得更清晰,在师生对话中生成精彩教学细节。教师以光合作用的概念引出对话,这个概念,学生可以从课本上直接找到,所以回答这个问题没有难度,使教学对话较容易展开。当学生准确地回答了这个问题后,教师通过提问,引发学生对概念进行变式思考,从而得出有叶绿素和相关色素是光合作用发生的条件。在此之后教师又风趣地用"植物人"作对比,不但增加了理解的深度,还活跃了课堂氛围。

上述两个案例中,案例一主要体现出一种教学思维的活跃,案例二主要体现出一种情绪的活跃,思维的活跃和情绪的活跃都是在课堂活动中需要教师考虑的问题。

【拓展延伸】

教学对话中断了怎么办?

理想的课堂是通过师生之间的对话展开的,但在实际的教学过程中常常会发生对话不能很好地继续下去的情形。这时候教师可从如下几个方面思考问题的解决办法。

第一,教师要有教学的自信力。教学的自信力源自教师对教学内容的深度掌握,以及对学生心理的透彻理解。教学对话是发生在课堂情境中的,虽然课堂情境中学生也是活动的主体,但是作为情境主体的两个方面,教师和学生是有很大差异的。通常情况下,教师是教学情境的设计者,学生一般是在教师设置的情境中进行活动的,由于活动是教师事先设计的,教师就自然而然地具备了对学生的引导力。一旦现有教学情境出现了问题,如调皮的学生"捣乱"了课堂正常的秩序,教师可以根据"捣乱"学生的行为和心理的特点设置新的情境,使教学对话重新

---

① 吴红漫.追求和谐精致的中学生生物学课堂[M]//吴生才.著名特级教师教学思想录(中学生物学卷).南京:江苏教育出版社,2012:262.

发生和继续。

第二，教师要有教学智慧。教学智慧是教师在具体的教学情境中灵活地处理偶发事件的艺术和能力。教学智慧的形成与教师的学科知识水平、教育素养、生活阅历等因素有很大关系。教学对话需要技术，更需要智慧。教学智慧使课堂上中断了的教学对话能够自然地继续。程少堂老师在香港借班上课，由于香港的教材与大陆的教材在内容上不一样，学生不熟悉教师提出的大陆教材上的教学内容，教师事先的情境设置在意料之外的课堂情境中被中断。这个时候教师巧妙地转引话题，通过对"她长得很甜"的"甜"字的分析，引出学生对文章内容的理解，使中断了的课堂对话又继续展开来。[①]

三、思维点拨中生成高潮的艺术

课堂活动中，当学生的思维发生阻滞时需要教师通过点拨来使思维变得通畅。巧妙的点拨能使课堂活动柳暗花明，从而产生出人意料的教学效果。点拨不是简单地告诉学生问题的答案，而是从思维方式角度给学生以微妙的启发，好的点拨具有在学生的思维发生阻滞的时候让学生产生柳暗花明、豁然开朗的感觉。

点拨要选准备合适的时机，即所谓"不愤不启，不悱不发"。时机的选择是运用点拨法的最关键之处。影响点拨时机形成的因素有三个：一是科学的教学思路，二是要充分分析并处理好课堂活动中特定的学习内容，三是教师要善于运用点拨的方法。著名特级教师蔡澄清先生根据自己的教学经验总结出"暗示引发""引路入境""辐射延展""逆转爆破""抽换比较""纲要信号""激疑促思""再造想象""挑拨争鸣""举隅推导"等十种具体的教学点拨方法，这十种点拨方法虽然是在语文教学实践中总结出来的，但对中学各科教学都具有借鉴意义。

【典型案例】

案例一：《论雷峰塔的倒掉》思维点拨艺术

教读《论雷峰塔的倒掉》，钱梦龙提出了一个似乎与理解课文全然"不搭界"的问题："听说杭州人民正在建议重修雷峰塔，如果鲁迅健在，你认为他会反对还是赞成，理由是什么？"学生的发言很踊跃，说明他们对这个问题很感兴趣，但大多说不到点子上。有的认为鲁迅会反对，因为雷峰塔是"封建势力的象征"；有的认为鲁迅会赞成，因为现在重建的雷峰塔是"社会主义的象征"。钱老师料到学生会这样说，于是稍加点拨："难道雷峰塔非有什么象征意义不可吗？学生一下子开了窍，有个男学生起来说："鲁迅在文章里把雷峰塔作为封建势力的象征，不过是借题发挥；现在重建，那是跟鲁迅的文章毫不相干的，至于鲁迅会反对还是赞成，我们谁也回答不了，因为我们不是鲁迅。"说明学生已经理解了文章"借题发挥"的特点，由此钱老师进一步点明：理解本文

---

① 程少堂. 程少堂讲语文[M]. 北京：语文出版社，2008：177.

的"借题发挥"手法,是读懂本文进而欣赏鲁迅杂文艺术的一把钥匙……

同学们顿时领悟:老师提出这个"节外生枝"的问题,原来问在此而意在彼,是别有一番用意的。他们不仅为找到了读懂文章的"钥匙"而高兴,而且为发现了老师的这一点"秘密"而感到满意。[①]

案例二:《一元二次方程》思维点拨艺术

师:接下来,同学们,还给大家一道难题。

(PPT展示:判断并说明理由:一元二次方程 $X^2-X^3-2=0$, $\frac{2}{3}X-2=0$,$XY-X-2=0$,它们的常项都是2。你知道这道题是怎么设计出来的?)

师:大家千万别感到神秘啊,是从哪儿来的?一起说。

生:是根据一元二次方程的定义而来的。

师:以后张老师再来个定义,同学们能不能给道题给张老师?

生(齐):能!

师:恩,那符老师就放心了!好,同学们,是根据定义设计出来的,所以说上了考场,经常到考场紧张的人是因为经常不研究这题目是从哪儿来的。(板书:"问题从何而来")好,接下来,符老师还是再出道题巩固下定义。

师:同学们注意一下,这里m的绝对值,它是一元二次方程,口答,m等于多少。

(PPT:思考m为何值时,方程 $X^m-3X+1=0$,是一元二次方程吗?

设计练习:结合上题和定义设计一道让别人容易掉进的"陷阱题"。)

生(齐):±2。

师:接下来,结合上题定义设计一道让别人容易掉进的陷阱题,你设计的这道题最好让我和你们张老师高高兴兴地掉进去。

好,同学们,请欣赏这位同学的题目。m+2,x前的系数,m的绝对值x的次数,减3x加1等于0,同学们,这儿有陷阱吗?

生(齐):有!

师:看到了吗?

生(齐):看到了。

师:能欣赏吗?

生(齐):能。

师:你来说说陷阱在哪里?

生2:m+2不能为0。

师:也就是说?

[①] 钱梦龙.导读的艺术[M].北京:人民教育出版社,1995:88.

生2：m不能为-2。

师：m不能等于-2，-2是不是一个陷阱?！太好了，请坐下。哎哟，今天一分钟没到，比上海的孩子还快，同学们欣赏到就行，下面我们继续。有没有其他同学再设计一道题，你说。

生3：m+3x的m+1次方。

师：这个本质特征是一样的，同学们我们把加改成减行不行，改减2的话陷阱是什么？

生（齐）：m不等于2。

师：我们南充14班的小孩有没有第三种陷阱，有没有，就当符老师今天留给大家的第一个问题，带到张老师的课堂，还有大量的陷阱。好，接下来，下面，就到解法了，请看，同学们，这个方程是不是我们刚才自己发现的？同学们要记住今天这个日子啊，是划时代的，对我们数学学习来说，是我们人生中解决的第一道正式的一元二次方程。并且，期待着自己发现方法，好，解题的思路，自己拿笔先思考，先思考，好，有想法的请举手，有思路的就举手。（停顿数秒）

生4：可以做出2x的平方等于25，x的平方等于12.5，x等于……

师：x等于多少？

生4：根号，根号……

师：根号多少？别化，今天运算绝不重要。

生4：$\pm\sqrt{12.5}$。

师：哦，$\pm\sqrt{12.5}$，一个是正的，或者一个是负的$\sqrt{12.5}$。

生4：可根据实际问题，x不能等于负数，所以x等于$\sqrt{12.5}$。

师：因为这里是滑梯问题，x不能取负数，所以这里x只能取$\sqrt{12.5}$，如果只是这个一元二次方程，那么可以取$-\sqrt{12.5}$吗？

生4：可以。

师：好，谢谢你。请大家睁大眼睛看！

（$2\times X^2=25$

$X^2=12.5$

$X=\sqrt{12.5}$

或$X=-\sqrt{12.5}$）

师：这是几次方程？

生（齐）：二次。

师：这是几次？

生（齐）：二次。

师：这是几次？

生（齐）：一次。

师：这是几次？

生（齐）一次。

师：同学们记住，怎么学的，就是想方设法把二次的

生（齐）：化成一次的。

师：你们张老师平时叫什么化？数学课上，把二次的，化成，对吧，张老师说不说转化？那就化成吧。刚才说把二次的化成什么啊？

生（齐）：一次的

师：哦，化成。（板书：化成）同学们要记住，化成这个思想是数学上最重要的思想之一，其他地方叫转化，我们就用化成，把难的化成什么？

生（齐）：简单的。

师：把不会的化成。

生（齐）：会的。

师：把没学过的。

生（齐）化成学过的。

师：把难题——

生（齐）：化成简单题。

师：再问一次，把不喜欢的。

生（齐）：化成喜欢的。

师：好，这就是转化的力量，有了这个东西，同学们，今天我们编写教材肯定能够成功。好了，接下来，二次的就是把他降为几次的？

生（齐）：一次的。

师：就行啦，就行啦！接下来，还有个话题，既然是要编写教材，你能根据这种解法的特征，给他取个名吗，这是什么方法，这样，由这步到这步干嘛的？你说，大声讲。

生5：开平方法。[①]

【教学艺术评析】

把简单的问题变难，把难的问题变简单

案例一中，特级教师钱梦龙老师的这一教例中，教学高潮表现的不是热闹，而是一种冷静。教学的高潮是出现在学生的困惑之后的，高潮前的短暂的"冷场"恰是学生积极的思维状态，在积极的思维状态中生成教学的高潮。类似的教例还有《食物从何处来》的教学问题点拨："今天早餐我吃了一个烧饼、两根油条，喝了一杯凉水，后来又吃了一个鸡蛋和一个苹果。谁能告诉我，我吃的都是食物吗？无论说是或不是，都要讲出理由来。"因为前一天，同学们已经按要求

---

① 符永平的《一元二次方程》教学实录：http://v.youku.com/v_show/id_XNzAyMTAwMTU2.html。

自读了说明文《食物从何处来》，已经记住了食物的定义，如果直接问："什么叫食物？"学生就能不假思索地回答："食物是一种能够构成躯体和供应能量的物质。"但现在钱老师的问题"拐了个弯"，实质上就是让学生运用食物的定义对具体事物作出判断，因此不仅要求记住定义，而且要求对其有真正的理解。

案例二中，特级教师符永平老师通过对学生思维的点拨一步一步生成课堂教学的高潮。第一步，教师用PPT向学生出示一道题目，问学生"你知道这道题是怎么设计出来的"，引起学生的思考，进而板书"问题从何而来"强化问题。第二步，通过分析学生设计的问题，教师提问，"这儿有陷阱吗？"，引导学生展开讨论，全面思考问题。第三步，教师运用点拨的方法帮助学生理解、运用"化成"这一方法，完成教学任务，生成教学高潮。

上述两个案例中，案例一着重于思维的引导，案例二着重于思维的激活。这两种方式在点拨过程中经常被运用到。

【拓展延伸】

如何寻找点拨的时机？

第一，在新知识学习完成之后，学生尚没有对知识产生深度理解的时候进行点拨。这种方法一般发生在学生完成了基本概念、原理的初步学习之后，教师设置情境，对学生的思维进行点拨。例如一位老师在课文《雷雨》的教学快要结束时，让学生结合文中两场戏的内容分别给这两场戏拟一个标题，教师在学生思考之前提出启发性要求，如思考的角度，用极其简单的、简短的标题的形式，来概括一下语言、概括故事情节、戏剧情节。学生拟定好了标题，在课堂上讨论之后，教师总结，并板书标题"昔日情人，意外重逢；父子成仇，亲人难认"。在教学过程中，教师的几处点拨都恰到好处，教师的问题设计都在学生思维的临界点上，最后的总结，也非常精彩，做到了课前教师的预设与课堂上生成内容的完美结合。

第二，在学生思维出现困难的时候，对学生的思维进行引导、转化时进行点拨。如在《孔乙己》教学中，蔡澄清老师点拨学生对"笑"的思考。在思考的起始阶段，学生思考的主要内容是文中有几处写了"笑"，这是由"笑"而散开，是思维的发散状态；把写"笑"的几处文字找出来并作出个别分析之后，学生就要进行聚合思维，把写"笑"的内容及各个"零件"分析归纳起来，在面临的多种问题中寻求到一个正确的答案——从外在的喜剧形式上来研讨小说的悲剧内涵。在这个转换阶段，如马上要求学生作出深入分析是不行的，而应抓住这一思维形式的转换时机，提供几个参考思路：（1）认为这是悲剧作品，孔乙己善良正直，是封建科举制度的牺牲品。（2）认为这是喜剧作品，论据是"喜剧是将无价值的撕破给人看"，孔乙己自视清高，死要面子，好吃懒做，迂腐可笑。（3）认为是带喜剧色彩的悲剧作品，孔乙己既有善良的一面，也有迂腐穷酸的思想特点。蔡澄清先生摆出这三种认识，意在开拓学生认识的思路，加大思维的容量，并在发散思维和聚合思维之间架起一道桥梁，最后让学生顺利走过去，作出正确的分析。这是带喜剧色彩的悲剧作品，可笑与可悲并存，笑声与泪痕交融；喜剧因素不仅没有破坏小说的悲剧性,反而增强了作品的悲剧深度和力度。

第三,在学生的思维定式形成的时候进行发散式点拨。特级教师任勇针对学生在学习数学过程中出现的思维定式,设计了这样的练习题:"不作辅助线,证明:等腰三角形底角相等。"学生拿到题目后,百思不得其解,问题出在"不作辅助线"上。在学生充分思考讨论后,教师在黑板上写出如下解答:

在 $\triangle ABC$ 和三角形 $\triangle ACB$ 中,

$AB=AC$

$AC=AB$

$BC=CB$

所以 $\triangle ABC \cong \triangle ACB$,

所以 $<B = <C$。[①]

上述教例中的思维点拨是一种引导学生打破思维定式的点拨。在学生的学习过程中,思维定式可以提高相同类型问题的解决效率,但在变式问题的情况下思维定式可能会成为一种束缚,因此对学生进行思维方式的点拨具有非常积极的意义。

四、发现探究中生成高潮的艺术

发现教学有别于接受教学,发现教学是教师提出问题情境或者问题本身让学生自己发现、分析情境中的资料去解决问题或总结观点,接受学习是教师直接把正确的答案呈现给学生。学生在探究中所获得的知识与教师在课堂上直接告诉学生的知识相比,对学生未来的发展具有更深广的意义。教学过程中,教师用发现教学法引导学生对教学内容进行积极的探究活动,常常会让学生收到许多意外的惊喜,从而给课堂教学带来高潮。

发现探究的教学艺术需要教师巧妙地设置教学情境、提供开放的问题的空间,以及布置明确的探究任务。在中学各科教学中,发现探究法都具有适用性,但对那些以原因分析、问题解决为主要目的的教学内容更具有适用性。如"概念的学习",如果用通常的办法把概念直接告诉学生,让学生去记忆,其效果往往不明显,会出现"概念记住了,但不会在具体情境中运用"的现象,而运用发现探究的方法,则能达到较好的效果,有时候会是出人意料的效果。

【典型案例】

案例一:《你的判断对吗?》发现探究艺术

师:(PPT 展示)把地球看成球形,假如用一根比地球赤道长 15 米的铁丝将地球赤道围起来,猜想铁丝与赤道之间的间隙有多大?(赤道周长为 C)能放进一颗草莓吗?猜想能放进一个拳头吗?你能走过去吗?猜想,现在是你发挥想象力的时候,科学上

---

① 任勇.任勇的中学数学教学主张[M].北京:中国轻工业出版社,2012:163-164.

每一个重要的发现，首先都是观察猜想。还有没有没举过手发过言的同学？我希望每个同学都可以在我这个千年等一回的课上发言，你有没有发过言？

生：没有。我觉得能放下一颗草莓，拳头可以塞进去，人不能走过去，因为会把你压成肉酱。

师：也就是说，你觉得最多可以放进一个拳头。你来说。

生：我跟她想的差不多吧！

师：很好，请坐！你觉得呢？

生：我猜想那缝隙还是比较大的，可以放进一个拳头。

师：好，你说。

生：我觉得什么东西都放不进去。

师：连草莓也放不进？哦，我知道了。你说。

生：我觉得都可以放进去。

师：就是我们也走得过去。姚明那个高度能不能走过去？

生：可以。

师：很好，你认为呢？

生：我认为什么都放不进去。

师：你说说看。

生：我认为凭感觉的话，要么能放进一颗草莓，要么什么都放不进去。但是根据我的大致计算，人应该是能走得过去的。

师：那这样吧！我们来做个判断，觉得最多放进草莓的举个手，或者草莓也放不进去的举个手，（人数不多），觉得可以放进拳头的举手，觉得我也能走过去的举手。好，这个问题怎么办呢？这个东西能不能操作一下？行不行啊？不能，那我们通过什么方法来验证呢？通过计算，试试看。（学生活动，教师给予指导）好，已经有同学举手了。（请同学去黑板上做）

生：首先我们计算地球的半径是$\frac{C}{2\pi}$，然后我们把地球的周长加上15之后，它的半径就是$\frac{C+15}{2\pi}$，然后我们计算出间隙为$\frac{C+15}{2\pi}-\frac{C}{2\pi}=\frac{15}{2\pi}$，当$\pi=3$时得到间隙为$\frac{15}{2\times 3}=2.5$米。

师：所以人能不能走过？

生：当然可以。

师：姚明呢？

生：差不多吧！

师：给点掌声！猜想，观察，最重要的落脚点是在通过计算来验证。对吧！好，我们来看一下，（PPT展示）公元1640年，法国大数学家费马发现：当n=0, 1, 2, 3, 4时，$2^{2^n}+1=3, 5, 17, 257, 65537$都是质数，费马大定理，这是一个非常有名的数学家。

所以他就猜想,对于所有的n,$2^{2^n}+1$都是质数。这个经历了很多年,大家都认可这个结论,直到欧拉,另一个著名的数学家,在1732年发现,当n=5时,这个数可以分解成两个数的乘积,那它就不是质数,说明一个什么问题?同学们,从这个故事中,你有什么启发?好,你来说。

生:任何东西都要通过验证才能下结论,验证的时候要仔细。

师:嗯,后面同学你说。

生:我觉得他得出这个结论的原因是他只试了几个数,用了特值法。如果他多试几次可能就会发现错误,所以我觉得他这个方法不是特别可靠。

师:也就是欧拉用的什么方法?在我们数学上这个方法叫什么?举了个什么例子?你说。

生:我觉得欧拉的方法就是举了一个反例。

师:举了一个反例就推翻了费马的结论,所以举反例也是我们数学的重要方法,有时候仅仅通过有限的计算不能验证一个结论。对吧!所以举反例很重要也很关键,举出反例是检验错误结论的有效方法。[1]

案例二:《驿路梨花》发现探究艺术

(学生熟悉了课文,理清了课文顺序,又进行了片断朗读、变序复述等教学活动,这节课的教学内容眼看将胜利完成了)

师:这位同学已将课文材料按时间排列进行了复述,他复述得非常好。同学们想想,按时间组材还有别的方法吗?

生:(摇头)没有了。

师:显然,课文是没按时间顺序排列的,不按时间顺序排列的方法是否就只有这一种呢?

生:(愣了半分钟,突发)那也不是——

师:哦?那你还有其他组材顺序吗?

(一阵叽叽喳喳的讨论,仿佛在一池静水中投入了一块石头,激起了一层又一层浪花)

生:可以从瑶族老人打猎写起——

生:可以从老余第二天早上修房子写起——

生:可以从梨花姑娘写起——

……[2]

---

[1] 根据章晓东的《你的判断正确吗?》教学录像整理。
[2] 胡明道. 胡明道讲语文[M]. 北京:语文出版社,2007:7-8.

【教学艺术评析】

体味探究发现过程中的教学美

案例一中，特级教师章晓东老师首先设置探究的情境："用一根比地球赤道长15米的铁丝将地球赤道围起来，猜想铁丝与赤道之间的间隙有多大？（赤道周长为C）能放进一颗草莓吗？猜想能放进一个拳头吗？你能走过去吗？"然后鼓励学生根据自己的生活经验猜想。如何验证通过猜想做出的判断，"那我们通过什么方法来验证呢？"教师鼓励学生动起来，做出总结："观察、猜想、操作实验、计算、举反例都是我们数学的有效方法。现在我们还学了一种很重要的方法，是什么？通过观察，猜想，我们还要证明。"课堂活动中教学的高潮出现在学生的深度思维之后。

案例二中，教学任务基本完成之后，教师请学生起来复述课文，然后教师用一个要求引起学生思考活动："课文是没按时间顺序排列的，不按时间顺序排列的方法是否就只有这一种呢？""那你还有其他组材顺序吗？"教师的问题提出之后，学生开始活跃起来，各自从不同的角度提出自己的判断，全体学生极度兴奋，思维极为活跃，注意力完全集中到了创造的对象上，人人都力求找到一个与众不同的方法，课堂上出现了探究的高潮。

【拓展延伸】

如何从对文本的进行个性化地解读？

文本的解读第一要尊重文本，在尊重文本的基础上进行个性化的理解。前者是基础，后者是在前者基础上的升华。个性化地解读文本需要注意以下几点。

1. 充分阅读文本，筛选出文本的关键信息

充分阅读是个性化解读的关键，如果没有充分阅读，所谓的个性化解读就很有可能偏离文本自身的含义。如果教师对文本有深度的解读和独特的理解，那么教学过程中，教师就能用自己的语言来表达对文本的理解，把自己的理解写成文字，让学生与原文进行比较。这样不但能表现教师的自信和大胆，还能产生巨大的课堂感染力。学生被教师的课堂语言震撼，他们会产生同样的表达冲动，"老师能这样理解和表达，我不也能吗？"这样学生可能会尝试着在充分阅读文本的基础上，对文本做出自己的解读。一堂课就是一篇文章；从文字到文章，从文章到文化，融会贯通，一堂课就有一种思想。

2. 有丰富的阅历，将自身的生活经验、情感体验投射到文本

这种投射的过程是读者通过文本同文本作者进行交流的过程，这种交流跨越了时空、国家、种族、宗教、文学流派的限制，文学阅读成为一种经验和情感沟通的活动。

3. 读者的心灵处于澄明自由的状态，读者的生活阅历、情感体验都被排除于阅读活动之外

阅读是一种为心灵寻找安厝之地的活动。这种状态与前面说的那种状态是一种相反的状态。前一种状态中，经验和情感对文本的理解起着重要作用，而在这一种状态中，经验和情感都被排除在阅读之外，读者只是将自己的心灵放置于作品中。这种状态适合于对诗性作品的阅读，比如读《庄子》、读荷尔德林的诗，读海子的诗。

五、偶发事件中生成高潮的艺术

课堂活动中时常会有一些超出教师预料的偶发事件发生,这些事件处理得不好会在师生之间产生对立情绪,甚至影响正常的课堂教学秩序;处理得好,偶发事件本身可以成为一种有效的教学资源,课堂活动可以从偶发事件中生成高潮。如何处理这些偶发事件需要教师拥有较高的教学智慧,在教师教学智慧的表现过程中生成课堂教学的高潮。

偶发事件中生成高潮的艺术没有固定的模式,它依赖于教师对教学的独特理解和体验,其本质是教师在教学实践中形成的教学智慧,对课堂活动中的偶发事件依靠教学智慧进行恰到好处的处理,这样常常会给课堂教学带来一个高潮,产生出人意料的良好教学效果。

【典型案例】

案例一:《教室飞进一只蝴蝶》偶发事件处理艺术

一节生物课正在进行时,突然从窗口飞进一只蝴蝶,引起了学生的注意,一位学生伸手便抓,但没能如愿,第二位学生眼疾手快,手到擒来,教室里一片骚动,吸引了大多数同学的注意力。想继续上课,装作什么也没发生是不可能了。于是我走上前去,逮住蝴蝶,回到讲台前,拿起蝴蝶,对全班学生说:"既然大家对这只蝴蝶感兴趣,现在我们就来研究这只蝴蝶。"

开始时,学生们面面相觑,那两位同学更觉得莫名其妙,但很快教室里热闹起来。我先请一位学生想办法把蝴蝶固定在一张白纸上,然后我用实物展示台将蝴蝶投影了出来,这是一只漂亮的蝴蝶,身上有漂亮的斑纹。教室里传出了学生略带夸张的声音。

我提出了讨论的问题:"请大家想一下,这蝴蝶身上的漂亮的斑纹有什么用?"

这下学生展开了热烈的讨论,有的说是保护色,有的说是警戒色,都指出了自己的理由。

但很快就没有新的观点了,我还是继续追问:"关于这斑纹的作用有没有新的意见?"一位同学小声说:"可能是同种异性昆虫之间识别的依据,有助于同种异性个体之间的交尾。"我把他的意见转告给了全班同学,教室里有人发出了善意的笑声,可能是觉得离奇。但我说:"不知大家的笑声是支持他,还是反对他,不过他的观点倒是很新颖,说不定蝴蝶身上的斑纹还真可以作为同种个体之间相互识别的标志,从而有利于同种异性个体之间的交尾。现在我们的任务是请大家设计实验来验证蝴蝶身上的斑纹可以作为同种异性个体之间的识别标志,从而有利于同种异性个体之间的相互交配!或者通过你的实验去否定该假设。"

同学们进入了积极的思考状态,很快就有学生发表自己的意见。[1]

---

[1] 刘满希.拒绝平庸,让生物学课堂更精彩[M]// 吴生才.著名特级教师教学思想录(中学生物学卷).南京:江苏教育出版社,2012:262.

案例二：《芋老人传》偶发事件处理艺术

一次上《芋老人传》，一学生说："文中几个'是芋视乃……'，是每个例子的小结，它是逐层排列的。但我认为有一处排错了，它不应将'友'排在'妇'（即妻子）前，妻子总比朋友重要吧！我认为周容有大男子主义之嫌！"

学生纷纷表示反感，课进行不下去了，我及时作出处理。肯定他拎出的线索句，他很高兴，于是对我后半问轻描淡写的回答也未继续深究了。①

【教学艺术评析】

把偶发事件转化为一种有效的教学资源

案例一中，蝴蝶飞进教室确实是一个偶发事件，没有哪一位教师在他备课的时候会事先把这个偶发事件写进他的教案里。面对这个偶发事件，教师如何处理？刘老师从他所教的生物学的角度对这件事进行了艺术的处理：蝴蝶飞进教室事件没有影响教学，反而给教学的展开提供了一个较好的契机。"既然大家对这只蝴蝶感兴趣，现在我们就来研究这只蝴蝶。"教师顺势把一个可能对课堂秩序带来破坏的事件巧妙地转化为一个教学环节。"请大家想一下，蝴蝶身上的漂亮的斑纹有什么用？"偶发事件成为引起学生探究的一个原因。课堂教学中，教师要能抓住时机，将那些可能干扰教学的因素进行转化，使偶发的不利因素变为一种课程资源。

案例二中，学生对教学内容提出异议是常见的课堂现象，但对学生提出的异议，教师如果没有作出及时的处理也会影响教学内容的展开。胡老师采取了冷处理的方法，一方面对学生提出问题的合理方面进行积极的回应，另一方面对可能影响教学过程展开的问题进行冷处理。教师积极的回应，让提出问题的学生产生一种成就感，而冷处理则使学生意识到自己的行为可能影响到其他同学的学习。

【拓展延伸】

怎样把课堂上的偶发事件生成为一种课程资源？

第一，培养课程意识，教学过程中的一切活动因素都可以发展成为课程资源。教师要认识到教学效果是受到多种因素制约的，课堂上发生的每一个细小的活动如果利用得好都有可能成为一种有效的课程资源。如特级教师郭惠宇老师在教学《归园田居》时就"羁鸟恋旧林，池鱼思故渊"设计了一个问题："陶渊明既然'性本爱丘山'，他为什么会'误落尘网中'，并且'一去三十年'呢？"一学生回答："陶渊明并不想做官，只是为了混饭吃才做官。"学生答后全班哄笑。教师回答："既然是混饭，那他老年更无依靠，为什么不再继续混下去，却辞官不做呢？"接下来教师紧扣文学作品中本身中的"误落"或其同义词，请该同学用这个词造一个句子。学生："我曾经误入歧途，常常上网吧，不能自制，成绩一落千丈。"教师："很好，误入即误落，现在

---

① 胡明道．胡明道讲语文［M］．北京：语文出版社，2007：98．

你对当时的作为有何感触?"学生:"悔恨。"教师:"以己度人,你对陶渊明'误落尘网'的感受呢?"①

第二,教师要学会对问题进行转化,把消极的课堂行为转化为积极的课堂行为。如胡明道老师上《简笔与繁笔》时,师生正在讨论作者的构思,一学生冲着她说了一句:"王婆卖瓜,自卖自夸。"附近的同学笑起来了,但未波及全班,胡老师依然平静地讲着课,课间休息时,她踱到学生面前对他说:"你对这一成语理解还不太正确,作者是周先慎,如他自夸自己的作品,你可说'周婆卖瓜……'我夸他的作品怕用不上吧。即使是自夸,至多也只能说'胡婆卖瓜……'"一时师生都笑了起来,对峙的气氛缓解了。②

六、学生活动中生成高潮的艺术

课堂是学生的课堂,课堂中的活动是教师引导的学生的活动。教学要把课堂还给学生,首先要让学生在课堂上"动"起来。课堂上最精彩的地方常常不是教师的表演,而是学生的活动。学生在课堂上的精彩活动也常常是教学高潮出现的地方,课堂活动的高潮是学生智慧的表现,如个性化的理解、独特的判断、精彩的语言表达、快速的思维反应等。

日常教学的精妙处往往是教师发起、组织的学生的活动。学生的动作、语言及作业是教学活动产生的结果,教师教学能力的高低很多时候是通过学生的动作、语言及作业表现出来的。所谓的把课堂还给学生,其实就是教师让学生在课堂上"动"起来。学生在课堂上的"动"是一种灵动,充满着诗一般的青春灵气,自由、解放、理智与直觉共同表现是灵动的课堂的一个特点。

【典型案例】

案例一:《听陈蕾士的琴筝》学生活动艺术

师:昨天我了解了一下,有位叫张晶的同学读得不错。张晶,你来读一下第1段,老师用的教学参考资料,已经印给了大家,上面说这篇小说有诗情画意,是诗化小说。张晶,把诗的味道读出来。

(张晶音质柔美、充满深情地读第1段)

师:你的朗诵水平很高。你是哪里人啊?

张晶:祖籍天津,也算是深圳人吧。

师:但稍快了一点,如果你节奏稍慢一点,那就更好了。你再读一遍。

(张晶放慢节奏,充满深情地又读了一遍。听课师生鼓掌)

师:很好很好!听说前几年龙岗区教研员钱老师的女儿从深中考到北京广播学院

---

① 万亚平. 灵动之美:郭惠宇老师教学艺术初探[M]. 合肥:安徽大学出版社,2005:183.
② 胡明道. 胡明道讲语文[M]. 北京:语文出版社,2007:98.

去了。你的素质很好，可以考广播学院，当播音员或主持人。（笑声）①

案例二：《小麻雀》学生活动艺术

师：我还有两点没想明白，这个单元的要求是"记叙文不能前后矛盾"，可文中写小麻雀求生又求死，这不是矛盾吗？记叙文还要求结构完整，可作者最后没写明麻雀怎样了，这样的结构完整吗？你们的看法呢？好，你们可以议论一下。

（一片叽叽喳喳的议论声响了起来）

师：谁先谈谈自己的看法？

生：我认为麻雀求生求死不矛盾，它吓糊涂了。

生：求生嘛，是动物本能，但因受摧残太厉害了，死也无所谓了，所以也可说是求死。

生：这更表明它的命运惨。

师：大家的意见是，这样写不矛盾，是符合麻雀当时的心态的，但结构完整吗？

生：我认为不完整不要紧，反正主要内容都写出来了。

生：我觉得这个结构是完整的，后面的话不用写出来。

生：最后不写明还好些，还可留给我们思考。

师：引起了你们哪些思考呢？麻雀到底是死是活呀？

生：我认为麻雀是死了，因为"身子长出来一些"了。

师：哦，你是"死了派"。

生：我看麻雀还是活了，因为有作者对它精心的照顾。

师：那你是"活了派"。

（课堂上掀起了高潮，两派相互补充着，阐述着理由，企图说服对方）

师：看，这就是文本的张力！看来作者这样处理非但结构完整，而且还有一股诱发思考的魅力。

（学生会心地笑了，课堂活动达到了高潮）②

【教学艺术评析】

让课堂灵动起来

案例一中教师让学生读课文，这是一般教师经常采用的教学方法，然而程少堂老师在采用这种教学行为的时候，根据文本内容的特点，选取一位朗读能力强的同学通过精彩的朗读把这段文字的艺术魅力表现了出来，使文本自身的魅力在课堂上得到充分的表现，读书的同学用声音较好地诠释了文本，引起学生的心灵震撼，同时也引起了听课教师的感动。学生在课堂的朗读活动把教学带进了一个高潮。这一课例的亮点是课堂上教师让学生将自己的才华得到最大限

---

① 程少堂. 程少堂讲语文［M］. 北京：语文出版社，2008：116.
② 胡明道. 胡明道讲语文［M］. 北京：语文出版社，2007：162.

度的展现。

案例二中，开始的时候教师结合单元教学，提出问题，引起学生的活动，培养学生的思维能力。教师以思维为切入点，要求学生发表自己的观点。讨论活动中，两派不同的观点相交锋、相补充，文本的张力引发了学生在课堂活动中的思维张力，教学也因此而达到了一个高潮。

从这两个案例中我们可以得出这样的结论：和谐的课堂氛围和刺激的丰富性是课堂教学高潮生成的两个重要条件。

【拓展延伸】

怎样让学生积极参与课堂的讨论？

1. 教会学生提问的方法

提问的方法有很多，对于初中学生来说，他们会从教师的提问中学会一些提问的方法，因此教师在教学过程中解释为什么会提出这个问题可以起到指导学生思维的效果。同时，教师在学生提出问题的时候，还可以有意地问学生为什么会提出这个问题，让学生学会反思。如《故乡》教学中，有一位学生提了这样一个问题："作者为什么写杨二嫂？即使不写她的故事文章也是完整的呀！"这个时候教师就问这位学生是怎么想到会问这个问题的，学生回答说，他小学时学过一篇课文《闰土》，里面没有杨二嫂，现在课文里有她，很奇怪，所以就问了这个问题。教师趁势说道："原来你是从积累中发掘了信息，进行比较后发现问题的呀！"

2. 巧设情境

问题中的情境具有刺激性，能够引起学生更多的思考兴趣。让学生积极地参与课堂讨论，教师要针对教学内容设计出富有刺激性的问题情境。如特级教师钱梦龙老师在教《石壕吏》一诗时，着意把学生引入矛盾的对立面发问："有人认为《石壕吏》不是一首好诗，因为诗人杜甫在这首诗里始终是一个冷漠的旁观者，没有出来表过态，你们同意这个观点吗？"于是学生纷纷从诗里找根据，展开了颇为激烈的争论，后来得出观点：诗人在这首诗中同情谁、憎恶谁，通过人物的刻画和情景的描写来表态，虽然没有站出来说话，但沉郁的诗风中所流露出的济世情怀却是显而易见的。

3. 教师要学会对学生的思维进行适时的点拨

课堂上，教师有的时候要充当起"撩拨者"的角色，发表对问题的不同观点，使他们相互质疑辩论。如有位教师教学《小桔灯》最后一段时，教师进行了这样的撩拨："爸爸回来了，妈妈病也好了，小姑娘一家都好了。"就会有学生提出质疑："这是否美化了白色恐怖？是否有中国传统戏剧的大团圆之嫌？"再读、再议后，大家自己释疑："这是作者良好的祝愿啊。"

4. 教师要学会充当"无知者"的角色

教师要努力使学生在思考问题的时候放弃权威的压迫感，自由地思考，充分地表达自己的观点。在这一种意义上说，教师组织课堂活动的艺术也是一种倾听的艺术。一位善于倾听学生表达的教师也是一位善于组织课堂教学的教师。这样的教师在课堂上不会顾及课堂的表面冷场,他会重视用心灵感受课堂,用心灵倾听学生的内心世界,感受学生视角的课堂体验。

七、作业展示中生成高潮的艺术

　　课堂活动中最精彩的表现常常不是教师的行为而是学生的行为,教师的行为是为学生的行为作铺垫的。从这个意义上说,教学的艺术是帮助学生张扬行为的艺术,是引发学生智慧的艺术。作业作为学生行为活动的结果集中体现了学生行为的意义,作业也是教学效果的表现,教学过程中通过展示学生的作业能使课堂焕发精彩,生成教学的高潮。教师要懂得让学生展示自己作业的艺术,抓住学生在作业展示的过程中生成课堂教学的高潮。

　　作业展示与批阅是一般教师在课堂上经常会运用到的一种教学方法,教师在批阅作业时要善于发现学生作业的亮点,充分相信学生,让学生自己主动地展示作业,对一些开放性问题,要鼓励学生自由表达,说出自己最真实的理解,然后教师对学生的理解进行及时准确的点评。

【典型案例】

案例一:《荷叶母亲》作业展示艺术

　　教学《荷叶母亲》时,课堂一开始,教师布置学生完成一道作业,请同学们写一个想象句:荷叶是_____

　　同学们在经过短暂时思考后,给出了下面精彩的答案:

　　荷叶是我们的帽子。我们戴着荷叶帽,快乐地玩耍。

　　荷叶是圆圆的,绿绿的。小蝴蝶说:"荷叶是我的舞台。"小蝴蝶立在荷叶上,展开五颜六色的翅膀,跳起了优美的舞蹈。

　　荷叶是露珠的床,露珠一觉睡到天亮。

　　荷叶是青蛙的伞,青蛙用它遮挡雨和阳光。

　　荷叶是我的扇子,它给我带来绿色的清凉。

　　荷叶是小水珠的摇篮。

　　荷叶是夏天的衣裳。

　　荷叶是我的遮阳帽,荷叶是我的小船,荷叶是我的芭蕾舞裙。

　　荷叶是夏天时一首清凉的小诗,荷叶是阳光下跳动的音符。

　　教师顺势引出:荷叶是母亲——请看冰心的美文《荷叶母亲》。[①]

案例二:《就是那一只蟋蟀》作业展示艺术

　　师:名为《乡愁四韵》,这里只给出两韵,还有两韵,请同学们补上。最关键的是要找到好的意象,可以从课文中去找。同时要注意句式的一致。我给大家配上音乐。

[①] 余映潮. 余映潮语文教学设计技法80讲[M]. 广州:广东人民出版社,2014:216.

（教师轻放《乡愁四韵》歌）

师：请同学们上来交流！

生：给我一杯黑咖啡啊黑咖啡／药一样的黑咖啡／苦药的滋味／是乡愁的滋味／给我一杯黑咖啡啊黑咖啡／／给我一根白丝带啊白丝带／梦一样的白丝带／梦里的向往／是乡愁的向往／给我一根白丝带啊白丝带

师："黑咖啡"改成"浓咖啡"好不好？

生：给我一块圆月饼啊圆月饼／月一样的圆月饼／月亮的皎洁／是乡愁的皎洁／给我一块圆月饼啊圆月饼／／给我一支竹枝鸢啊竹枝鸢／云一样的竹枝鸢／白云的抚摸／是乡愁的抚摸／给我一只竹枝啊竹枝鸢

师："抚摸"一词用得好！

生：给我一张枯黄叶啊枯黄叶／纸一样的枯黄叶／白纸的空白／是乡愁的空白／给我一张枯黄叶啊枯黄叶／／给我一枝桂花香啊桂花香／心一样的桂花香／心香的芬芳／是乡愁的芬芳／给我一枝桂花香啊桂花香

（生自发鼓掌）

师：时间关系，我们只能在课后再作交流了。你看，每个人写上两韵，我们合起来就是一百多韵。是的，乡愁是写不尽的。我们期盼着祖国的统一，我们期盼着民族的团圆，我们期盼着亲情早日把乡愁替代！今天下午，我将要去虹桥机场接从台北转道澳门飞来上海，离开家乡已有五十年的叔叔。我的叔叔已经七十岁了，他说他今生最大的心愿是叶落归根，我告诉他，他的心愿，是能够实现的！

师：我现在把《乡愁四韵》从头到尾放一遍，前两韵我们跟着罗大佑唱余光中词，后两韵，个人唱个人写的，好吗？

（教师放录音，师生同唱）[1]

【教学艺术评析】

让作业成为心灵活动的智慧结晶

案例一中，特级教师余映潮老师在上课之初让学生完成一道作业题，让学生以"荷叶"开头写一个想象句。学生根据各自的生活体验，运用想象的手法写出了一个个精美的句子，课的一开始教师通过巧妙的引导学生活动把课堂带入一个小小的高潮。类似的教学设计被许多教师用到，他们在课堂教学结束的时候，一般都会让学生围绕某一个主题进行活动，然后当堂展示。这个时候也常常是课堂出彩的地方，其主要原因，学生的积极性被充分调动了起来，他们身心自由，思维处于高度的活跃状态，这样的状态下，他们就会充分地表现出自己的创造力。

案例二中，特级教师袁卫星老师在完成了《就是那一只蟋蟀》的教学后，教师要求学生给余光中的《乡愁四韵》填词。教师只给了前两韵，让学生填写后面两韵。原本就很兴奋的课堂，在

---

[1] 袁卫星．听袁卫星老师讲课[M]．上海：华东师范大学出版社，2006：27．

短时间的沉静后又显出一段高潮。有三位同学在课堂上交流了自己创作的诗歌,得到了同学的掌声,教师也作了点评。最后,一节语文课在师生共同吟唱中结束。这节课的教学,教师除了巧妙的设置活动情境为学生展开自由的活动作准备之外,还做到了让学生掌握学习的主动权,学生不但在学、在读、在说,还在写、在实践,成为课堂的主人。

【拓展延伸】

如何让学生在课堂上展现精彩?

1. 选择合适的教学切入点,引导学生从切入点准确地理解教学内容

同样的教学内容,不同的教师在进行教学设计的时候会有不同的教学切入点,有的教师从教学内容自身的逻辑体系出发设计;有的教师却打破教学内容的逻辑结构,重新确立逻辑顺序进行设计;有的教师从学生的情感态度出发进行设计;有的教师则从学生思维特点出发进行设计。不论选择什么样的切入点,教师的落脚点一定是为了能让学生积极主动地学。因此,合适的教学切入点一定是指向学生的。何炳均老师在教等腰三角形时先提出活动内容:"去剪一个等腰三角形"。[①]在学生活动的基础上,教师对学生的活动进行总结:"一个同学是抓住定义来的,一个同学是按照折叠的办法来的。"接着第三个同学剪出了等腰直角三角形,教师进行表扬。接下来,教师让学生各自动手,展示自己的作品。这一教例中,教师通过让学生活动使课堂教学有序地展开,较好地达成了教学目标。

2. 发现学生情感的兴奋点,让学生带着一种积极的情绪状态进入课堂的学习

活的课堂是能让学生兴奋起来的课堂,因此,教学过程中教师要给学生带来积极的情绪。教师的积极情绪可以从两个方面影响学生,一是感染,另一是引导学生主动体验,前者要求教师在课堂上具备积极的情绪状态,后者要求教师准确地理解教学内容并对教学内容进行科学的设计,在学生的心中唤起类似的情感或生活体验。如有的教师上课之前偶尔会把自己在上班的路上遇到的一件趣事向学生讲述,引起学生情感的共鸣,从而进入积极的课堂状态。

3. 寻找学生思维的突破口,激活思维

发展思维是教学的主要任务,学生思维被激活了,学习就会主动。所以,在课堂活动中,第一个问题或者第一个教学环节的设计非常重要,如果能在课堂开始的时候紧紧抓住学生的思维兴趣点,促使他们的思维活跃起来,就会收到理想的教学效果。

知识链接

怎样解决课堂教学的知识模糊性问题?

课堂教学常常会出现这样的现象:教师教学非常投入,学生活动很积极,课堂气氛

[①] 根据何炳均的《等腰三角形的对称性》教学录像整理。

活跃，可当课后问学生在这节课上学到了什么知识的时候，他们往往一脸茫然，不能给予明确的回答。为什么一节精心设计和组织的课却不能让学生产生清晰的认知，教学结束之后只给学生留下一些模糊的知识图景？课堂教学能不能让学生在课后获得明确具体的显性收获？这里从知识分类的视角对这些问题进行了分析并结合具体教学设计提出了解决方法，并以课文《变色龙》作为依据知识分类表的设计样例进行了分析。

课堂教学的模糊性表现为目标的模糊性和内容的模糊性。这两种模糊性形成的主要原因是教师没有依据科学的知识分类标准进行教学设计。教学目标的确定、教学内容的选择和组织没有按照科学的知识分类标准进行分类，没有将具体的"学科内容"纳入科学的知识分类标准中。

本书第一章"知识链接"部分已经阐明："知识"和"学科内容"是两个不同的概念；教学设计中，将"知识"等同于"学科内容"是一个认识上的误区。"知识"是人类经验的概括和总结，可以分别从哲学和心理学的角度进行分析。哲学角度的知识分类一般比较抽象，如理论知识和实践知识，以及知觉知识、先验知识、道德知识等[1]。由于抽象不具体，哲学的知识分类标准较难直接用于指导学科教学设计。心理学意义上的"知识"是通过学习、实践或探索所获得的认识、判断或技能，它有自己独特的分类标准和体系，如布鲁姆的教育目标分类标准、加涅关于学习结果的知识分类、奥苏伯尔关于有意义学习的知识分类等。而人们通常所说的"学科内容"是知识的表现或载体，它是具体的。教学论视野中的"知识"一般是指心理学意义上的知识，而人们通常说的"知识"与心理学上意义上的"知识"是两个不同的概念，通常所言的"知识"其实就是指具体的教学内容，如文学史的知识、文章体裁的知识、作品风格的知识、人物性格的知识、写作的知识、一般学习方法的知识等。由于模糊了心理学中的"知识"概念与学科教学中"具体内容"概念的关系，学科的"具体内容"被错误地等同于心理学中的"知识"。这种混淆带来的结果是，课堂教学的"内容"是零散的，缺乏内在的系统性，内容与内容之间缺少有机联系。由于没有科学的知识分类标准作为依据，教学设计中具体的内容不能形成完整的知识体系。加之教材的文选型特点，知识的系统性和有机联系缺失的问题变得更加明显，教学的随意性程度增大，教学知识的模糊性问题变得突出。

从日常的课堂教学案例中，可以发现这一特点。多数教师在教学设计过程中没有顾及心理学意义上的知识概念，他们对教学目标的设计要么依据教材和教学参考书的提示、要么照搬现存的别人做好的教学设计。在教学设计时由于对知识分类标准缺少理解，一线教师往往不能将教学内容置于一定的知识分类标准中，按照知识的分类标准选择、组织教学内容。通常情况下，他们非常注重课堂结构的精致安排、教学方法的合适选择、教学艺术的巧妙运用，如：如何巧妙地导入、如何系统地安排课堂的结构、如何具体地进行某个教学内容的细节设计等，却忽视从知识分类的角度对教学目标和

---

[1] [美]约翰·波洛克, 乔·克拉兹. 当代知识论[M]. 陈真, 译. 上海: 复旦大学出版社, 2008: 19.

教学内容进行划分。这种情形会导致课堂教学有局部细节的完整性，却没有知识的整体性和系统性，教学内容之间缺少内在的逻辑联系，教学不确定性增多，确定性因素减少，课堂教学效果受到影响。

既然课堂教学目标和教学内容的模糊性的原因是教学设计过程中缺少科学的知识分类标准的指导，那么这个问题的解决就必须找到适合学习特点的能够指导教学的科学知识分类标准。下面就此展开分析，以语文教学为例进行科学和教学设计分析。

《变色龙》是俄国作家契诃夫的一篇短篇小说，作为传统教学篇目被选入初中课本。下面分别从单向的知识类别设计和综合设计两个角度对这篇课文的教学设计进行分析。

1. 以单向知识为目标进行的教学设计

第一种设计：以事实性知识为教学目标的设计。事实性知识是学生通晓一门学科或解决其中的问题所必须知道的基本要素，可以分为术语知识、具体细节和要素的知识。具体设计思路如下。

教学目标：知道小说中的人物及其之间的关系，知道小说的情节，知道关键人物在不同场合分别说了什么话、对小狗咬人事件在不同的场合分别表达了怎样的态度。

教学的切入点是《变色龙》的故事要素和细节。

依据知识分类表，教师关注的是事实性知识。由于目标具有明确的分类指向，教师按照目标调整自己的教学行为，学生则可以通过目标进行学习结果的自我评估。教学任务结束之后，学生可以明确地知道这节课老师教了什么、自己学到了什么。

第二种设计：以概念性知识为教学目标的设计。概念性知识涉及类目、分类和它们两者或多者之间的关系，它是一种较为复杂的和有组织的知识形式，可分为分类或类目的知识、原理和概括的知识、理论模型和结构的知识。具体设计思路如下。

教学目标：理解与小说主题有关的一些概念，如"变色龙""见风使舵""讽刺小说"等概念。

教学的切入点是对小说内容进行概括归纳出相关概念。

依据知识分类表，教师关注的是概念性知识。教学任务完成之后，学生可以从概念性知识的角度对小说主人公的性格、讽刺小说的特点进行概括和分类，如奥楚蔑洛夫的性格特征、讽刺小说与一般小说的区别等。

第三种设计：以程序性知识为目标的教学设计。程序性知识是指如何做什么、研究方法和运用技能、算法、技术和方法的标准，可以分为具体学科的技能和算法的知识、具体学科的技术和方法的知识、决定何时运用适当程序的标准的知识。具体设计思路如下。

教学目标：通过小说《变色龙》了解讽刺小说的一般特点，掌握讽刺小说阅读的一般方法。

教学切入点：全班讨论小说情节，角色态度的变化，理解作者传达的信息，研讨小说的写作方式及其文化背景，教学的重点是学习和研究作者是怎样表达的。

依据知识分类表，教师关注的程序性知识。教学任务完成之后，学生能够掌握讽刺小学的阅读和写作方法。

第四种教学设计：以反省认知知识为目标的教学设计。反省认知知识一般指关于认知的知识，也指个人对自身的意识和知识，可以分为策略性知识、包括情境性的和条件性的知识在内的关于认知任务的知识、自我知识。具体设计思路如下。

教学目标：通过《变色龙》的学习学会一套一般的程序或工具，以阅读、理解、欣赏其他小说。

教学切入点：运用一般的工具进行阅读和思考，把使用的程序记录下来。学习结束的时候，将小说中人物的行为与自己或周围的人进行对照，形成良好的人格。

依据知识分类表，教师关注的是元认知知识。教学任务完成之后，学生能运用一般方法学会如何阅读、写作讽刺小说，同时学生还要学会对自我情感、人格形成正确的认识。

2. 以综合知识为目标进行的教学设计

上述四种教学设计是一种理想状态的教学设计。实际的教学设计过程中，具体情况差异较大，一节课不会单纯地只完成某一种知识类别的教学，一节课上可能要完成两种或两种以上知识类别的教学任务，这就要求教师按照知识分类框架进行综合设计。还以《变色龙》的教学为例，假如教师预定的教学内容是了解小说情节和主人公奥楚蔑洛夫的性格，同时还要掌握讽刺小说的一般特点等，那么这节课的教学可以进行如下设计。

教学目标：

（1）事实性知识：了解小说的情节。

（2）概念性知识：奥楚蔑洛夫"见风使舵"的性格。

（3）程序性知识：如何阅读和写作讽刺小说。

（4）反省认知知识：学会阅读策略。

教学过程：第一步通过阅读了解小说的情节；第二步通过分析讨论归纳人物性格特征；第三步通过比较阅读，在阅读过程中教会讽刺小说的阅读和写作方法；第四步，阅读策略的教学。

总之，减少课堂教学模糊性，教学过程中帮助学生对学习形成清晰的认知，要求教师在教学设计时运用科学的适合学科学习特点的知识分类标准来作指导，教学过程中按照科学的知识分类标准将教学内容纳入特定的知识分类标准中，教学结束之后要求学生学会对照知识分类的标准和层级进行学习结果的自我评估。这样，一直困惑着教学研究者的教学过于模糊性的问题就可以在一定程度上得到解决。

第五章 教学收尾的艺术

一节课的收尾可以是一个句号，可以是一个感叹号，也可以是一个问号，或者是一个省略号。句号、感叹号、问号、省略号在不同的教学时空中具有各自不同的意义。不同的教师、不同的教学内容，甚至同一位教师在不同的课堂情境下教学同一个内容也会有不同的收尾方式。课堂教学要讲究收尾的艺术，好的收尾可以激发学生的感情、启迪学生的智慧。"曲终收拨当心画，四弦一声如裂帛"，就像音乐的休止符留给演奏者的行为是动作的停止，留给欣赏者的是心灵的震动，一节课好的收尾留给教师的是课堂行为的结束，留给学生的是一扇窗口、一个刚刚开启的世界。

课堂的意义有三种理解。第一种理解：课堂意义在于活动开始之前。课堂的意义是一种预设，目标是教学活动的出发点，教学活动结束的时候要对照目标检查活动的效果。这是传统的基于目标的课堂理论。第二种理解：课堂意义在于活动过程之中。课堂的意义是一种过程，课堂的意义就在于课堂活动中发生的故事，就像杜威所说的"教育除它本身之外无目的"，课堂除了课堂活动本身亦无意义。这是基于过程哲学的课堂理论。第三种理解：课堂意义在于活动结束之后。课堂不是为了帮助学生解决问题，而是要帮助学生发现问题，课堂结束的时候不是问题的解决，而是新问题的形成。课堂的最大意义在于它留下的问题。这是基于生成哲学的课堂理论。

本章通过具体案例的整理归类，从课堂收尾形式的角度，将特级教师教学收尾的艺术分为如下六个方面：

- 自然收尾的艺术
- 总结收尾的艺术
- 技能拓展收尾的艺术
- 激情性语言收尾的艺术
- 学生活动收尾的艺术
- 问题式收尾的艺术

一、自然收尾的艺术

教学任务完成、教学目标达成，课堂活动自然而然结束，一切按照预设的程序完成的课堂收尾艺术称为自然收尾。自然收尾是一种最常见的课堂收尾方式。一节课的自然收尾具有顺理成章、水到渠成的特点，从中看不出教师的刻意安排，也看不出匆忙仓促。自然收尾的艺术讲究时空、内容、师生的彼此和合相应。自然收尾的教学艺术看似漫不经心，实则是教师高超教学能力的写照。

自然收尾的教学艺术要求教师对课堂有较高的调控能力，这种调控能力是建立在对教学内容的娴熟掌握、对学生的知识基础和认知水平充分了解的基础上的，教师的眼里有目标、有内容、有学生、有自己，在特定的时空中，教师、学生和教学内容达成一种完满的和谐。自然收尾是一种家常课的艺术，但正是由于这种艺术家常化，往往会被人们忽视。

【典型案例】

案例一：《我的叔叔于勒》自然收尾艺术

师：我们来齐读文章写小若瑟夫的一段话，从"我看了看他的手"到"我的亲叔叔"。（读略）

师：同学们还没有把文中的感情读出来。我们一起来分析一下，这里一共三句话，前二句写谁？

生：写于勒。

师：是谁的目光看于勒？

生：若瑟夫的。

师：我读一下，你们看这目光包含了什么？（师读）

生：目光饱含了怜悯之意，对穷困潦倒的于勒充满同情。

师：第三句是写谁的心理活动？

生：若瑟夫的心理活动。

师："这是我的叔叔，父亲的弟弟，我的亲叔叔"二个短语同指一个对象，何以要反复？"父亲的弟弟"是针对谁说的？"我的亲叔叔"强调什么？

生："父亲的弟弟"是针对父母说的，反映了若瑟夫对父母不认兄弟的困惑和不满；"我的亲叔叔"强调一个"亲"字，表明若瑟夫内心充满叔侄亲情。

师：请同学们再读一遍。（学生读）

师：这一遍读出了感情。若瑟夫与父母形成了鲜明的对比，这个对比有何作用？

生：突出了双方的性格。

师：对。孩子是纯真的，大人是世故的；孩子是诚实的，大人是虚伪的；孩子是善良的，大人是势利的；孩子是慷慨的，大人是刻薄的。作者为何以"我的叔叔于勒"为题？

生：表明了作者的美好愿望，希望人们能像若瑟夫一样，多一点同情，多一点友爱，多一点善良，他希望社会能更好一点。

师：好。下课。[1]

---

[1] 根据程红兵的《我的叔叔于勒》教学录像整理。

案例二：《皇帝的新装》自然收尾艺术

师：下面复习词语。(师出示卡片：伶俐)

生：伶俐的意思是聪明、灵巧。

师：对！(出示卡片：洋溢)

生：洋溢的意思是(情绪、气氛)充分流露。

师：对。(出示卡片：名贵)

生：名贵的意思是著名而珍贵。

师：对！(出示卡片：荒唐)

生：荒唐的意思是①思想言行错误到使人奇怪的程度；②行为放荡，没有节制。本课文取第②个义项。

师：对！(出示卡片：异想天开)

生：异想天开的意思是想法非常奇怪。

师：对！(出示卡片：无缘无故)

生：无缘无故的意思是没有原因。

师：正确！(铃响)今天的课就上到这里。下课！[①]

【教学艺术评析】

顺理成章、水到渠成的课堂组织艺术

案例一是特级教师程红兵老师执教的语文课《我的叔叔于勒》的教学结尾。这节课的结尾乍一看并没有经过精心设计，是教学活动自然而然的展开：教师以"阅读课文，找出课文中的人物是怎么评价于勒的"作为教学的切入点，到教学接近结尾的时候仍然沿着这个切入点引出的问题向下发展，引导学生阅读、分析和讨论。最后教师引导学生着重阅读分析小若瑟夫的一段话，从小若瑟夫的眼睛来看于勒，进一步深化对主题的理解。这种结尾方式是一种常态课教学的结尾方式，形式上没有什么特异之处，但教学效果是明显的。

初看上去，案例二中特级教师宁鸿彬老师执教的《皇帝的新装》的结尾不"典型"，实在是平平常常的一节课：在教学结尾的时候对前面的内容进行复习小结。然而，正是由于这种平平常常的复习小结，它才可以称为"典型"。在教学结束的时候，对本节课的教学内容进行小结，一方面是巩固，另一方面是运用，但是它与一般的巩固和运用不同，它是课堂教学的一个环节，不额外占用学生时间，这样的结尾方式不能说它"平平常常"就没有艺术，相反，它往往包含着很高的教学艺术，如准点下课、结束教学，对教学内容有科学的取舍等。这种自然而然的教学艺术需要教师经过长期的修炼才能养成。

---

① 根据宁鸿彬的《皇帝的新装》教学录像整理。

【拓展延伸】

教学收尾如何做到顺理成章、水到渠成？

1. 按照教学节奏，以教学任务的完成收尾

这种教学收尾形式在日常的课堂教学活动中比较常见，其优点是学生在课堂学习结束的时候能够知道这节课上教师教了什么、自己学了什么，学生通过对照教师提出的教学任务和要求，查看自己是否完成了学习任务，是否达成了预先设计的教学目标。例如，在物理课《磁场》的教学中，教师和学生在讨论完本课的相关内容后，随着教学任务的完成，课堂自然收尾。在课堂结束的时候，教师与学生讨论了三个问题，一是"地球是一个大磁体"，二是"N极总要指向圆白菜的头顶的实验"，三是"磁化现象"。这三个问题中，第一个问题是对前面教学内容的总结和运用，第二个问题是观察并解释一种特殊的磁场现象，第三个问题引出"磁化"现象，教师只进行简单点拨，将问题留给学生回家继续研究。整个课的收尾环节，围绕本节课的主要教学任务，教学任务完成，一堂课自然而然结束。

2. 遵循学生思维发展的规律，以学生的思维升华收尾

课堂教学的目标最终要落实到对学生思维发展的促进上来，结合教学内容，引导学生思维的升华常常会使课堂在收尾的时候达到教学的高潮。如特级教师黄厚江教师执教的《葡萄月令》教学收尾，教师问学生，"汪曾祺是一个什么样的人？"学生回答，"汪曾祺就是一棵葡萄树"。由于在教学活动中，学生的思维被激活，学生对文本有了深入的理解和体验，学生的思维得以升华，课堂教学圆满结束。

二、总结收尾的艺术

在教学任务完成之后，以教学内容的概括总结结束课堂教学，这种课堂结尾的方法在日常课堂实践中也运用得较多。总结收尾或以概念、原理的教学结束，或以教学任务的完成结束，或以师生的活动结束。其好处是对已经学习过的内容进行突出强调，使学生掌握并巩固本节课的内容。

课堂教学总结收尾的形式多样，可以是教师总结，也可以是学生总结。文理科的教师总结的内容会有所不同，但一般都会涉及关键词、核心概念原理、注意的问题等内容；学生的总结可以以回答教师的问题或作业展示的形式进行。

【典型案例】

案例一：《比例线段》总结收尾艺术

师：现在请同学们回想一下，今天你有什么收获，又有何感受？请从数学知识和数学思想方法两个方面加以总结。

生：在知识上我们知道了——

（1）四个数成比例的概念；

（2）比例的基本性质：$\dfrac{a}{b}=\dfrac{c}{d} \Rightarrow ad=bc$（$a$、$b$、$c$、$d$ 都不为 0）。

（3）在求值和进行比例式的变形时，其实质是应用比例的基本性质。

在数学思想方法上，我们学会了运用比例式性质解题的常用数学方法——设常数法和基本性质法。[1]

案例二：《雷雨》总结收尾艺术

师：在这一出戏中，周朴园经历了由怀念到惊慌到冷酷的心理变化过程，其实在语言之中也自然地揭示出了人物的形象。那么这部戏剧中鲁侍萍、鲁大海还有周萍，他们又该是什么样的形象？他们的语言又呈现什么样的特色？我想，这就留给同学们课下自己去咀嚼、自己去揣摩。

师：（PPT课堂小结1）今天，我们重点鉴赏了《雷雨》中的戏剧语言。戏剧语言其实包含两种，同学们刚才在阅读过程中可能就感受到了，一种叫舞台语言，也叫舞台说明，包括背景介绍、人物动作、神态说明、旁白、画外音以及其他叙述语言等；除舞台语言以外，还有人物语言，包括人物之间的对话和独白。

那么，戏剧语言到底有什么特点呢？〔PPT课堂小结2〕一是高度的个性化，二是富于动作性，三是有丰富的潜台词。

品味个性化的人物语言：个性化就是因人物的年龄、身份、经历、教养、环境等影响而形成的个性特点；优秀的剧本往往三言两语就能写出人物的性格，所以说"话到人到"。动作性指的是什么呢？叫"言为心声"，语言就是人的内在情感的一种表现形态；所以人物语言的动作最主要指的就是人物内心的活动，也就是从内心发出，人物内心的丰富世界。还有我们同学一开始所知道的潜台词，就是话语字面意义之外的深层次的意义，四个字——言外之意；好的潜台词总是能用最少的语言表达最丰富的内容，给人以品味和想象。这就是戏剧语言的基本特点。

同学们，今天我们学习了曹禺的典型戏剧《雷雨》，《雷雨》是一部思想的悲剧，也是一部语言的力作。性格、人性、制度、道德，还有命运，这一切的因素都笼罩在《雷雨》的具象之中，而这一切无不通过典型的戏剧语言淋漓尽致地展现出来。有人这样比喻说："读《雷雨》的语言，就像是一把刀刃在我的心弦上缓缓地划过，余音不绝。"所以，同学们，我们要学会去读戏剧，去读像《雷雨》一样的典型戏剧，读它的语言，读它的思想，读它的精神。一句话来概括今天的这节课——品读戏剧，品味人生。

（出示PPT：品读戏剧，品味人生）

师：下课。

---

[1] 根据吕水庚的《比例线段——苏科版数学》教学录像整理。

生（全体起立鞠躬）：老师再见。

师：再见。①

【教学艺术评析】

给课堂打上完美的句号

案例一是较典型的总结式课堂收尾，教师先提出问题，然后让学生总结这节课的具体收获。教师在让学生具体回答问题之前，从"数学知识"和"数学方法"两个角度对问题进行了思路上的引导。这种课堂教学总结的好处是可以从学生实际的总结过程中发现课堂教学目标的落实情况，通过实际的教学结果来检验反馈预设的教学目标。

案例二中，特级教师宣沫老师对本节课的教学内容从三个方面作了小结，一是周朴园经历了由怀念到惊慌到冷酷的心理变化过程，二是戏剧语言的特点，三是对《雷雨》的艺术价值和社会价值的概括。整个教学结尾概括全面、总结深入，具有极强的艺术感染性。

【拓展延伸】

教学结束时如何对本节课的教学内容进行总结？

1. **检查式总结**

即在课的开头提出教学目标，在课的收尾对照教学目标进行评价，这样能够使课堂目标明确，并且通过课堂结尾的评价检查目标的落实情况。同时，教师引导学生讲述通过这节课的学习得到了哪些收获，并在此基础上引导学生从日常生活中发现相关的化学现象，拓展了学生的思维空间。

2. **回忆式总结**

这种情况一般是教师提出要求，请同学回答总结；也可以是教师进行总结。其目的是让学生对本节课的教学内容有整体系统的认识。

3. **作业式总结**

教师在教学结束的时候针对本节课的教学内容设计情境式活动，或者布置作业，让学生在进行活动或完成作业的过程中对课堂学习内容进行总结。如"从《清明上河图》看北宋的城市经济"这堂课的教学结尾，教师对教学内容从经营场所、经营手段、经营时间、经营理念、经营活动、经营地域等几个方面进行系统梳理，总结其历史价值，给学生提供一个分析历史问题的框架。然后，教师在此基础上，将学生的目光从开封移到西安，引导学生运用本节课学到的分析问题方法查阅资料、阐述当时西安的经济状况，以课堂活动的形式结束本节课的教学。

4. **情感升华式总结**

这种情形在日常的课堂教学中使用得比较多。如特级教师郭惠宇老师执教《登高》《蜀相》

---

① 根据宣沫的《雷雨》教学录像整理。

的课堂结束语:"请大家再注目这位伟大的诗人,他有热烈的感情,但不是屈原式的殉情主义者;他有自己的理想,但又不是李白式的幻想主义者。因此他无论遭受多大的困难,承受多大的委屈,他都能够坚韧自持,而不会步屈子后尘,痛苦绝望,投江自杀;也不像李白一样,腾云驾雾,飘飘欲仙。诗人是这样走完他生命的最后一刻……"(播放音画《唐之韵·杜甫》)[1] 此教例中的情感升华形式一般用于文科课程的教学内容,用得最多的是语文,教师运用具有强烈感染力的语言对课文内容进行总结。历史、政治等课程若运用这种形式结尾,重点不在语言的感染力,而是通过学习内容的理解升华对学生产生影响。

三、技能拓展收尾的艺术

教师以对学生进行技能拓展训练来结束课堂教学,重在通过技能训练活动强化对一节课教学内容的掌握。技能训练的目的或者是为了巩固新学的概念原理,或者是为了熟练地掌握某项技能,或者是为了培养学生的科学探究能力。

技能拓展的课堂收尾在中学各科教学中都具有适用性。运用这种教学艺术需要注意以下几点:第一,技能拓展要采取一定的变式,对学生的能力有引导和提升的作用;第二,技能训练点的选择要有针对性,即针对本节课的教学内容进行能力点设计,不能游离本节课的教学内容;第三,训练的难度要适合多数学生的能力水平,使多数学生能在较短的时间内达到训练水平的要求;第四,如果技能训练的任务留给学生课外完成,活动本身要有趣味性。

【典型案例】

案例一:《中国石拱桥》技能拓展收尾艺术

师:请大家参照黑板上的板书思考,写作说明文应该怎样抓特征?怎样写特征?

生:抓特征就是要找出同类事物的共同点,而写特征一般要精选例子来说明,所选例子一要典型,二要全面。

师:很好,下面我们就按照上述方法来操练这种技能。(出示笔)笔,大家都不陌生!你们见过哪些种类的笔?

生:铅笔、钢笔、圆珠笔、毛笔、彩笔、蜡笔……

师:谁能说说笔的共同点。

生:尽管笔的结构千差万别,但不管什么笔有一点是相同的,它们的作用不外两个:一是用来写字;二是用来作图画画。它是写字画图的用具。

师:如果我们要写一篇文章来介绍笔的用途,按照上述分析,少不了选例子来说明。如果选例子应该选哪些例子。

生:钢笔。

---

[1] 万亚平,俞仁风,陶年生. 灵动之美:郭惠宇老师教学艺术初探[M]. 合肥:安徽大学出版社,2005:183.

生：毛笔。

师：为什么？

生：钢笔在硬笔中使用最广泛，最有代表性。毛笔不但是软笔中的一绝，而且和古老的书法艺术有着天然的联系，说笔自然少不了毛笔。

师：好，我们就来讨论钢笔和钢笔书法有哪些具体特点。从形象方面，从使用方法方面，从书写效果方面着眼，发挥大家的创造性，看谁说得准确生动。

生：只有上了墨水，才能写出字来。

生：能写小而好看、笔画整齐的字。

生：墨水吞进肚，什么时候用，什么时候吐，早晚随身带，最易作记录。

生：胸中墨万点，下笔成千言。

生：吃人墨水吐出字，钢的笔尖胶的肚。

师：大家说得很形象、很生动，本节课就练习到这里，课外请大家采用同样的方法写写"毛笔"，然后再写一篇作文，题目就叫"说说中国的笔"吧。[①]

案例二：《七颗钻石》技能拓展收尾艺术

（余映潮老师的《七颗钻石》教学已近尾声）

师：下面大家还要完成一个问题，用一句话来描述一下小姑娘。

生1：小姑娘的心如七颗钻石一样纯洁美丽。

生2：小姑娘的心灵像那股清泉一样清澈。

生3：小姑娘的行为就像大熊星座一样为人们指示方向。

生4：小姑娘的心地可以感动上天，给人们免除疾苦。

生5：小姑娘的品质是纯洁的、善良的。

生6：小姑娘的心灵像钻石那样璀璨；小姑娘的心灵像大熊星座那样熠熠生辉。

生7：小姑娘的品格像梦一般美、一般神奇。

生8：小姑娘的心无比善良。

师：是啊，小姑娘是童话中的人物，就像稻草人、快乐王子一样，那么她是一个什么样的童话形象呢？小结同学们的发言，可以这样说：

（以大屏幕逐句显示，同学们大声地跟读）

小姑娘是一个童话形象。

小姑娘是一个善待别人的人。

小姑娘是一个让上苍感动的人。

小姑娘是一个阳光女孩。

小姑娘是一个有钻石般心灵的姑娘。

---

① 杨邦俊.语文人本教育[M].武汉：湖北人民出版社，2012.

师：好，这次课，让我们沉浸在美好的语文实践活动中，我希望同学们的每一节课都这么快乐。[1]

【教学艺术评析】

知识和能力内化的艺术

案例一中，特级教师杨邦俊老师在教学结束的时候，提出技能训练要求，"写作说明文应该怎样抓特征？怎样写特征？"引导学生在课文中学到方法，并用于后续的训练。通过课堂练习，使技能内化，让技能训练由课内向课外延伸，发展学生的能力。

案例二中，特级教师余映潮老师要求学生用一句话来描述小姑娘，既是对学生的思维拓展训练，又是对学生的技能训练。最后教师通过大屏幕逐句打出总结性语句，在同学们的大声朗读中结束本课的教学，将概括能力的训练与情感的渲染融为一体。

值得一提的是，这两个案例中的技能拓展在重点上有所差异。案例一的重点在于对学生进行技能训练，将课内学到的方法延伸运用到课外，案例二则着重对学生进行思维的训练和情感的熏陶。

【拓展延伸】

教学结束的时候如何选择训练的拓展点？

1. 以问题解决的训练为拓展点

特级教师邵俊峰在《农业的区位因素》的教学中，以问题"是否可以在苏南大规模引种薰衣草？"[2]引导学生分析讨论，运用本节课所学的知识点分析并解决这个问题，得出结论"把江苏的气候特征与薰衣草生长习性进行对比就知道，苏南地区不适合种植薰衣草"。在此基础上，邵老师以问题"那么我们国家哪里适合种植薰衣草呢？是新疆的伊犁。"要求学生课后探讨原因并顺势结束课堂教学，这种以问题解决为导向的训练方式，可以激发学生的探究兴趣，不断提升学生的思维能力。

2. 以思维能力的训练为拓展点

不论学习哪一门学科，培养思维能力都至关重要。课堂教学中的情境设置、情感渲染、问题启发等都最终要通过思维的发展来落实。例如，一位教师在《力的作用是相互的》这一节内容教学结束的时候，以"爆竹为什么会升空？跳高运动员在腾空时对地球有力的作用吗？"等问题结束了课堂教学，教师在课堂收尾的时候不是给教学画上了句号，而是给教学打上了几个问号，给学生留下了思考问题的情境和空间。[3]

上述教例中，教师通过让学生分析具体情境中的问题，对学生进行思维技能的训练，强化

---

[1] 余映潮. 余映潮语文教学设计技法80讲[M]. 广州：广东人民出版社，2014：93.
[2] 根据邵俊峰的《农业的区位因素》教学录像整理。
[3] 根据申洁的《力的作用是相互的》教学录像整理。

对本节课教学内容的掌握，明确、简洁、具有较强的可操作性，同时也有较大的趣味性。由于问题的情境性比较强，一般情况下学生会主动去完成这个任务。

3. 以活动探究的过程为拓展点

在理科课程的学习中，探究能力的培养具有特别重要的地位。探究能力的培养需要教师不断地通过精心的教学设计在课堂上进行，还要以问题的形式留给学生课后完成。例如在《体验科学探究》这一内容的教学中，教师通过让学生"改变圆锥摆幅度，摆长不变"这一条件对圆锥摆进行测量，观察测量的结果，最后教师并没有让学生针对测量的结果进行分析，而是在前面讨论的基础上，引导学生展开探究，学生对这种情况下得出的测量结果自然会追问为什么，从而通过具体的测量活动探究出事物的结果。

4. 以态度情感的体验为拓展点

特级教师王君在教《岳阳楼记》时，引导学生对文本进行深入解读，激发学生因文生情："是啊，同学们，我们在抗震救灾的这个时候来学习《岳阳楼记》，大家的感受应该更深。在民族的大灾难面前，不是'微斯人，吾谁与归'，而是大灾有大爱，大灾出英雄，中华民族空前团结，无数人都做到了先天下之忧而忧。同学们，这样的生活，这样的文字，但愿能够给大家的心中增添更多的浩然之气。希望同学们都成长为顶天立地的'大人'，有大胸怀，大眼光，大气魄，大追求。"[1]教师在这节课结束时，以自己的强烈情感体验感染学生，从而让学生对文本产生更深入的理解。

四、激情性语言收尾的艺术

课堂结束时，教师以饱含激情的语言对教学内容进行总结，起到对学生情绪感染、思维点拨的作用。教学激情语言的表现有两种形式，一种形式是教师自身对教学内容、课堂情境从心灵深处产生的饱满情绪，另一种形式是对学生的激情性鼓励的语言。

激情性语言的课堂收尾多适用于文科课程的教学。在课堂教学结束的时候，情感与理性相互交融，以优美、豪壮或智慧的语言结束本节课的教学活动。激情性的语言收尾要求教师有较高的教学语言修养，而教学语言修养需要通过长时间的自我修炼。

【典型案例】

案例一：《民主决策作出最佳选择》激情性语言收尾艺术

师：下面，我们进行最后一个环节，就是践行"我为教育改革献计"。因为刚才很多同学没有时间来践行（放映PPT），那么，我们就请同学们进行最后一个环节，把我们刚才的建议付诸行动，我们把建议打在"我有问题问总理"，直接通过网络平台，让总理听到我们中学生的心声和呼声。（放映PPT）

---

[1] 根据王君.咬文嚼字，从"大美"中悟大爱——《岳阳楼记》课堂教学录像整理。

同学们，让我们沐浴着"两会"的春风，感受现代民主精神和民主制度的力量，共历决策过程，共享决策成果，为我们国家的教育改革发展作出我们中学生应有的贡献。好，今天这节课我们就上到这儿。①

案例二：《岳阳楼记》激情性语言收尾艺术

我满怀激情地说："千百年来，无数的仁人志士深情地回应着范仲淹'吾谁与归'的呼唤，为中华的历史写下了壮丽的篇章，来，让我们听听历史的回音！"

我们的朗诵课，是在二十句和"先天下之忧而忧，后天下之乐而乐"的主题相似的名句朗诵中结束的。我领诵，孩子们齐诵。从孟子的"乐以天下，忧以天下"到文天祥的"人生自古谁无死，留取丹心照汗青"，从谭嗣同的"我自横刀向天笑，去留肝胆两昆仑"到鲁迅的"寄意寒星荃不察，我以我血荐轩辕"，我们感动成山，我们激昂成河。

第二十句，最后一句了。

我高声领诵："毛泽东说！"

孩子们情在弦上，蓄势而发：

"为有牺牲多壮志，敢教日月换新天！"

"天"字落地，我没有给孩子们休息的机会，紧接着高声诵道：

"我们说！"

孩子们愣了片刻，因为这是朗诵材料上没有的。

音乐依旧奏响，一弦一柱真真切切。

我一字一顿："孩子们，认真想想吧……"

每一双眼睛中都像要喷火，每一个孩子的表情都无比庄重。

《赤壁怀古》依旧回响，一如洪钟大吕。

这时，下课铃声响起……②

【教学艺术评析】

让教学在激情的语言中升华

案例一中，特级教师叶霜老师结合本课的教学内容，运用激励性语言，让学生参与到民主决策实践中，既有利于对学习内容的掌握巩固，也能增强学生作为公民的责任感，收到了较好的政治课教学效果。

案例二中，特级教师王君老师采用了师生互读互诵的教学方式，以内容为凭借，引导学生展开想象，并且把这种想象以语言的形式表现出来，教师通过师生的互读互诵引导学生理解教

---

① 根据叶霜的《民主决策作出最佳选择》课堂教学录像整理。
② 根据王君.绝唱——记《岳阳楼记》美文诵读课录像整理。

学内容,并在理解内容的基础上升华感情,"每一双眼睛中都像要喷火,每一个孩子的表情都无比庄重"。教育的魅力在教学语言中表现得淋漓尽致。

这两个案例的共同点是教师通过师生对话巧妙地把教学内容、师生情感、语言表达艺术结合起来,在特定的课堂情境中展现教学语言的独特魅力。

【拓展延伸】

教学结尾时如何以语言升华教学内容?

1. **巧用修辞,对教学内容进行归纳总结**

课堂教学结束的时候,教师对教学内容进行系统的整理,运用语言修辞的方法表达核心内容,引起学生的认知注意,从而加深对学习内容的印象。例如,运用比喻、拟人等方法将抽象的概念、原理进行形象化的表达。

2. **联想想象,对教学内容进行拓展延伸**

联想是由此一事物想到彼一事物。事物之间有某种联系,这种联系可以是内在的,也可以是外在的,可以是相似的,也可以是相反的,如由针想到线,由地想到天,由大海想到高山。想象是借助语言文字、图像或情境在头脑中生成新的物象,想象是一种创造。教师运用联想和想象的手法对教学内容进行重新整理,常常会产生良好的教学效果。例如,在教《安塞腰鼓》时,可以通过引导学生对"'安塞腰鼓'是'易碎的玻璃'"的语言分析,说明写景物要抓住景物的特征,让学生课后去观察生活中类似景色的特点,从类似景物的特点对课文内容进行深度加工,并把这种感受写出来,这样就把联想、想象和阅读、写作教学结合起来。

3. **对话互动,以语言沟通深化内容理解**

对话的目的有三个,一是情感的交流,二是思维的启发,三是思想的融合或冲突。对话要基于学生的心灵,将教学内容纳入学生的心灵中,对话才在真正意义上产生,不然就是简单的"你问我答"。对话的结果是要产生智慧,智慧的产生需要对话者是智慧的。优秀的教师常常在课堂教学收尾的时候精心设计教学内容,通过师生互动,将教师的机智、学生的智慧在语言交流中表现出来,从而更全面地对文本进行解读。

4. **语言独白,从文本内容自身进行理性升华**

独白是心灵或思想的自我言说,教师在课堂上的独白为学生的情感和思维提供了一个存在的空间,在这个空间中,教师的独白性语言是课堂氛围的聚焦点。教师在独白时,他的语言是安静的,但他的情感是热烈的,思想是深沉的;教师独白时,学生心灵的目光会聚集在他的身上,这时,教学已经成为一种不教之教。教学独白既需要有语言的智慧又需要有思想的智慧。

五、学生活动收尾的艺术

课堂结束时教师以组织学生活动的形式来完成一节课的教学任务，旨在让学生运用本节课所学到的知识、技能去独立或合作进行某项活动。以学生活动收尾的教学艺术需要教师巧妙地设计活动，活动本身是课堂教学的延伸，活动的形式要以发现探究为主，活动的主体主要是学生，活动的目的主要是为了增强学生的感受和体验。

以学生活动收尾的课堂教学艺术具有较大的适用性，不论是文科还是理科的教学都可以运用这种教学方法。

【典型案例】

案例一：《你的判断正确吗？》活动收尾艺术

师：举了一个反例就推翻了费马的结论，所以举反例也是数学学习的重要方法，有时候仅仅通过有限的计算不能验证一个结论。对吧！所以举反例很重要也很关键，举出反例是检验错误结论的有效方法，本课即将进入尾声，请大家说说你的收获。

生：我是一个现实的人，我的第一个感悟是，大数学家也是人，他也有算错的时候。第二个感悟是，眼见不能为实。

师：哦，我知道了，有时候要通过计算来验证，有时候要通过操作来验证，有时候计算也不可靠，还要举反例。

生：还有第三个就是，梦真的可以成为现实。

师：梦真的可以成为现实，习总主席说我们需要中国梦，我相信你的梦想一定会实现，只要心中有梦想。还有哪位？

生：我觉得数学是严谨的，不能因为一个答案而推翻所有可能。

师：嗯，蛮好的，还有哪位同学要说？

生：验证正确的路有很多条，当我们用肉眼来观察、判断一个事物的时候，也要通过猜想、操作和实验来验证我们的猜想是正确的还是错误的。

师：很好。那么，同学们，这个观察、猜想、操作实验、计算、举反例都是我们学习数学的有效方法。现在我们还学了一种很重要的方法，是什么？通过观察，猜想，我们还要证明。（PPT展示）作业：上网了解数学史——中国数学家陈景润和哥德巴赫猜想，能够解决哥德巴赫猜想的人就在我们同学中间，好了，谢谢各位，下课！[①]

案例二：《愚公移山》活动收尾艺术

师：中国人都这么聪明，为什么会对这样一个疯狂的，一个愚老人，这样津津乐道呢？会对这个故事千年传诵呢？思考一分钟，好不好？把你的观点酝酿得成熟一点。

---

① 根据章晓东的《你的判断正确吗？》教学录像整理。

你也许可以结合我们发下来的讲义上的材料。它的背后肯定隐藏着中国人非常喜欢的，或者我们非常熟悉的一种密码——文化的密码。你可不可以跳出来阐释一下，到底有哪些理由？

……

师：非常好，我们一直到现在还在强调集体主义，对吧？团队精神。最后那位同学，你还有什么意见要发表？

生：我觉得这篇文章里，愚公是个老人，是最重要的。

师：这怎么讲？为什么说他是老人，就最重要？

生：因为他"年且九十"，比较老呀，中国有道德的人，都是老人。老子，孔子……

（众笑）

师：胡子一大把。

生：所以他的语言，说出来的话，比较有权威性。

师：他一说话，子孙中有没有人表示反对意见的？还是都同意了？

生：在材料五里面还提到，中国是"老人崇拜"的，连武侠小说中的顶尖高手，都是老年人。老人都去移这两座山，更有教育意义，因为人家都知道，人老了，力气也没有了，连小孩都不如的。所以他用老人，在人（一生中）最弱的时期去移山，可以显出他志向的远大。

师：请坐。根据这位同学的说法，愚公移山下面可以加个破折号，一个副标题，"愚公移山——一个老人的梦想"。这也正是刚才那个外教所提出的一点疑问——为什么他不在年轻的时候就开始这项事业呢？（示意）好像那位女生还有意见要发表，是吗？

生：我认为，愚公移山给我最大的感悟，就是某种精神，在内心里面的依托。就像鲁迅在《希望》里面曾有这么一段话，他说，"在我老的时候，回忆起以前的往事，那苍白的颜色，就像内心里把生活孤立起来……"那个时候，大家也都知道，鲁迅的主张并不是得到很多人的赞同。或许这里的愚公是得到他众多子孙的赞同，因此才会有后面把上天感动，这同样也是心灵的一种寄托，因为他相信上天在帮助他。所以这种心灵寄托，就让他的梦想会实现。这更让我想到，三毛在她丈夫刚刚去世的时候，心里是非常孤寂的，但她始终相信有一个美好愿望，有一天，在天空里会看到她丈夫的影子。所以说，她选择活了下去。

（众鼓掌）

师：说得太好了。好，我们就以这位女同学的发言，作为我们这节课的一个结束，不要忘记鲁迅说的那句话，希望之为虚妄，正与绝望相同。愚公这个话题，还可以继续引发我们的思考和讨论，大家课后，再花点时间去想一想，好吗？①

---

① 郭初阳.《愚公移山》课堂实录[J].教学之友，2005（3）.

【教学艺术评析】

让学生在言说活动中拓展思维

案例一中，特级教师章晓东老师以"本课即将进入尾声，请大家说说你的收获"引出学生的思考和讨论。这一教学设计给学生留下了一个比较开阔的思维空间，学生们可以把在课堂上的收获、疑惑、补充性想法说出来。学生的这些收获、疑惑、补充性想法可能是对课堂教学内容的总结，也可能会生成更多的问题，引出更多的思考，从而产生出创造性思维的种子。

案例二中，特级教师郭初阳老师在之前学习和讨论《愚公移山》文本内容的基础上，引导学生思考文本后面所隐藏的"文化密码"，这对于初中学生来说是一个有挑战性的问题，也是一个可以激发创造性思维的问题。在这个问题的启发下，学生们以自己独特的感受给出了自己的理解："移山虽然的确是非常傻，但是它具有可取的地方。""因为我们是他的后代，所以我们就喜欢他所讲的故事，我们就服从他。""他以他的真诚感动了上天，追求真诚也是做人的原则，他以他的原则去实现自己的梦想，追求自己的理想。""这篇文章有一点和中国的传统分不开。""愚公的成功始于他的团结。""愚公是个老人，是最重要的。""有权威。""愚公移山给我最大的感想，就是某种精神，在内心里面的依托。"这些精彩的观点是学生阅读后产生的思维火花，加上教师恰到好处的点拨，使课堂生发出艺术的魅力。

这两个案例，从教学内容上看，一文一理，相差很大，但教师所采用的教学方法都是一样的，即在主要教学任务完成之后，让学生自由地讨论和言说，学生通过讨论和言说深化自己对教学内容的理解，形成了积极的课堂体验。

【拓展延伸】

教学结束的时候常用哪些活动形式？

1. 对话性活动

课堂教学结束时的对话活动一般有两种情形：一种是总结性对话活动，一种是探索性对话活动。总结性对话即让学生在教学将要结束的时候说说自己的课堂收获，如案例一。探索性对话即教师通过抛出问题，引导学生从新的角度反思前面的教学内容，对学生进行创造性思维训练。李镇西老师在教《给女儿的信》一课时，以自己与苏霍姆林斯基女儿见面为话题对教学内容进行拓展，将教学内容从苏霍姆林斯基的文章本身带入教师自己的现实生活经历，通过真情的讲述感染学生，引起学生的思考，最后在教师的真情感染下，课堂以热烈的掌声结束。①

2. 交往性活动

交往性活动即师生在理解教学内容的基础上进行一些情境性活动，使学生得到某种独特体验。例如，袁卫星老师在一节课快要结束的时候，让学生找出文章中最感人的句子，经过阅读讨论后，一个学生找出了三句话："努力吧，祝你幸福，谢谢。""努力吧。祝你幸福。谢谢。""好

---

① 根据李镇西的《给女儿的信》教学录像整理。

人一生平安。"这三句话在文章中很有感染力,教师在学生回答问题的基础上借势以歌曲《好人一生平安》把学生带入真实的情感世界,课堂活动在师生同唱的歌声中结束。①

3. 创造性活动

创造性活动即让学生以完成作业的形式深化对教学内容的理解,例如,教师要求学生用"童心,不是＿＿＿＿,而是＿＿＿＿"造句,教师鼓励学生去表达自己内心真实的世界,把自己心中的愿望说出来,这样的课堂不但让学生有话说,还让学生生出想象的翅膀,把语文学习活动与自己对生活的理解感受结合起来,充分说明回到生活的语文才是最真实的语文。

六、问题式收尾的艺术

教学任务完成之后,教师不是以结论的形式结束本节课的教学,而是以问题的形式留给学生一个探究的空间。让学生带着问题走出课堂,促使学生学会思考。以问题收尾的课堂教学艺术需要教师对问题进行巧妙的设计:首先问题的内容需要与本节课的教学内容有较密切的关系;其次问题的解决需要学生付出一定的努力,即问题要落在学生思维的最近发展区,问题要能让学生产生探究的愿望。

在课堂结尾的时候为这节课画一个完美的句号是一种教学的艺术,同样在课堂结尾的时候将一个问号留给学生也是一种教学的艺术。以问题收尾的课堂留给学生的是广阔自由的活动空间,这个空间可以是充满乐趣的活动,可以是绞尽脑汁的深层思维,也可以是对未知领域的探索。总之,这个问号把学生从教师预设的既定的世界带入未知的开放的世界。

【典型案例】

案例一:《小麻雀》问题收尾艺术

师:记叙文要求结构完整,可作者最后没写明麻雀怎样了,这样的结构完整吗?你们的看法呢?

(学生讨论小麻雀是死了还是活了)

……

师:看,这就是文本的张力!看来作者这样处理非但结构完整,而且还有一种诱发思考的魅力。

师:现在有个任务,想请你们为本文写一续编,谁愿完成这个任务?

生:过了一个月,在我的精心照料下,小麻雀终于康复了……(在三分钟的口头作文中,学生说道,小麻雀飞上了蓝天,飞向了森林,它决心靠自己的力量活下去)

生:小麻雀还是死了,我难过地将它埋在了后院里,在它的坟头种一棵树……(学生说道,以后每逢这一天,"我"都要到后院看看这棵树,勉励自己勇敢地面对生活)

---

① 袁卫星.听袁卫星老师讲课[M].上海:华东师范大学出版社,2006:8.

师：今天回家，请大家将自己的续编写在练习本上。好，现在下课。①

案例二：《因式分解》问题收尾艺术

师：今天的作业，第一题，请同学们想一想这幅图，它是长方形和正方形拼成的一个大的正方形，这幅图可以表示的数学关系式有几个？对每一个式子进行研究，它是怎么变形的？

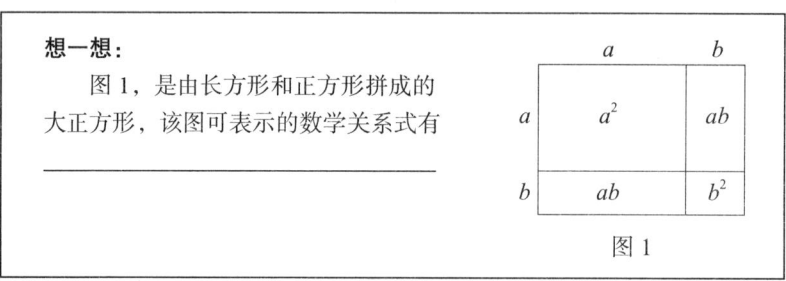

第二道题，给同学们一张长方形的纸，请把这张纸剪成面积是 $84\,cm^2$、长比宽多 $5\,cm$ 的长方形纸片，同学们想一想，拿到一张纸能不能马上就剪？首先应该做什么？

生：（齐）不能。

师：首先必须怎么样？

生：（齐）解出方程。

师：实际上这算是一个什么问题？

生：（齐）数学问题。

师：而且是数学当中方程的问题。同学们尝试一下，看看你能得出什么的方程，这个方程你有没有能力求解出来。我们下节课继续交流。②

【教学艺术评析】

巧设问题引发学生探究的愿望

案例一中，特级教师胡明道老师根据单元要求设计出有一定难度的问题，引导学生讨论，目的是培养学生创造性思考的能力。教学过程中把阅读和写作结合起来进行教学的方法被许多教师采用，但如何将二者结合得恰到好处却是需要精心设计的。本案例中教师在引导学生充分解读原文的基础上，结合写作练习的提问，既可检测对原文的理解程度，又可拓展学生的思路。

案例二中，特级教师李庾南老师以作业的形式提出这节课结束后需要学生解决的问题，让学生运用方程的方法解决这两个问题。由此可见，课堂不只是传授概念、解决问题的地方，还是联系实际发现和解决问题的地方。

---

① 胡明道．胡明道讲语文［M］．北京：语文出版社，2007：162．
② 根据李庾南的《因式分解》教学录像整理。

【拓展延伸】

如何在课堂教学结束的时候设计精彩的问题？

1. 质疑探究式提问

质疑探究式提问一般需要教师设置情景，情景的设置要能让学生产生疑惑，或让学生产生与常识不一致的认知冲突。课堂中的情景设置较多用于教学开始的时候，而在教学快要结束的时候使用得较少。但在教学结束的时候设置情景，能使学生把课堂中的探究延伸到课堂之外。例如，一位物理教师在教学快要结束的时候播放了一段火箭升空的视频，由"火箭升空的时候要燃烧什么？"这一问题开始，引出本节课讨论的中心问题"力的相互作用"，进而总结这节课提到的"游泳、划船、火箭、直升机"等例子，归纳力的相互作用的条件——同时发生、方向相反、两个物体，在此基础上布置作业："回去再思考这两个问题，爆竹为什么能升空，跳高运动员在腾空时对地球有力的作用吗？"此教例中，教师通过"火箭升空"视频提出问题，让学生认识到这是力的相互作用原理在科学技术上的运用；然后通过学生的回答对力的相互作用的特点进行总结，即同时发生，方向相反，两个物体；最后教师让学生回家继续思考生活中发生的力的相互作用现象。这节课上，在课堂活动快要结束的时候，教师引导学生运用之前学到的理论对生活中发生的日常现象进行探究，扩大了教学的容量，增强了知识的应用性。

2. 发现求证式提问

发现求证式提问可以是一个问题，也可以是一串问题。一个问题引起的常常是某种活动，一串问题引起的常常是某种思考。在文科课程的教学过程中，如果留给学生的是一串问题，这一串问题应该是在对教学文本进行分析理解的基础上生成的。对这一串问题需要学生求证解决，教师只是提出问题，并不给出答案，也不需要给出寻找答案的线索，由学生自己去求证解决。一串问题可以分为某种层次或维度，例如语文阅读教学可以分为内容和写法两个维度。在理科课程的教学中，问题要能够引起学生的探究活动。总之，在课堂结尾时进行求证式提问对学生的能力发展具有积极的作用。

3. 比较激发式提问

课堂教学中的比较提问能够激发学生思考，引起学生探究活动。例如，钱梦龙老师在《谈骨气》的课文阅读教学结束后，出示两段阅读材料让学生质疑讨论：阅读下面两段观点截然相反的文章，然后就"中国人的骨气"问题谈谈你的看法；字数不限，形式不拘；完成作业前，可以从网上或到图书馆查找有关的资料（如媒体对第二十七届奥运会的报道、报纸社论等），使议论像这篇《谈骨气》一样，有具体的事实作支撑，尽可能做到有理有据。[①]

阅读材料是在课文内容的教学完成之后发给学生的，钱老师要求学生运用从课文中学到的分析事物的方法对这两段文字所持的不同观点进行比较分析。由于是在课快要结束的时候，教师并没有让学生完成书面作业，而是让学生进行口头交流。教师这样处理教学内容有其好处：一是课快要结束了，学生没有足够的时间完成书面作业，如果让学生回家完成这个作业，就达

---

① 钱梦龙. 导读的艺术［M］. 北京：人民教育出版社，1995.

不到在课堂上对学生进行思维训练的目的；二是由于学生已经学完了课文，对课文的内容和分析问题的方法都有所了解，多数学生拿到这两段材料知道怎么处理，让学生在课堂上说更能反映他们对语言材料的理解程度和他们的语言表达能力。语言内容的理解、表达和思维训练在这一教学环节实现了恰到好处的统一。

知识链接

怎样科学地理解"同课异构"？

1. "异"与"同"的辩证关系

"同课异构"是教学研究的一种常见形式。"同课异构"不仅仅表现在教学的组织形式上，它还有背后的学理依据。课堂实践中人们对"同课异构"的理解重在对"异"的追求上，对"同"却常有忽视，教师总是试图通过教学的"异"彰显课堂的"特色"。课堂"同课异构"活动中，在追求"异"的同时怎样看待"同"的地位和价值？"异"与"同"是怎样的关系？"同课异构"是重在"异"，还是重在"同"？若重在"异"，对"异"的程度有没有一个限定的范围？若重在"同"，又如何实现课堂教学艺术的独创性？"异"与"同"分别何所指？二者是一种怎样的关系？这些问题是研究"同课异构"时必须明确的。

先说"异"。"异构"的"异"是就教学设计和课堂实施而言的，"异构"即不同的教学设计和不同的课堂实施。具体地说，"异"就是要表现出内容选择和组织的独特性、教学风格的多样性、教学艺术的创造性，"异"追求的是课堂特色和教学个性。但是在具体的"同课异构"实践中，人们求异、求新却并不重视"求同"，执教者为了"异构"而使出各种招数，评课者也将考量的重点放在"异"字上。"异"关注的是教学方法和教学风格的差异性，重在"特色"和"个性"，那么在追求"特色"和"个性"的时候，有没有一个"度"的限制？即"异"的范围应该如何限定？这就需要一个标准，这个标准就是"异"的度，超越了这个度，"异构"就失去了它的教学价值。"异"和"同"的关系，本质上是一种个性和共性的关系，"同课异构"需要在"异"中寻求教学的个性存在，在"同"中实现教学的共性存在；"异"体现的是教学的不确定性，"同"体现的是教学的确定性；教学的不确定性是统一在教学的确定性之中的，"异构"设计的"异"也必须统一于"同课"的"同"中，"同"是教学的共性、规范和规律。

问题是人们对"同"的理解，要么失之于感性的具体，即简单地从内容的角度理解"同"；要么失之于理性的抽象，即模糊不确切的概念。科学层面的教学需要有心理学的依据作指导，需要遵循严格的知识分类标准，即课堂的教学内容要通过严格的知识分类标准的检验，通过严格的知识分类标准使教学的"异构"设计"异"的有理、"异"的有据、"异"的有度。

2. "同课异构"的五步设计法

如何进行科学的同课异构设计？这里从知识分类学的角度对此进行了分析，以求使"同课异构"这种教学研究形式更科学，更好地发挥其对课堂的引导作用。

有了科学的知识分类标准的依据，教学的"异构"也就有据可依了。课堂教学的异构主要有如下几种形式：目标确定的"异构"、内容选择和组织的"异构"、方法运用的"异构"、教学风格的"异构"。这几种"异构"中，"方法运用"和"教学风格"在实际的教学过程中被关注得较多，这里只从目标确定、内容选择和组织（教学过程）的角度对同课异构的设计步骤进行说明。

按照安德森修订的目标分类理论，知识可以分为事实性知识、概念性知识、程序性知识和反省认知知识，教师在确定课堂教学目标时，可以根据教学实际的需要将具体的学科内容纳入这四个知识分类标准之中，从而确定本次教学的主要目标是进行哪一类知识的教学，以及要求学生达到掌握这类知识的哪一级水平。这样一篇课文的教学设计，可分为如下几个步骤。

第一步，明确四类不同的知识类别，即事实性知识、概念性知识、程序性知识和反省认知知识，并了解这四类知识之间的意义区分。

第二步，分解具体的学科内容，将具体的学科内容按照这一标准进行分类，并将其置于某一个或两个及以上的类别之中。

第三步，确定某一知识类别所属的认知维度层级。

第四步，根据确定好的目标（事实性知识、概念性知识、程序性知识和反省认知知识），选择合适的教学切入点（视不同教师、不同学生、不同课文而定）。

第五步，教学结束之后要求学生对照标准进行自我评估（教师事先要制定一个评估标准，并且让学生了解这个评估标准）。

上述教学步骤中，第一步是关键，也是一般教师在教学设计过程中容易忽视的一步。教师在这一步要确定知识类别，即一篇课文作为哪类知识要求学生掌握。知识类别确定了，课堂就有了明确的方向，在后来的教学设计中，教师就不会因为具体学科内容的琐细零散而偏离预先确定的目标，教师明确自己所要教的知识类别，学生知道所要学的知识类别。这样课堂教学的确定性就会增强，而确定性的增强意味着教学设计的科学性也增强了。

当然，在实际的教学过程中，一节课常常不只要完成一个知识类别的教学任务，教师可能还要在一节课完成两个或两个以上知识类别的教学任务，这依然不影响按照知识分类标准进行教学设计。

第六章　教学内容安排的艺术

教学内容安排即教师对教学内容的分类、选择和组织。一节课的教学中，内容的选择和安排是为教学目标服务的，教学内容应该服务于教学目标，教学目标是教学内容安排的指南。但针对教学目标如何选择和安排教学内容，不同的教师会有不同的方式。有的教师习惯于从整体入手对教学内容进行统整，有的教师习惯于根据教学目标和学生的需要对教学内容进行取舍，还有的教师喜欢在学习教材规定的教学内容之外进行适当的旁逸等。不同的教学内容安排方式体现出不同的教学艺术风格。

本章将教学内容安排的艺术分为五种：
- 统整的艺术
- 取舍的艺术
- 旁逸的艺术
- 悬置的艺术
- 过渡的艺术

一、统整的艺术

教学内容统整是指教师在教学过程中将相关的知识经验进行整合组织，使教学内容的知识与经验以有意义的方式紧密地连接为一个整体，以达到预期的教学效果。教学内容统整体现了教师个人对课程的理解和教学组织的艺术，教师个人的社会生活体验、学术背景、课程观念、学生观等因素都会对教学内容的统整产生影响。

教学内容统整就是全面协调教学活动中的各种因素，使课堂教学成为一个有机整体。课堂教学的具体过程是分阶段、分步骤的，如果这些阶段、步骤处理得不好，课堂教学会显得零散，缺少整体性。教学统整是处理教学过程的一种艺术，这种艺术或以思路为一根红线贯穿课堂始终，或以活动为连贯使课堂浑然一体，或以教学内容为整体使课堂活动紧凑集中。

【典型案例】

案例一：《夏天也是好天气》内容统整艺术

（余映潮老师《夏天也是好天气》教学方案）

方案一：

  告诉大家——读妙文 提醒自己——寻雅词

  评说课文——品奇字 表现生活——学美句

方案二：

  对夏天说话——理解 对自己说话——积累

  对课文说话——评析 对大家说话——创造

方案三：

  朗读，说理解的话 选读，说积累的话

  品读，说发现的话 演读，说创造的话[①]

案例二：《人生境界》内容统整艺术

（魏书生老师《人生境界》内容安排）

一、营造氛围，轻松导入

二、明确目标，落实任务

师：我说，你写。（1）作者。（2）三个词。（3）几种境界，怎样达到。

三、阅读课文，实现目标

1. 了解作者冯友兰

2. 研读三个词

师：三个词，觉解，入世，出世。请一个同学来写这三个词。这三个词教材里都有解释。打开课本，找到这三个词，迅速记下解释，45秒钟。预备——开始。找到了吗？（找到了）读一遍。好，记住。还有十秒。停，把课本合上。把这三个词的解释背出来。

（师生讨论）

3. 研读四个境界

师：多聪明啊！再说一遍。好。接下来该干什么？不看书，课文里讲了几种境界？

生：四种。

师：怎么知道的？

生：刚才看到的。

师：哦，还不错啊。哲学的根本任务是什么？

生：提高人的心灵境界。

师：正确。开篇就这么说的。自然境界，功利境界，道德境界，天地境界。什么叫

[①] 余映潮.语文教学设计技法80讲[M].广州：广东人民出版社，2014：6.

自然境界？自然境界如何创造？大家打开课本齐读这一部分。

……

师：怎样到达道德境界呢？

（生读出来）

师：找关键词。（生读出来）

师：怎样到达天地境界呢？（生齐声读）

师：请一个同学上黑板写四种境界。

（生写）

师：回去后，家长问你怎样到达道德境界，怎样回答？读出来。

（生读道德境界一段）

师：咱们班有没有到达道德境界的？

（某男生指着某女生回答）

师：你为什么认为她到达了道德境界？

生：她好。

师：哦，反正她什么事都为他人、集体、社会着想。相信咱们班每个同学都在某个时候达到过道德境界，每个人在自己脑子里不同程度地会有这些想法。比如念书，为什么念呢？别人要念我也念？爸妈让我念我就念？也有为了自己将来的命运、为自己的将来想的吧？这就是功利境界了。功利境界比自然境界高一点，有目的了。有没有为他人、为社会的想法？

生：有。

师：请举手。

师：咱们这个年龄有时明白有时糊涂，糊涂时不知为什么读书，明白时想到读书是为报答父母、老师、社会、国家，越明白越有干劲了，是不是这样？

生：是。

四、练习巩固，内容拓展

师：这四种境界讲完了。拿出笔记本。写什么呢？作者，身份，三个词，几种境界，怎样达到。大家再复述一遍。猜一猜用几分钟可以写完，五分钟，好，各就各位，预备——开始。

……①

【教学艺术评析】

巧妙整合形成课堂结构的整体美

案例一中，特级教师余映潮老师对同一篇课文安排了三种内容组织方式。方案一以活动来统整教学内容，将文本阅读、字词欣赏、语言表达纳入学生的课堂活动中，让学生在轻松的课堂

---

① 根据魏书生的《人生境界》教学录像整理。

活动中积累语文知识、形成语文能力；方案二从课型出发来统整教学内容，突出的是学生的表达能力培养，通过学生的口头表达实现理解文章、评析词句、积累语言、创造运用的目的；方案三既强调了学生的活动，又暗含着课型的特点，把读与说密切地结合起来。从课程内容安排的角度来看，这三个方案都安排了四个步骤，反映了教师对教学内容的统整能力。

案例二中，特级教师魏书生老师把一篇高中语文教材第五册上的课文拿给初二年级的学生来学，学生对文章本身的理解会有一定难度。然而魏老师通过对教学内容的巧妙安排，学生在一节课的时间内基本上掌握了这篇课文的核心内容。在营造出一种轻松的课堂氛围之后，魏老师将教学内容统整为一句话，"（1）作者。（2）三个词。（3）几种境界，怎样达到"。然后引导学生阅读课文，完成这三个内容的学习任务。教学过程中，教师首先带领学生了解作者，然后是紧扣"三个词""几个境界""怎样达到"，一步一步从容地完成任务。学生在课堂上学习得不紧张，且能抓住要点。最后是练习巩固，课堂结束，水到渠成。

这两个案例的共同点是教师对教学内容的巧妙整合，形成课堂结构的整体美。

【拓展延伸】

教学内容的统整有哪些形式？

1. 以课型统整教学内容

课堂教学可以由细节到整体，也可以由整体到细节。前者主要是以文本细节统整教学内容，后者主要是从内容整体感知入手统整教学。从细节入手，主要通过对细节描写的分析理解文章的情感，再以文章的情感统整全部教学内容，形成课堂教学的整体性。如于漪老师第一次教学生学习《春》这篇散文时，着力于细，让学生体会用词的准确、生动，培养学生的想象能力。学生十分喜爱，两节课教下来，学生已能背诵；兼带教"百花争艳""繁花似锦""芬芳馥郁""大地回春""万象更新""红杏枝头春意闹"等词句；比较"叉、卖""胀、涨"等字形。于漪老师第二次教《春》时，改变了以细节入手的教学方法，重点放在朗读训练上，对内容只作了粗线条的分析，学生读得比较流畅，但在写作上反映的效果反而不及前次。第一次抓住细节细绘的特点引导学生仔细品味，学生在习作上明显地提升了，写景不是大而化之，而是注意细致地观察，下笔更为具体、生动。

2. 以单元统整教学内容

于漪老师第三次教学《春》时，又作了较大的改动。一是加强了单元教学，把《春》《海滨仲夏夜》《香山红叶》和《济南的冬天》结合起来考虑，除抓住特点、比较异同外，对引入课文也重新作了设计。设计是这样的："法国雕刻家罗丹曾这样说，美是到处都有的，对于我们的眼睛，不是缺少美，而是缺少发现。我们生活在大自然之中，大自然的美可以说是无处不在。它不同于巧夺天工的工艺美，也不同于绕梁三日的音乐美。然而，它似乎是各种美的组合。尤其是我们祖国壮丽的山河，真是美得令人陶醉，在春、夏、秋、冬不同的季节，不同的地方，展现出不同的美姿。现在我们要学习的就是一组描写四季景物特征的情文并茂的散文。通过反复诵读、咀嚼推敲,来领会它们精彩的写法和表现的情境美。"二是加强思维与语言的训练,教师先给学生做示范,分析作者对春草的描绘,明确写了些什么,从哪些角度描绘的,哪些词用得特别精当,描绘时主要运用了哪些方法。然后帮助学生自读课文,有条理地进行分析。学生把理解、口述、朗读结合起来,学习的效果比较好。

3. 以师生活动统整教学内容

教师在教学设计时找到活动主线,通过这根主线把课堂教学中的各种活动串起来,形成课堂教学的整体性。如一位教师在进行数学课《映射》这一内容教学时,设计了这样的教学活动结构:创设情境—建构映射概念—探究讨论—建构映射概念。①

4. 以思维过程统整教学内容

以思维过程为主线贯穿课堂,统整课堂教学内容是一种常见的教学设计手段。例如《比例线段》教学中,可以将教学内容安排为五个环节:第一,创设情境,引入新课;第二,合作交流,探究新知;第三,探索比例的基本性质;第四,讲解例题与练习;第五,课堂小结,总结反思。这五个环节构成教学设计的整体思路。

5. 以问题解决统整教学内容

以问题解决统整教学内容,需要教师在教学设计时有明确的教学目标,将教学目标细化为若干个问题,这些问题有内在的联系,并且都指向教学目标。这样,通过各个问题的解决实现对课堂教学内容的统整。例如,数学《正弦函数、余弦函数的图像》的教学中,可以设计四个问题引导学生在课堂上探究解决。

首先,教师提出问题:"从形的方面研究正弦函数、余弦函数。"并在此基础上将课堂分成以下四个环节,引导课堂教学展开。

探究问题1:教师提出问题1,如何画正弦函数的图像?—学生探究、展示、评价结果—引导"正弦线"作图—教师演示"正弦线"作图过程—小结两种作图方法。

探究问题2:教师提出问题2,哪些点在确定正弦函数的形状时起关键作用?—学生思考,指出五个关键点—教师点明方法"五点作图法"。

探究问题3:教师提出问题3,如何得到整个定义域上的正弦图像?—学生思考,说明图像平移的方法—教师总结,命名正弦曲线。

探究问题4:教师提出问题4,画余弦函数图像—学生探索,展示学生探究结果—学生比较正弦曲线和余弦曲线。

课堂总结:教师总结精确作图的方法。②

6. 以训练为目的统整教学内容

明确训练目标,以训练目标统整教学内容。如特级教师钱梦龙老师的《岳阳楼记》"自读"课型的教学内容安排。首先是导入新课,教师提供《宋史》里范仲淹的传记,指定语文学习好的

---

① 涂荣豹,宁连华,徐伯华.中学数学教学案例研究[M].北京:北京师范大学出版社,2011:50.
② 涂荣豹,宁连华,徐伯华.中学数学教学案例研究[M].北京:北京师范大学出版社,2011:150.

学生进行讲读,然后让学生思考两个问题:① 范仲淹少年时为什么发愤苦读? ② 范仲淹论政时奋不顾身,力主改革,勤政爱民,他的思想基础是什么?然后指导学生自学。教师让学生读懂文句,借助工具书和课本注释,读懂文句,初步理解全文大意。接下来思考:① 范仲淹写本文的缘由是什么?当时他和他的朋友滕子京的处境如何? ② 找出本文中写景的句子,想一想它们所写的景物各有什么特点,它们在文章中分别起了怎样的作用? ③ 本文的中心句(文眼)在哪里?通过上述训练过程实现教学目标。①

二、取舍的艺术

取舍即一种选择。教学取舍即对教学内容的选择、组织和安排。一节课的内容安排中,什么东西教,什么东西不教,什么东西多教,什么东西少教,什么东西早教,什么东西晚教,除了课标、教材的规定和学生掌握的基础之外,还受制于教师对课标和教材的理解,以及教师个人的教学风格。教师对课标和教材的理解是影响教学内容取舍的一个因素,影响教学内容取舍的另外两个因素是学生的学习状况和课堂情境。

取舍是一种艺术,取舍的艺术要求教师应根据教学目标、学生基础和发展需要选择教学内容,而不是不加选择地将教学内容呈现给学生。教师对教学内容的取舍艺术也与教师个人的教学素养有着紧密联系。如果是一节以思维训练为主要目的的课,则思维的形式该取,思维的内容该舍,内容为形式服务;如果一节课以内容掌握为主要目的,则内容该取,思维形式该舍,形式为内容服务。简单地说教学内容的选择要做到内容与形式的统一,实质上是一种折中,在具体的课堂教学过程中必定有重点、有取舍。一节分不出主次轻重的课堂一定不会是一节理想的课堂。

【典型案例】

案例一:《我的叔叔于勒》内容取舍艺术

师:我们一起来学习法国19世纪批判现实主义作家莫泊桑的短篇小说《我的叔叔于勒》。首先请同学们阅读课文,找出课文中的人物是怎么评价于勒的,包括怎么称呼他,怎么说他的。

生:"那时候是全家唯一的希望,在这以前是全家的恐怖""花花公子"。

师:"花花公子"是对于勒的评价吗?

生:不是。花花公子是说有钱人家的子弟,而于勒家不是,于勒家比较穷。

师:对,请继续找。

生:坏蛋、流氓、无赖。

师:这是直接指于勒吗?

---
① 根据钱梦龙老师的《岳阳楼记》教学设计整理。

生：不是，这是就一般情况说的，但实际上暗指于勒。还有"分文不值的于勒"，一下子成了"正直的人，有良心的人""好心的于勒""他可真算得上一个有办法的人""这个小子""他是个法国老流氓""这个家伙""这个贼""那个讨饭的""这个流氓"。

师：很好，这个同学找了很多，还有没有？

生：这是我的叔叔、父亲的弟弟、我的亲叔叔。

师：对，这几句话很重要。现在我把同学们找出的主要的内容板书在黑板上。

[板书：

全家唯一的希望

全家的恐怖（坏蛋、流氓、无赖）

正直的人、有良心的人

好心的于勒、有办法的人

这个家伙、这个贼、这个流氓

我的叔叔、父亲的弟弟、我的亲叔叔]①

案例二：《赫尔墨斯的雕像》内容取舍艺术

又如教《赫尔墨斯的雕像》，学生觉得好懂。教师为了深化学生的理解，使他们进行发散思维，从"他笑了"这一不起眼的句子上进行点拨，学生的思维走势是分散的。

"笑"意为嘲笑、轻蔑、看不起。"笑"声里包含的意思是：堂堂的宙斯，也不过只值一个德拉克墨，没什么了不起。

满足的笑，得意的笑。含义是：宙斯的像值一个银币，不少啦！赫尔墨斯当然高兴，因为他父亲的像很值钱，而自己比父亲更了不起，那么自己的像更贵些。

教师顺势点拨收拢。提问：当雕刻家说赫拉的像还要贵一些后，赫尔墨斯是怎么想的呢？他会不会也是想，没什么了不起，只值这几个钱？学生联系全文思考，得出结论，赫拉的像只比宙斯"贵一些"，也贵不了多少，因此，赫尔墨斯那种狂妄自大的心理没有什么变化。他仍然是瞧不起的意思。对自己的像，他始终认为"人们一定要出高价来买"。因此，赫尔墨斯的笑是轻蔑的笑。在这个不起眼的句子上轻轻一"点"，学生就串起了全文，有两点理解：其一是赫尔墨斯的形象；其二是这篇寓言的主题。由此可见，由一个"笑"字让学生进行辐射延展式思维，讨论争鸣，求同比异，取得的效果不是比教师采用单一式的分析串讲要好得多吗？②

---

① 根据程红兵的《我的叔叔于勒》教学录像整理。
② 蔡澄清. 中学语文点拨教学法[M]. 济南：山东教育出版社，1997：51.

【教学艺术评析】

在学习内容和学生的体验间找到结合点

案例一中,特级教师程红兵老师没有从情节、环境、人物等小说的要素入手引导学生分析课文,而是以"找出课文中的人物是怎么评价于勒的,包括怎么称呼他,怎么说他的"为教学的切入点,引导学生阅读分析课文内容。在这节课的教学中,教师选取了"课文中人物的态度"作为导读的问题,整个教学过程由此展开。教师绕开了小说教学通常需要解决的"情节、环境、人物"等问题,巧妙地将这些问题通过引导学生在阅读过程中寻找小说中的其他人物对于勒的评价来解决。通过对教学内容的取舍,学生阅读之后能较准确地把握小说的主题,准确地把握主题之后,"情节、环境、人物"等问题就较容易解决了。

案例二中,特级教师蔡澄清老师抓住人物的关键行为特征作为教学的切入点,选取关键行为,以关键行为的分析带出对其他内容的理解,进而在课堂上对学生进行思维能力的训练,这也是许多教师在组织课堂教学时所运用的方法,是一种典型的教学艺术。

【拓展延伸】

如何对教学内容进行艺术的取舍?

1. 教师要掌握取舍的艺术

教学艺术就是知道什么可以教、什么可以不教的艺术,因此,教学内容的取舍能力能反映出一位教师的教学艺术水平。教学内容的取舍决定于教学目标,而教学目标又决定于学生的发展状态。课堂教学要基于学生的发展,教学内容的取舍也要基于学生的发展。教学内容的取舍要做到根据教学目标对教学内容进行取舍,再根据教学内容的切入点进行取舍。一节课的教学,切入点很重要。好的切入点,就像往池塘里插入一根竹竿,教学过程中一竿到底,或者像一根红线,将各个环节串起来,使教学成为一个整体。教师们在教学设计的时候,切入点的选择是要费心思的。

特级教师程少堂老师在教《荷花淀》的时候"用另一种眼光看孙犁",从《荷花淀》看中国文化,没有把这节课讲成一节规范课,而是引导学生通过对《荷花淀》的欣赏,让学生学会用一种新的,即文化的眼光读孙犁的小说,从文化的视野对文本进行解读,这样在什么东西教与什么东西不教之间就有了许多取舍,从而形成了一条新的教学思路。程老师的另外一个课例《世说新语·咏雪》的切入点,并没有选取通常教参上面提到的诚信问题,因为这故事虽然讲了诚信问题,但更主要讲的是个性,一个人的个性——率性而为,通过这节课的教学,学生产生了对《世说新语》这本书的兴趣。可见教师的取舍对课堂教学效果的达成具有重要的作用。

2. 根据学情进行恰当的取舍

教学内容的取舍要依据学情,同样的教学目标,不同的学生基础,需要教师选择不同的教学内容。因此,教师在教学设计时眼睛要盯住教学目标,心中要装着学生,有针对性地引导学生完成学习目标。例如,宁鸿彬老师在《核舟记》的教学中设计了两个教学任务:一是读准课文字音和停顿，二是借助注解疏通课文大意。通过完成这两个任务，达成本节课的教学目标。具体设计如下。

第一个教学任务：读准课文字音和停顿

（1）教师板书课文题目，利用"阅读提示"中的内容进行导入。

（2）学生自己出声读一遍课文，充分利用书上的注释读准课文中的字音。

（3）两人一组，一人读书，一人随时订正读音。两人都拿不准的读音，或查字典解决，或待全班讨论时提出来解决。

（4）全班正音。先请学生将拿不准的字音提出来，或教师正音，或请其他学生正音；然后，教师用小黑板或投影呈现一些字，要求学生读出正确读音。

（5）读好句的停顿。教师在学生读准字音之后，再用卡片出示相应语句，请学生读好句中的停顿。

（6）学生再读课文。方法：齐读或自己出声读一遍。提示注意字音和句中的停顿。

第二个教学任务：借助注解疏通课文大意

（1）两人一组，借助注释弄懂课文译成白话的大致意思；两人都弄不懂的地方，先记下来，待全班讨论时提出。

（2）全班讨论。先请有问题的小组提出不懂的问题，其他同学或教师帮助解决；然后请学生（一两个或几个）用白话串译课文，其他同学认真听，待他们译完课文后指出翻译得不准确的语句。[1]

现在重读宁老师这节课的教学实录，初看看不出这节课的教学有多少艺术性，但文言文教学中学生学习的难点是对字、词、句的理解，宁老师这节课正是抓住了学生感到困难的地方，有针对性地组织教学，同样是一种教学艺术，起到了良好的教学效果。这节课给我们的启示是，教学的取舍要根据学生的基础状况，而不能只是从某些教学观或某些教学艺术出发。教学观、教学艺术都是非常重视情境性的。

三、旁逸的艺术

一般认为"旁逸"一词语出茅盾的《白杨礼赞》："它所有的丫枝一律向上，而且紧紧靠拢，也像加过人工似的，成为一束，绝不旁逸斜出。"教学过程中的"旁逸"，即指在教学中暂时中断当前教学思路的主线，而恰到好处地插入一些与当前教学内容有关的题外话，或可称之为"穿插"艺术。

有语言学者将"旁逸"作为一种修辞学方式提出，并进行了系统阐释，认为"旁逸"作为修辞文本模式，其建构的基本心理机制是通过在正常逻辑叙述中暂时脱离正常逻辑叙述的轨道，以新异性的内容引发接受者的"不随意注意"，从而达到维持正常叙述得以完成的目标。这种修

---

[1] 宁鸿彬. 中国特级教师教案精选［M］. 北京：北京师范大学出版社，1996.

辞文本的建构,从表达上看,可以突破正常平实叙述的冗长沉闷而增添叙写的活力,使修辞文本生动而富有情味;从接受上看,由于表达者在常式定式的叙写中旁枝逸出,增添了叙写内容中不具有的信息,使接受者在文本接受中的定式思路受到了突如其来的刺激,从而提高文本接受的兴趣,在文本解读中获得更多的审美情趣。[①]

如欣赏李煜《虞美人》中的名句"问君能有几多愁,恰似一江春水向东流"时,教师向学生介绍中国古典诗词中描写悲愁的诗句,把这些描写悲愁的诗句集中起来进行比较阅读,寻找中国古诗词中在描写悲愁感情时常用的意象。

【典型案例】

案例一:《木兰诗》内容旁逸艺术

教师主动"旁逸":"东西南北"的理解。

于漪老师教《木兰诗》时设计了这么一个问题:

"东市买骏马,西市买鞍鞯,南市买辔头,北市买长鞭"中的"东""西""南""北"有怎样的含义?

对此,教师事先做了如下"旁逸"准备。

《楚辞·招魂》中有"魂兮归来,东方不可以托些!魂兮归来,南方不可以止些!魂兮归来,西方之害流沙千里些!魂兮归来,北方不可以止些!……";曹植的《游仙诗》中有"东观扶桑曜,西临弱水流。北极玄天渚,南翔陟丹丘"的诗句。

同是用方位词,表达则各有其趣。同是东西南北,有的写到处奔波购买物品准备出征的繁忙;有的写四方不可留,希望死者灵魂归故土;有的写受到猜忌,郁郁寡欢。这种用法在楹联中、文章中也不少。《儒林外史》中所写的杨执中屋里壁上的对联:"三间东倒西歪屋,一个南腔北调人。"十分有趣。[②]

案例二:《木兰诗》内容旁逸艺术

学生主动"旁逸":中国古代女子什么时候开始裹脚的?

于漪老师教学《木兰诗》结束时,突然出现了一个意想不到的情况。

学生说"同行十二年,不知木兰是女郎"是不可能的。理由是,"跋山涉水总要洗脚,虽不是实数十二年,总是时间很长,鞋子一脱,小脚就出来了,怎会不知是女的?"

于老师指出北朝时候女子还没有裹小脚。

谁知学生异口同声地问:那么,什么时候裹小脚的呢?

于老师被问住了,答不上来。

---

① 吴礼权.论旁逸修辞文本的建构[J].湘潭师范学院学报,2001(5).
② 于漪.《木兰诗》"旁逸"艺术二则[J].中学语文教学,2008(12).

于漪老师教后记：备《木兰诗》竟然要备中国古代女子什么时候开始裹小脚，这是我怎么也想不到的。教然后知困。做一个中学语文教师该具备多少相关的知识啊！问题还不在于教某一篇具体课文前的准备，而在于平时的广泛涉猎，细心采摘。日积月累，才有源头有活水，课堂上才会不出现或少出现"捉襟见肘"的尴尬状况。查阅赵翼的《陔余丛考》，其中《弓足》一篇记载：南唐后主令宫嫔窅娘以帛绕脚，作新月状，由是人皆效之。课余将查阅所得告知同学。①

【教学艺术评析】

让学生在不经意间体验不同知识的内在关联

教学设计中，于教学内容的平常处凸显出不平常，能够体现出教师教学艺术的"功夫"。教学内容的"旁逸"要求教师能够发现教材中原有内容有哪些地方可以拓展，在既有教学内容与所要拓展的内容之间发现内在的关联性，并在课堂上以不经意的方式把这种具有内在关联性的知识行云流水般呈现在学生面前。"东""西""南""北"是中国人判断空间方位的几个主要概念，然而，这几个概念不单单意指空间方位，它还包含着丰富的中国传统文化意蕴。于漪老师的教学案例中对此进行了"不经意"的准备，通过教师的引导，学生不但获得了相关的知识、体验到了相关的文化，还学会了一种阅读的方式。他们可能会在以后的学习过程中，利用教师在课堂上给他们带来的有限的"旁逸"去寻找更多的"旁逸"，如学生积极主动地搜集、探究中国传统诗文中关于"东西南北中"的描述和抒情内容等。

教师的主动"旁逸"要注意几个问题。

首先，把握好"旁逸"的度，做到适可而止，不能喧宾夺主，让"旁逸"游离了课堂教学的主要内容。

其次，"旁逸"在使教学内容得到拓展时，重要的是要让学生获得情感、思维的发展。不能为了"旁逸"而"旁逸"。

教学过程中，学生的主动"旁逸"对教师的教学智慧是一个挑战。教师需要机智地应对学生主动"旁逸"的挑战。"中国古代女子什么时候开始裹脚的？"这个问题是无论哪位教师在备课的时候都不会想到的，是始料未及的，教师在课堂上被"问"住了怎么办？于漪老师采取了自己课后查阅资料，再把答案告诉学生的方式，学生从教师那里既得到了相关的知识，又通过文字的阅读了解到古人的审美意识。"以帛绕脚，作新月状"，生活中的丑与艺术中的美在学生心中产生了鲜明的印象。

对待学生的主动"旁逸"，教师应当注意的问题是对学生的问题不要阻止或冷置，认为学生的问题无关教学内容，甚至认为学生的问题影响了正常的课堂教学。教师要首先做到接纳学生的问题，然后巧妙地把学生的问题与当下课堂的教学内容、学生情感体验、思维发展状态有机地结合起来。

---

① 于漪.《木兰诗》"旁逸"艺术二则[J].中学语文教学，2008(12).

【拓展延伸】

教学内容安排过程中如何进行适当的旁逸？

1. 内容关联性"旁逸"

旁逸的艺术需要教师在日常的教学生活中有较多的阅读积累和生活积累，只有平时积累丰富，课堂上才能做到恰到好处的旁逸。如特级教师郭初阳老师在教学《愚公移山》这篇课文时引用两个外国人对愚公的理解，中间插入英文采访的视频播放，换一种文化背景来看待愚公移山这则故事，这就是一种教学内容的旁逸。在旁逸的过程中，让学生对外国人的看法进行分析点评，之后又回到课文的理解上来。郭老师的教学打破了传统的文言文教法，从文化的视角解读"愚公精神"，可以将其归为语文课堂教学内容的旁逸。中国学生对"愚公精神"的解读与外国学生对"愚公精神"的解读是不一样的，教师将这两种不同的解读放在一起，引起学生认知上的冲突，似乎脱离了传统语文课堂应该有的教学内容，但又包含着语文的因素。语文需要以语言文字的教学为基本任务，但在初步掌握了文字之后，文字所代表的文化意义也是语文教学需要关注的内容。郭老师的旁逸是一个大胆的尝试。

2. 情感交融性"旁逸"

好的教学是心与心的交流，课堂如果缺失了和谐的情感交融，那么一般很难有良好的教学效果。在教学过程中，从师生共同的情感体验出发，恰切的"旁逸"常常能帮助学生对教学内容产生深刻的理解。因此，教师要能理解学生的生活体验，学生的体验、教师本人的体验和教学内容之间要建立起沟通的渠道。郑桂华老师在《想北平》的教学接近尾声的时候，对学生说："接下来我还想就一个问题跟大家做一个短暂的交流。你们对松江一中有哪些印象呢？你是从一个什么样的视角来看松江一中的？你们已经在这里待了近一年了。关于松江一中，你们能讲点什么景物呢？好，从这一排开始。"[①]课堂活动的展开需要围绕教学内容进行，但教学内容的学习是为了促进学生的发展，因此，为了学生的发展，在合适的时候对教学内容进行适度的旁逸是需要的，只要这种旁逸能够促进学生的发展。这其实是一种新的课程观，在这种课程观里，课程被理解为能对学生产生积极影响的一切社会经验。

3. 思维启发性"旁逸"

课堂上具体的学习内容和师生活动或者是为了促进学生认知的发展，或者是为了促进学生情感的发展。如果从认知发展这方面来说，教学需要以思维的发展为旨归。因此，课堂上教师要能够通过巧妙的教学设计让学生的思维"飞"起来。

黄玉峰老师的课常常"神出鬼没"、自由自在。用他自己的话说就是平时上课"东拉西扯"，他将这种方法称为"插科"。他认为，上课善于"东拉西扯"是一种能力，甚至是一种高超的能力。例如，他有一次教茨威格《世间最美的坟墓》时，向学生介绍了托尔斯泰其人，就联系到中国文化，尤其是道教文化对他的影响。又借此谈到托尔斯泰曾译过《道德经》，还写过一篇《老子常说的实质》，老子说"道法自然""见素抱朴"，而托尔斯泰最终选择回归大地，用最朴素的方

---

① 郑桂华.听郑桂华老师讲课[M].上海：华东师范大学出版社，2007：28.

式让自己的生命融入自然，他的坟墓也就成了最美的坟墓。[①]

四、悬置的艺术

"悬置"即暂缓判断，最初是一个现象学概念，是指把人们所不知或未曾证明的东西放入括号内不作讨论，也不作否认，然后在这个基础上构建知识。后来"悬置"这一概念被运用于课程与教学理论的研究中。从教学艺术的视角看，教学过程中教师根据具体的教学情境对某些教学内容暂不安排或对学生的问题暂不处理，让学生在后来的课堂活动中通过相关内容的学习产生顿悟式的自我理解和自我判断。教师对教学内容或对学生问题的悬置，可以促使学生进行积极的思考，从而达到对教学内容的自我建构。

悬置的教学艺术要求教师准确地拿捏分寸，什么样的教学内容和问题需要悬置，什么时候悬置，如何对悬置的内容和问题分别进行解决等，都是教师需要关注的问题。

【典型案例】

案例一：《我们家的男子汉》内容悬置艺术

上课之初，教师要求学生交流在预习课文时遇到的问题，一个同学站起来说："'这是一个男孩子，这是一个男人'这句话，我不太理解。"教师表扬学生问题提得好，然后说："现在同学们回答这个问题还有难度，在我们一起学习了课文之后，我想这个问题一定能够解决。黄老师自己在读这篇课文的时候，也有许多问题。首先，我对课文的题目就产生了疑惑——'我们家的男子汉'，是谁的家？"

教师的问题引发了同学们积极的思考，课堂进入了活跃的讨论……

课堂快结束的时候，教师说："有位同学根据这篇课文的内容，写了一首小诗《小小男子汉宣言》，既能概括课文内容，也能表达同学们的心声。现在老师把小诗中的一些内容空了下来，请同学们根据课文内容看怎么填。"

（展示投影："小小男子汉宣言：我是一个男子汉，自己的事情_____；我是一个男子汉，男儿有泪_____；我是一个男子汉，男子汉_____困难；我是一个男子汉，生活的挑战_____；我是一个男子汉，生活的责任_____。"）

（学生尝试填写并交流）

师：现在老师公布答案，看看大家和那位同学想的是不是一样。（展示投影）

小小男子汉宣言：

我是一个男子汉，

自己的事情自己干；

我是一个男子汉，

[①] 黄玉峰．教学生活得像个"人"——我的大语文教学[M]．上海：上海教育出版社，2011：286．

男儿有泪不轻弹；
我是一个男子汉，
男子汉不怕有困难；
我是一个男子汉，
生活的挑战敢直面；
我是一个男子汉，
生活的责任我承担。

师：下面请大家齐读这首小诗，注意读出男子汉的气概。

（学生齐读）

师：读得很好。现在我想问，开始对有个句子不懂的同学，那个句子懂了吗？

生：懂了。

师：你能说说对"这是一个男孩子，这是一个男人"这句话的理解吗？

生：从性别看，从年龄看，他还是个小男孩，可是他已经具有了男子汉的品质，所以又是一个男子汉，一个男人。①

案例二：《小麻雀》内容悬置艺术

上《小麻雀》一课时，在找描写眼睛的句子时，一个学生找了"那两颗小黑豆似的眼珠已经在我心里睁着呢"。另外的学生认为不对，这应是写心情的句子。教师智慧地闪在一旁，未加判断，说："这句子还真不好断定，先搁下吧！"

经过学习，在体会描写与抒情相结合时，学生顿悟了。②

【教学艺术评析】

让学生在教师的延判中学会独立思考

案例一中，学生在预习课文之后向教师提出了一个问题，表示对"这是一个男孩子，这是一个男人"这句话不太理解，教师对学生的问题并没有直接地给予回答，而是在学生所提问题的基础上提出了一个问题"'我们家的男子汉'，是谁的家？"，这样在接下来的教学中，学生在教师问题的引导下，通过文本的阅读，对这个问题的认识一步一步深入。课堂结束，学生理解了文章表达的内容后，教师再把课堂开始时学生的问题提出来，原来提出问题的那位同学给出了精彩的答案："从性别看，从年龄看，他还是个小男孩，可是他已经具有了男子汉的品质，所以又是一个男子汉，一个男人。"这是一个巧妙的教学悬置。

案例二中，教师对学生的问题没有急于回答，也没有作出判断，对问题采取悬置的方式，将问题暂时搁置起来，引导学生继续深入地研读文本，让学生通过阅读和讨论，自己去发现问题

---

① 黄厚江.享受语文课堂——黄厚江本色语文教学典型案例[M].北京：教育科学出版社，2012：7.
② 胡明道.胡明道讲语文[M].北京：语文出版社，2007：41.

的答案。

悬置是一种现象学的方法。现象学悬置的真正意图是要实现先验意识，即创造前人未曾产生的精神产品，为了达到这样的意识的方法亦即先验悬置。从这个意义上来说，现象学的世界必然永远是未知的，甚至是还未被察觉的。课堂教学中的悬置没有现象学说的那么高深，它表现为一种教师对课堂问题的延判，注重留给学生更多的思考空间，让学生的思维经过准备、酝酿、明确和验证等几个阶段，最后通过自己的思维作出判断。

【拓展延伸】

课堂教学中哪些问题适合运用悬置的方法？

1. 学生通过思考能够自己解决的问题

教师要对学生问题的难度有准确的判断，即通过课堂活动，学生能不能在教师的引导下运用自己的思维去解决问题，如果伴随着教学过程的展开，学生的问题能够解决，教师就可以采取悬置的方式。这种情况在日常的课堂教学中比较常见。针对这种情况，教师应该鼓励学生积极思考，学会运用相关资料解决问题。

2. 学生没有经过深思熟虑提出的问题

儿童的认知风格有两种，一种是沉思型认知风格，一种是冲动型认知风格。带有沉思型认知风格的学生在提出问题时会对与问题相关的各种因素进行有深度的分析；带有冲动型认知风格的学生往往不能对相关问题进行全面考虑，而是停留于浅表层面。后一种学生在提出问题的时候，有时没有深入地理解材料，对问题情境不能作出较全面的分析，因而思考较浅，但这些问题经过学生自己的思考或与同学的讨论也能得到解决。因此，教师在课堂上对那些带有冲动型认知风格的学生提出的问题可以采取悬置的方法进行处理。如钱梦龙老师在《故乡》的教学中，针对学生的疑问进行探究。"跳鱼"是《故乡》中闰土认识的一种当地特殊的小鱼，学生只是出于内心的好奇在课堂上向教师提问这种小鱼是一种什么样的鱼。教师并没有直接回答学生的问题，而是巧妙地把学生导向对课文的阅读，"这说明什么问题？书上怎么说？"学生在读完课文后回答"这说明闰土见多识广""闰土的心里有无穷无尽的稀奇的事"，在学生回答的基础上，教师顺势引导课堂活动深入展开。

3. 学生解决问题暂时有难度，需要在继续阅读学习的基础上才能解决

在《奥斯维辛没有什么新闻》的教学中，题目叫"没有什么新闻"，文章乍一看也不像新闻，但从注释中我们又知道这是新闻名篇。那么，作者说的"没有什么新闻"是什么含义？你认为本文到底是不是一篇新闻？此问题不好一下子解决，可以暂时悬置，通过下面的问题再一步步展开。例如，你认为新闻的标准是什么？（复习、巩固新闻知识）学生自由谈，教师最后明确，内容方面：（1）真实；（2）及时；（3）有意义的事件。形式方面：（1）突出事件，以叙述为主，很少有具体生动的细节描写；（2）语言直白，很少有含蓄隽永、耐人寻味的语句。

此教例中，教师在学生问题的基础上，又设计了一连串的问题引导学生阅读思考，而这一

连串的问题也正是"没有什么新闻"的这一问题的细化。可见,当学生在课堂上对一个问题的解决感到困难时,教师将问题细化,使原来的问题通过一连串小问题的解决而最终得到解决是一种非常好的指导学生学习的方法。

4. 学生提出的问题与教师预期的教学结果一致的情形下也适合运用悬置的方法

如特级教师程少堂老师在教学《人民英雄永垂不朽》时,有学生问"为什么碑上没有英雄的名字呢",教师认为这个问题对于深度理解这篇文章很有意义,但是为了激起学生更深入的思考,教师将这个问题悬置起来,"等下再说"。当学生问"为什么两次提到'人民英雄永垂不朽'八个金字",教师说,自己在备课的时候,原来把它作为一个问题设计的,后来又把它删掉,因为问题太多了;这个同学提出来以后,又把它加进教学计划中去了,这个问题等一下再说。又有学生问:"为什么碑文上的内容要分为三个时间段?三年来、三十年以来、1840年以来,为什么不全部合为一句话?"教师对提问的学生进行热烈的表扬,然后又将问题悬置起来,"这个问题等下再说"。[①]这里,教师对学生提出的问题,用了三个"等下再说"进行回答,这里的"等下再说",是教师对学生问题的暂时悬置,是为了让学生继续思考,同时也为后面教学活动的展开预设了伏笔。

五、过渡的艺术

通常的情况下,一节课的教学内容不是单一的,而是有多个不同的教学内容,这样,从一个内容到另一个内容的教学要有一个过渡环节。过渡就是指教学从一个内容到另一个内容之间的衔接,或者一个活动到另一个活动之间的衔接,过渡得好,能使课堂教学结构严密,层次清楚,脉络贯通,浑然一体,使课堂教学成为一个完美的艺术整体;过渡得不好,会使人感到教学思路跳宕,杂乱无章,影响教学效果。

过渡方法的运用要讲究艺术,研究课堂结构的起承转合。课堂的"起"大体上包含情境的设置、问题的提出、情感的渲染等内容,这是一节课教学的开端。课堂的"承",是课堂教学的展开,一般情况下指新内容的教学,这一环节通常被教师们认为是课堂最重要的环节,也是教师在备课的时候最为重视的环节。课堂的"转",实质上是对新教学内容的拓展应用,即通常的"练习"。课堂的"合",即课堂教学的总结。课堂"起承转合"的艺术讲究自然的过渡。

【典型案例】

案例一:《故乡》内容过渡艺术

(特级教师钱梦龙老师在《故乡》一课的教学中,在讨论完"闰土"这一形象后,教师从学生所提的问题过渡到对"杨二嫂"的讨论)

生:杨二嫂是正面人物还是反面人物?

[①] 程少堂.程少堂讲语文[M].北京:语文出版社,2008:185.

生：杨二嫂说话为什么这样刻薄？

师："刻薄"这词用得好。我们看小说看电影，总喜欢说这是好人还是坏人，刚才这同学用了个高级的名词，正面人物和反面人物。那么杨二嫂究竟是好还是坏呢？

生：她是好人。

师：为什么？

生：因为杨二嫂是劳动人民，贪小便宜是因为穷。作者是同情她的。

师：但作者对她是不是只有同情呢？

生：（齐）不是。

师：还有什么？

生：讽刺、批判。

师：从哪儿看出来的呢？

生：作者把杨二嫂称为"圆规"。

师：对！"圆规"这总不是尊称，是吗？而且连引号都不用，就叫她圆规了。为什么？这是什么写法？

生：借代。

师：嘿，你怎么知道的？

生：老师从前教到过这种写法。

师：哦，你们的老师教给你们的知识真丰富。那么为什么用圆规来借代呢？

生：她两手搭在髀间，张着两脚，正像一个细脚伶仃的圆规。

师：对了，两样东西要有某种相似，才能借代。那么，杨二嫂说"我"阔了，又说"我"有三房姨太太，这样胡说八道，像好人吗？我们还是换一种说法吧。是不是一定要讲是好人还是坏人呢？

生：叫中间人物。

师：对，同学们还很懂得文艺理论呢！其实杨二嫂只是一个刻薄的自私的小市民，作者对她有讽刺、批判，又有同情。

生：作者是不是也要写出杨二嫂的变化？

生：杨二嫂是变化了。

师：变得怎样了？

生：颧骨变高了，嘴唇变薄了。

师：这说明了什么？

生：说明她瘦了。

师：薄嘴唇给我们一种什么感觉呢？

生：嘴厉害。（笑）

……

师：谁讲的？说得好啊！（笑）好，我们可以小结一下了，这篇小说是为了写出农村经济日趋破产，那么写了闰土不就够了吗？为什么还写杨二嫂呢？看谁的思维最敏捷。……好，好几个女同学已经举手了。男同学呢？好，请你先说。

生：要反映旧社会的妇女问题。（笑）

师：好啊，他考虑问题可真广，还考虑到了妇女问题！（大笑）这问题很高级。

生：为了要写出各阶层的情况，杨二嫂是小市民的代表。

生：说明了当时社会的复杂。

生：从各个阶层来表现中国农村的萧条破产。

生：各个阶层的人民都很痛苦。

师：你看，我们大家七凑八凑把一个很高级的问题解决了。是啊，连开豆腐店的杨二嫂都破产了，那就更不用说当雇工的闰土了。而且，我们还可以联系到其他的描写，如卖掉家具收不起钱来，有的则来拿家具。这就给我们画出了一幅农村破产的图画。还有其他的意见吗？（这时下课时间到了，老师征求学生意见）时间过得真快，大家要休息吗？疲劳吗？

生：（齐）不！

师：为什么？

生：学得有趣。①

案例二：《全等三角形》内容过渡艺术

（活动一：创设情境，导入新课）

……

师：嗯，对。那么我们把能够完全重合的两个三角形叫作全等三角形（板书：全等三角形）。

（活动二：实践探究，交流新知）

师：（出示图片）

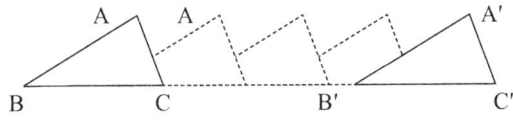

（一学生演示△ABC与△A′B′C′重合的情形）

师：我们把（板书）

互相重合的顶点叫作对应顶点。

互相重合的边叫作对应边。

---

① 钱梦龙.导读的艺术［M］.北京：人民教育出版社，1995：184-186.

互相重合的顶点角叫作对应角。

现在请同学们认真观察，指出图中的对应顶点、对应边、对应角。

生：（交流总结得出）

对应顶点，A 和 A′、B 和 B′、C 和 C′；

对应边，AB 和 A′B′、BC 和 B′C′、AC 和 A′C′；

对应角，∠A 和 ∠A′、∠B 和 ∠B′、∠C 和 ∠C′。

师：回答得很好。因为同学们的细心，所以才可以很全面地找出完整的答案。我们通常会把两个全等三角形（板书）记作：△ABC≌△A′B′C′，符号"≌"读作"全等于"。

师：（强调）记两个三角形全等时，通常把表示对应顶点的字母写在对应的位置上。

师：下面请同学们借助手边的全等三角形交流完成学案练习。

生：（交流完成）

若△ABC≌△$A_1B_1C_1$

1. 对应边是_____

2. ∠ABC 的对应角是_____

3. ∠A 的对应角是_____

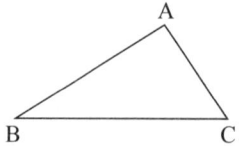
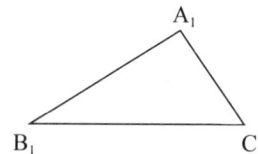

师：将△ABC 沿直线 BC 平移得△DEF；将△ABC 沿 BC 翻折 180°得到△DBC；将△ABC 旋转 180°得到△AED。

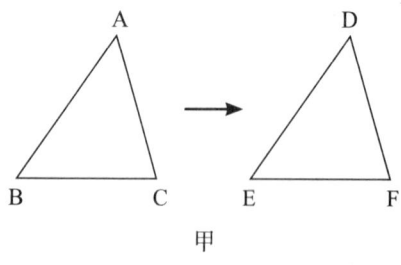
甲

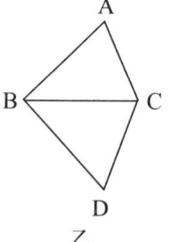
乙

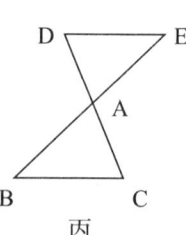
丙

师：思考各图中的两个三角形全等吗？

师：图形通过平移、翻折、旋转后可以完全重合。那么每组图中的三角形为全等三角形。全等三角形的对应边有什么关系呢？对应角呢？

师：（板书）全等三角形的性质是全等三角形的对应边相等，对应角相等。

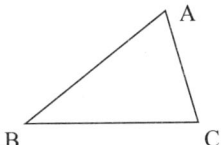 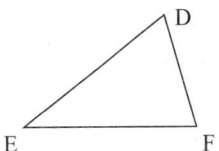

师：下面我们来学习利用几何语言描述全等三角形的性质。（板书）

∵△ABC≌△DEF

∴AB=DE，BC=EF，AC=DF（全等三角形的对应边相等）

∴∠A=∠D，∠B=∠E，∠C=∠F（全等三角形的对应角相等）

（活动三：范例点击）

师：今天我们同学学得很好，下面老师来考考你们。

（出示例1）如图，△AOC≌△DOB，C和B、A和D是对应顶点，说出这两个三角形中相等的边、相等的角。

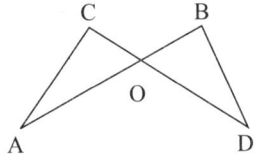

生：相等的角有∠A=∠D，∠B=∠C，∠AOC=∠DOB。

生：相等的边有AC=DB，AO=DO，CO=BO。

师：（总结）两个全等的三角形经过一定的转换可以重合。一般是平移、翻转、旋转。

师：（出示例2）将△ABC沿直线BC平移，得到△DEF。

1. 线段AB、DE是对应线段，有什么关系？线段AC和DF呢？

2. 线段BE和CF有什么关系？为什么？

3. 若∠A=50°，∠B=30°，你知道其他各角的度数吗？为什么？

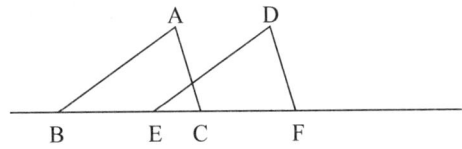

生：1. AB=DE，AC=DF，理由如下，∵△ABC平移得到△ADE（已知）

∴△ABC≌△DEF

∴AB=DE，AC=DF（全等三角形对应边相等）

生：2. ∵△ABC≌△DEF

∴BC=EF

∴BC-EC=EF-EC

∴ BE=CF（等式性质）

生：3. ∵ △ABC 平移得到 △DEF（已知）

∴ △ABC ≌ △DEF

∴ ∠BAC=∠EDF=50°，∠ABC=∠DEF=30°（全等三角形对应角相等）

∴ ∠ACB=∠DFE=180°−50°−30°=100°[①]

【教学艺术评析】

实现课堂脉络贯通浑然一体的美

案例一中，特级教师钱梦龙老师在处理教学内容的过渡时采取了根据学生的问题进行过渡的方法，教师依据学生的提问自然而然地从一个教学内容（"闰土"形象的讨论）过渡到下一个内容（"杨二嫂"形象的讨论）。过渡是顺着课堂活动中学生的思维发展进行，这样教学过程就有了行云流水般的效果。

案例二中，教师通过引导学生的活动来实现课堂教学的过渡。活动一，教师通过情境设置，引导学生学习"全等三角形的概念"；活动二，教师通过引导学生进行具体实例探究分析全等三角形的具体特征；活动三，通过范例分析进行全等三角形的变式练习。教学过程中，教师以活动的形式引导课堂教学自然展开，使教学过程成为一个连贯的整体。

【拓展延伸】

课堂教学中有哪些过渡的形式？

1. 运用语言进行教学内容的过渡

教学环节之间的良好过渡会给人行云流水般的感觉，课堂活动是一个整体，从头到尾，一气呵成。下面这则教例就是运用语言表达的艺术进行教学内容的过渡的形式。

T: Ok, just now we talked about the ingredients and sandwiches you like. Now, yes, we are to learn how to make sandwiches. Are you clear? Now, first, would you please look at your book to B, look at your book to B. Now, please listen to the tape, listen to the tape, and try to write down the words, and now let me tell the listen strategies. Please write down the first letter. Are you clear? After that, you can make them out. Just write the first letter. For example, if you hear tomato, you just write what?

此教例中，教师使用的是最常见的课堂用语过渡，如"OK""now""and"等。此类课堂过渡用语要注意把握分寸，否则会使课堂语言拖泥带水。一些不恰当的过渡语的使用，例如"然后"的不恰当使用，会使教师的课堂语言表达效果受到影响。

2. 运用音乐、视频等进行教学内容的过渡

如一节生物课上，教师从第一个教学内容"生态系统的组成"到第二个教学内容"生态系统

[①] 根据张文娣的《全等三角形》教学录像整理。

成分之间的关系"的教学,是通过播放教学视频的形式过渡的。播放完视频后,教师提出问题,要求学生说出自己发现的生物之间的关系,在第一个教学内容完成之后自然而然地过渡到第二个教学内容的讨论。在从第二个教学内容"生态系统成分之间的关系"过渡到第三个教学内容"生态系统的概念"的教学过程中,教师运用了承上启下的语言过渡形式,通过语言的引导进入下一阶段的学习。

3. 通过活动情境的转换进行教学内容的过渡

如《大自然中的二氧化碳——二氧化碳性质的探究》可以设计以下几个环节的教学过渡。

(1)通过视频,引出二氧化碳的作用。引导学生由视频情境进入关于二氧化碳内容的学习。

(2)通过实验、图片了解二氧化碳的物理、化学性质。由情境中提出的问题过渡到二氧化碳的实验,教师设计了两个探究问题,第一个问题是"二氧化碳灭火的原因",第二个问题是"二氧化碳能否溶于水"。

(3)二氧化碳的检验。由上一环节的原因讨论过渡到本环节的实践检验。

(4)二氧化碳的治理。由二氧化碳的性质过渡到治理二氧化碳带来问题的讨论。

上述教例中的过渡是根据活动情境的转换进行的,师生活动、教学内容互为一致,课堂衔接恰到好处。

4. 以问题进行过渡

这种课堂环节过渡的形式要求教师对问题进行巧妙的设计,将问题的整体性和问题的各个环节有机结合起来。进行这种设计时,教师要注意问题之间的逻辑性和顺序性,考虑到科学本身的逻辑和学生学习过程中的认知发展逻辑,将二者有机地结合起来。

知识链接

怎样理解和创造课堂教学的诗性美?

一、目标的诗性:教学的育人之美

课堂不仅是一个教学活动的场域,它还是一个审美活动的场域。作为教学活动场域的课堂,师生之间通过传授知识、培养能力、发展心智形成互动;作为审美活动的场域,师生之间通过对美的形式和内容的理解、感悟和创造形成心灵的共鸣。一般的教学论著对前者都有较深入全面的论述,对后者则较少论及。诗性的教学目标具有自然性、审美性和超越性等特征。

1. 教学目标的自然性

不论是原来的教学大纲,还是现在的课程标准,我们在提出"目标"的时候都意识到了对学生身心发展状态的尊重,但我们在教学中具体落实目标的时候却常常忘记了学生的生存状态。社会更多地关注课程和教材内容以及课程和教材内容所带来的符号化的评价。人们把过多的目光投向了"考试",社会、家长往往只关注考试的结果,学

校教师无奈之下也把教学变成"教考";教学目标变成功利化的符号,人们只求学生能得到某个符号,对学生未来成长的责任却考虑得不够。"当整个社会被嵌入到一个以人与人之间的激烈竞争为最显著特征的市场之内的时候,教育迅速地从旨在使每一个人的内在禀赋在一套核心价值观的指引下得到充分发展的过程蜕变为一个旨在赋予每一个人最适合于社会竞争的外在特征的过程。"① 学校实践中的教学目标发生了对人的偏离:我们忽视了人发展的自然性。这是当代教育的最大悲哀。就像动物来到这个世界就有活下来的本能一样,人降临到这个世界就具有学习的本能。人的本能蕴藏着巨大的生命激情,而我们的教学恰恰忽视了人学习本能的存在。学习本能是一种自然性,这种自然性流露出生命自身的鲜活诗意,内生出无穷的学习乐趣。在落实教学目标的过程中,要对这种鲜活生命的诗意有高度的关注。教学目标的自然性体现出对人学习本能价值的重视。

2. 教学目标的审美性

教学论的发展有一个奇怪的现象:教学论发展的历史越往前追溯,对教学中的审美因素越重视。教学论和教育学分化前的教育是充满着浪漫诗性的。苏格拉底的诗性智慧后世无人超越;亚里士多德将文艺学称作诗学;中国古代传统的教学既是道德教育、生活教育,更是典型的诗性教育。教育是培养人的活动,教学是实现这一活动目标的具体途径。赫尔巴特提出了"教学的教育性"的命题,他首次区分了"教学目标"和"教育目的"这两个概念。关于教学目标,赫尔巴特称其为"较近的教育目的",他认为教学目标要关注到学生的兴趣,他提出了"经验""同情""思辨""社会"的兴趣概念,并进一步认为对"经验"的兴趣可以补充"审美"的兴趣,对"同情"的兴趣可以补充"宗教"的兴趣,而"审美"和"宗教"都是充满着诗性的。德国哲学家马丁·布伯在谈到教育时,也认为教育应该是诗性的。"教育的目的非是告知后人存在什么或必会存在什么,而是晓喻他们如何让精神充盈人生,如何与你相遇。"② 精神的相遇是审美的,我们在设置教学目标时应考虑到审美因素的存在。审美性即诗性。教学目标的审美性内生于而不是外生于"知识、情感、态度价值观"的教学,审美性的教学目标能够培养学生积极的生活情感,他们眼中的世界是"我—你"世界,而不是"我—它"世界。培养学生热爱生活的情感必须从教学目标的审美性着手,审美性的教学目标不但能提高教学的效率,还能对教学生活的压力起到缓解的作用。

3. 教学目标的超越性

当代的物质文明和精神文明日益发达,办学的物质条件也越来越优越,可校园里学生的学习生活却往往过分的功利。教学不能没有考试,但用考试来权衡一切,教学就只成为考试的手段,学校成为考试的机器,师生成为考试的牺牲品。所以教学目标的设置

---

① 汪丁丁.教育的问题[J].读书,2007(11).
② [德]马丁·布伯.我与你[M].陈维纲,译.北京:生活·读书·新知三联书店,1986:60.

不能考虑到太多的功利，它要有一定的超越性。它的着眼点应是人的心智、能力和审美的发展。它关心的是本原的人，而不是沦为社会功利符号的人；它关心的是教学带给学生的健康发展，而不是教学带给自己的连带利益。"教育以生活中的人为基本出发点，在人的生活世界中，教育是因人之自我生成、自我完善的需要而产生的。人的自身生成与完善是人类整个生活和历史发展的终极目的，而教育这一实践活动在实现人类的终极目的中发挥着重要的作用，教育的存在根据和基本使命就是要使人生成为人。"①教学目标的超越性使教学生活变得和谐美丽，教学目标的过分功利性则削减了审美的魅力。我们不能一味地责怪学生，应当反思的则是我们的教学目标。教学目标应有适当的诗性超越，这种诗性超越的目标体现了教育的真义，是课程与教学变革的理想追求。

二、过程的诗性：心灵的栖居之美

课堂是流动的，过程是美丽的。作为过程的课堂，师生生活得以在流动的时空中展开，课堂成为师生心灵的诗意栖居之所。课堂活动中教师用自己的教学智慧赋予教学过程以诗性的美。不论是科学奥秘的探索、抽象的思维分析还是自然的生活观察、内在的情感体验，诗性的课堂就像心灵的旅程，轻松而美丽。教学过程的诗性主要表现为如下几个方面。

1. 情境营造的诗性

教学是在情境中展开的，教师要具备良好的教学情境判断力和分析力，抓住课堂教学中一切有利于学生发展的因素推动教学过程的展开。教学情境的营造是一种艺术。特定的教学情境虽然仅仅是特定时空中的某一个"点"，但这个"点"浓缩了师生的心灵，理智、意志、情感在这个点上得以相遇、生成。课堂活动中诗性智慧的感染力往往使学生终生难忘。我们常常听到一个人在回忆起自己少年时代的学校生活时总能详细地描绘出某一个课堂细节，而这个细节常常是教师的诗性智慧点燃的火花。李吉林老师的情境教学充满了浓浓的诗性。她通过情境的设置使儿童的经验在教学中得到充分的利用。"儿童的发展是在一定的情境中发生的，情境成为学生构建知识的不可缺少的资源和运用经验、运用知识的不可替代的现实场景。""开放的情境让课堂与思维的源泉、语言的源泉相通，进而丰富了课堂教学。"②不同的教师在相同的情境下会产生不同的感悟，进行不同的情境设置，这是教学情境的诗意体现。情境具有独特性，独特性的心灵接触才会产生诗性的魅力。

2. 语言流动的诗性

人生活于语言之中，语言是人类心灵存在的家。通过语言，人类的思维得以展开，但语言对人类生活的意义不只在于它是人类抽象理性思维的凭借，语言更是一种文化，它像海洋中深深的潜流影响着表层海水的流动一样影响着人们的生活。这就是语言的

---

① 鲁洁.教育的原点：育人[J].华东师范大学学报（教育科学版），2008（4）.
② 李吉林.情境教育的独特优势及其建构[J].教育研究，2009（3）.

诗性力量。同样,教学也是在语言中展开的,通过语言,师生在课堂活动中一步步走向预期的目标。教学过程中的语言既有抽象的理性,又有浪漫的诗性,是抽象的"思"与浪漫的"诗"的统一。"思与诗的对话旨在把语言的本质召唤出来,以便终有一死的人能重新学会在语言中栖居。"[1]教学过程中诗性的语言凝聚着智慧和美感,它集抽象与形象、形式与内容、理性与感性为一体。"语言时时化为人生。"[2]悦耳的声音、抑扬的节奏、精美的内容,行云流水,春风化雨,润物无声,生活的智慧在诗意的教学语言中展现。语言形成风格,风格成就了诗意的课堂。或科学理智,或幽默智慧,或激情澎湃,或自然清新。许多一线教师的成功教学案例正是在他们诗一般的教学语言中展开的。

3. 体验感悟的诗性

诗性的过程重在体验。心灵体验具有强烈的穿透力。教学过程中通过体验我们可以获得那些隐藏于教学细节中的难以言说的美。教师通过教学体验使自己的教学生活产生美的升华,形成教学事业与生命活动合一的精神愉悦。诗性的教学体验建立在对学生的理解和爱的基础上。这种理解和爱没有附加任何功利的因素,它是一个优秀教师天然具有的与生俱来的职业情感。一阵清风、一片落叶、一只蝴蝶、一个不经意的动作都能引起他对教学的智慧感悟。教学就像漫游,沿途风光无限,不尽变幻,有时完美,有时缺憾,教师的心灵在这无限的风光中体现出诗性的教学智慧。"教学越来越不是一个高效传递的过程,更是一个与其他人一起在学习之路上旅行的过程和个人转变的过程。"[3]小威廉姆·多尔的审美性教学理想对我们营造诗性课堂教学还是有极大参考价值的。诗性的教学体验是审美与精神探求过程,它建立在知识传递、能力培养基础上,却超越了知识传递和能力培养的范畴。

三、方法的诗性:教学的灵动之美

方法是通向目标的桥梁。诗性的教学目标有赖于诗性的教学方法来实现。诗性教学基于方法,但又超越方法,所谓"教学有法,教无定法"。教学方法的诗性形成于师生的心灵互动,它是广大一线教师实践智慧的反映,正是这种实践智慧才产生出教学的灵动之美。

1. 艺术讲授的诗性

讲授作为一种教学方法经常遭到人们的诟病,但讲授是有诗性的。讲授的诗性在于它是讲者和听者之间不只是用语言而且是用心的交流沟通。所谓"善歌者,使人继其声;善教者,使人继其志。"教学大师的艺术魅力多在于他们那精彩的讲授,而不在于他在讲台上运用了什么样的教学手段。他们或论或譬,或哭或笑,或手舞足蹈,或声泪俱下,讲授艺术的诗性在中国的教学发展史上被演绎得淋漓尽致。据说梁启超在给

---

[1] [德]海德格尔.在通向语言的途中[M].孙周兴,译.北京:商务印书馆,2007:31.
[2] [德]马丁·布伯.我与你[M].陈维纲,译.北京:生活·读书·新知三联书店,1986:60.
[3] [美]小威廉姆·多尔.超越方法:教学即审美与精神的探求[J].杨明全,译.华东师范大学学报(教育科学版),2003(1).

学生上课时,自己常常是声泪俱下手舞足蹈,凡听过他课的人都终生难忘。[①]。讲授法是中国传统教学艺术的精华所在,它的精妙之处就在于讲者可以尽其所能将教学这门艺术发挥到极致。这是中国的教学土壤里孕育而成的艺术。当代活跃于中小学一线的许多优秀教师多是以讲授取胜,通过讲授,他们与学生产生了互动,发生了教学的愉悦,创生出无穷的教学美。

2. 巧妙答问的诗性

如果说讲授的诗性在于讲者以其教学智慧使听者得到教益,那么答问的诗性则在于问者、答者进入了一片无遮蔽的心灵澄明之境。答问的感染力是在直接的心灵互动中形成的愉悦。所谓"善问者如攻坚木,先其易者,后其节目,及其久也,相悦以解。"《论语》《世说新语》《坛经》《朱子语类》等中国古代典籍都载有许多精妙的应答对问;古代的私塾教育虽然很严厉单调,但其妙味无穷的答问艺术却是教学史上的闪光一笔。历史上教育家们在处理问答的诗性的时候各自有不同的特点,以孔子和苏格拉底为例,孔子在教学中多答而少问,"扣则鸣,不扣则不鸣",他的答却有极强的针对性,受答者常常是心领神会;苏格拉底则善问,他以自己的智慧的问来让受问者产生答的智慧。二者分别在东西方不同的文化土壤中产生了各自无穷的教学魅力。当今的课堂上,"课堂教学答问艺术的提出,对于培养学生的问题意识、提高学生的问题解决能力,构建生成性课堂和有效教学都起着十分重要的作用。"[②]问答的诗性首先要求教师要有在实践中形成的高度的诗性智慧,这样才可能产生良好的教学效果。

3. 智慧衍生的诗性

这里的"衍生"是一种生命智慧的运动,它是基于中国传统哲学而提出的一个概念。中国的儒、道传统都有"衍生"的智慧。"天行健,君子以自强不息;地势坤,君子以厚德载物",《易经》的衍生智慧被演绎为中华文化不息的生命之源。老子生命哲学的始基是"道",是生命的"谷神",是宇宙的"一"。它有化生万物的功能,是宇宙万物的原始动力。"道生一,一生二,二生三,三生万物。"生命的运动不仅是一种外在的形式,而是一种内在精神的衍生。儒道哲学思想在中国教学实践中的运用形成了中国教学的衍生的诗性美。当外域的理论传进来时,我们也总是用本土的思想从中"衍生"出更多的精神。这就是中国传统教学的诗性智慧。教学的衍生是一种实践智慧的创造,这种实践智慧在预设性与生成性的统一中完成了教学美的创造。教学的生命智慧衍生于具体的教学情境,师生的心灵互动衍生出教学的诗性美。

四、内容的诗性:教学的素材之美

教学内容的诗性之美是诗性教学的根本;内容的诗性是以课程与教材的形式客观地存在着,教学之前教师首先要有独到的理解和感悟,分析教学内容的确定性和生

---

① 梁实秋.梁实秋散文选集[M].天津:百花文艺出版社,2004.
② 李如密,刘文娟.课堂教学答问艺术探讨[J].教育科学研究,2009(4).

成性。确定性保证了学科自身的逻辑体系,生成性则提供了学科教学的拓展空间。教学内容的诗性既存在于确定性中,又存在于生成性中;前者表现为学科内容本身的概念逻辑美,后者表现为这种概念逻辑美在学生心灵中所引发的审美愉悦。

1. 数理学科的概念逻辑诗性

数理学科的美是一种概念逻辑的美,这种美在教学过程中产生的魅力无须修饰,它能激发起学生对这门学科本身学习和探究的兴趣。概念的美具有特殊的学科特征,如数学的"黄金分割美""九宫格的数字美""几何空间的美",化学中的"元素色彩美""反应过程美",物理学中的"速度美""力量美",生物学中"生命存在美""生命律动美"等。逻辑的美表现为思维运动给思维者带来的愉悦,如公式的推演过程。当有人问金岳霖先生为什么那么喜欢形式逻辑时,他只回答说形式逻辑"好玩",这"好玩"就体现出一种学科的逻辑诗性。

2. 人文学科的情感哲理诗性

人文学科自身就具有浪漫的诗性。中国古代的语文教育称"诗教",文艺理论称"诗话";西方古代的文艺学称"诗学",语言论辩术称"修辞学"。语文学科是人文学科浪漫诗性的最典型的代表。语文课堂应是师生心灵的诗意栖居之所。语文学习是帮助人体验幸福的过程,语文学习过程本身应充满着乐趣与幸福。教师在语文的天地里引导学生求真、求善、求美。语文课堂应是灵动的心灵之旅。在这快乐的学习之旅中,师生共同倾听先人留存下来的诗风琴韵,感悟先哲美丽的智慧人生。教师在教的过程中体验到心灵的快乐,学生在学的过程中体验到成功的喜悦。

3. 艺体学科的形式内容诗性

艺体学科自身就是审美的艺术,艺体的教学自然而然地具有灿烂的诗性特征。艺体教学的诗性表现在形式和内容两个方面。形式的诗性指教学过程中艺术、体育本身具有的美的形式因素带给学生的审美愉悦,如音乐的抑扬节奏、体育的优美动作;内容的诗性则是指审美形式所体现激发出来的学生心灵的感受、体验,如音乐的意境、气势和积极向上的人生情感,体育的健康体魄、坚韧意志等。丰满的形式、丰富的内容是艺体学科诗性的典型特征。

总之,不是每个人都会成为诗人,但或许每个人都曾有过诗人般浪漫的情怀;不是每一位教师都能写诗,但每一位教师都应该拥有一颗诗性的心灵。可曾几何时,我们的教学生活远离了诗,自孔子时代就形成的诗教传统在当代中国被湮没了,我们的教师很少有读诗的闲暇,更缺少写诗的激情。教学过程中功利性符号化的东西多了,生活化自然性的东西少了。我们的课堂教学是否能在功利的符号和生命的诗意之间找寻到一个平衡的支点?这都是教学艺术需要研究,也是教师需要关心的。

第七章　教学方法运用的艺术

教学方法就是在教学过程中，教师和学生为实现教学目的、完成教学任务而采取的教与学相互作用的活动方式的总称。方法是一个中性概念，方法本身虽然没有优与劣之分，但有使用对象的合适与不合适、使用过程的巧妙与拙劣之分。教学方法运用的艺术就是研究如何合适、巧妙、科学地选择和运用教学方法。

教学方法的运用要处理好"鱼"和"渔"的关系。"授人以鱼"意味着教学过程中将教学内容传授给学生，"授之以渔"意味着教给学生方法。对于前者，贬者多，赞者少；对于后者，赞者多，贬者少。其实，在实际的教学过程中，"鱼"和"渔"是不能截然分开的，有"鱼"还得会"渔"；无"鱼"，有"渔"何用？教学过程中，授之以渔的过程还要伴随着"捕鱼"的过程，教师要艺术地在教学过程中把"鱼"和"渔"有机地结合起来，而不能因为方法重要只强调"授之以渔"，忽视了教学过程中"得鱼"的快乐。方法和内容是互通互融的，没有内容的方法也就会成为一种空洞的形式。课堂就像夏天的一池水塘，水藻、游鱼、清风、白云，教者、学者，和谐逗乐、相映成趣。

本章结合特级教师的教学案例研究，选取课堂教学过程中常用的如下几种方法，就其运用的艺术进行分析，主要包括：

- 讲授的艺术
- 谈话的艺术
- 讨论的艺术
- 发现的艺术
- 问题设计的艺术

一、讲授的艺术

讲授法，是教师运用口头语言系统连贯地向学生传授知识的一种方法。讲授教学法根据教材内容及学生年龄特征的不同，可分为四种方式：讲述、讲解、讲读、讲演。

讲授教学艺术的基本要求是：(1)讲授的内容要具有科学性、思想性。即讲授的观点正确，概念准确，对学生有积极的思想教育作用。(2)讲授要有系统性，条理清楚，层次分明，重点突出。(3)讲授要讲究语言艺术。讲授的语言要清晰、鲜明、精练、准确、生动,尽量做到深入浅出,通俗易懂,快慢适度。(4)讲授要引起学生的求知欲,激发学生踊跃思考。

【典型案例】

案例一:《我愿意是急流》讲授艺术

下面我就把同学们说的回顾一下。这首诗有三美:意象丰美,意境优美,意蕴淳美(课件展示)。

第一,意象,简言之,就是渗透着诗人情意的具体形象。咱们中国人往往用红豆表示相思,用杜鹃表示悔恨,用杨柳表示送别,这里的红豆、杜鹃和杨柳就是意象。这首诗的意象丰美就表现在连用了十几个意象,而且都是两两相依。不仅角度丰富,而且层层递进,从对爱人的呵护一直写到欣慰地看着爱人的成功,每两个意象之间是相依相存、不能分开的,有急流、小河就有小鱼,有荒林就有小鸟。

第二,意境优美。什么是意境?就是文学作品中表现出来的蕴含着作者思想感情的艺术境界。我们读《天净沙·秋思》,它的意境是凄婉的,我们读《十一月四日风雨大作》,它的意境是悲壮的。《我愿意是急流》这一首诗的意境是开阔明朗的,是优美清新的,它具有悠远无尽的意味。

第三,再看意蕴。什么是意蕴呢?意蕴就是文学作品里面渗透出来的理性内涵。比如作品中渗透的情感,比如作品中表现出来的一种风骨、人生的某种精义或者某种主旨。这首诗表现了一种甘愿牺牲的热烈的爱情,很纯粹。当然,由于人的世界观、文化素养和性格不同,人们在爱情上往往表现出不同的想法和看法,把它化为文学作品,那么也就表现出不同的意象、不同的意境、不同的意蕴。[①]

案例二:《中国石拱桥》讲授艺术

师:好,同学们在课前已经预习过课文了,有的人把课文读了三四遍,下面我们来明确这堂课的训练重点。第一,来看看这篇文章的语言是如何表述的,通过学习这篇文章的语言,我们来学习一下表达事物、表达自己的心愿、表达自己的思想时如何运用准确的语言;第二,说明文一定要突出特点,那么我们看看作者在写中国石拱桥的时候是怎样突出特点的,从中我们体会一下怎样做才能抓住事物的特点;第三,看看这篇文章的说明顺序是怎样的,为什么这样来安排。在文体上同学们一定要搞清楚,这是一篇什么样的文体?[②]

[①] 余映潮. 例谈阅读教学设计. http://www.xueflying.com/news/2429.html
[②] 根据程翔的《中国石拱桥》教学录像整理。

【教学艺术评析】

在讲授中绽出美丽的火花

案例一中,特级教师余映潮老师用课件打出所要讲授的核心内容"意象丰美,意境优美,意蕴淳美",然后分别对"意象、意境、意蕴"这诗歌的"三美"进行逐条的讲解分析。教师在讲的过程中,首先让学生对自己将要讲的内容有总体认识,告诉学生鉴赏诗歌的美可以从这三个方面入手。教师的讲没有特别融入概念的分析,而是以学生能够明白的浅显语言将文学鉴赏知识介绍给学生,这样的讲授意境开朗,生动简明。教师的讲要显山露水,在关键之处绽出美丽的火花。这一教例中,教师恰当的讲授常常是课堂教学的画龙点睛之笔。

案例二中,特级教师程翔老师用简单的语言向学生介绍了这节课的训练重点,学生在课堂开始的时候对这节课将要学习的重点内容有了清楚的认识。教师提出了三个重点,第一个重点是语言学习的要求,如何运用准确的语言"表达事物、表达自己的心愿、表达自己的思想",第二个任务和第三个任务是有关说明事物的要求和说明顺序的问题。整节课的教学围绕这三个重点任务进行,逐步展开,各个击破,教师讲授的内容既是明确重点,又是布置任务,简明扼要,纲举目张。

【拓展延伸】

如何使课堂教学中的讲授变得生动?

讲授是一种方法,更是一种艺术。娴熟地运用这种艺术不但需要教师有较强的语言表达能力,还要有丰富的学识。一个教师在讲授特定的教学内容时,不仅要有正确的理解,还要对教学内容进行形象的表达,从多学科的视野出发将特定的教学内容呈现在学生面前。精彩的课堂语言具有准确、鲜明、生动的特点,精彩的讲授要能使听者如沐春风。一位教师在教学生物进化这一内容时,从《西游记》美猴王出世的故事讲起,通过原著中描写美猴王诞生的一段文字引导学生思考,巧妙地在石头变成美猴王的神话和进化论科学之间寻找联系,激发学生对新课内容的学习兴趣。这里通过讲授,在科学和文学之间建立起密切的关系。[①]

用文学的语言来介绍科学的内容需要教师有较高的语言表达艺术,最重要的要求是教师的语言必须准确、简明。运用简洁、富有逻辑性的语言同样可以起到良好的教学效果。文学艺术的美和科学逻辑的美是两种不同的美,这两种不同的美运用于课堂教学中都能产生积极的影响。运用文学的语言进行生动描述,或者运用科学的语言进行准确的概念阐释,都能对课堂教学产生积极的意义。虽然它们的语言风格不同,但运用得当,都能起到好的课堂教学效果。

---

① 刘满希.拒绝平庸:让生物学课堂更精彩[M]//吴生才.著名特级教师教学思想录(中学生物学卷).南京:江苏教育出版社,2012:258.

二、谈话的艺术

谈话法，又称问答法，是教师根据教学内容和学生的已有经验、知识基础，有计划、有目的地提出问题，引导学生通过独立思考和师生间相互交流进行教学的方法。谈话法的具体方式分为传授新知识进行的谈话、为巩固或检查已经学过的知识进行的谈话、在讲授过程中或在学生活动过程中进行的谈话。

教学谈话艺术要营造良好的教学氛围，使课堂教学形式生动、有趣；教学谈话的艺术要有亲切自然的教态，对教学起到推波助澜的作用。谈话法的巧妙运用要求教师有充分的准备，谈话要有计划性。同时，谈话的艺术也是教师倾听和理答的艺术。教师通过倾听理解学生，让学生在谈话过程中完成个人的独特体验；通过理答，对谈话内容进行反馈，实现教学目的。

【典型案例】

案例一：《农业的区位因素》谈话艺术

（展示与交流）

师：你们认为水稻分布在哪里？

生：我们认为水稻分布在三个地区，一是在整个中国的东南部，二是在东北部的一小块，三是在西南部的一小块。我们绘制的这三个区域是根据水稻对降水和气温的要求得出的。

师：很好。我们看看其他组同学的成果。大家都得出了同样的结果。那么下面我们来看一下实际的水稻分布。看看大家的理论成果和实际成果的差异。通过对比来看，总体还是比较相似的。

师：探究得出的结论1，影响水稻的主导因素是气候。

师：那么现在大家找出实际水稻分布和理论得出的结果有哪些差异？

（图片展示：中国实际水稻分布图）

师：哪个地方是理论上没有但实际上有水稻种植的？

生：新疆塔里木盆地、宁夏平原。

师：能否分析一下这些地区实际上会有水稻吗？

生：这些地区都沿河，水源丰富。

师：对。"从无到有"，主导因素是水源。

（提问）

师：有些地方理论上本该有水稻，但实际却没有。这些地方在哪里，为什么？

生1：在贵阳，本该有，实际却没有水稻种植，因为地形为山区，不适宜大规模生产。

生2：在珠江三角洲。因为工业发展，第三产业发达，所以实际上没有种植水稻。

师：在贵阳这个地方，因为地形崎岖，不适合水稻的生产。这是对的。再看山东南部和河南南部，为什么没有水稻种植？

生：土壤不适宜。

师：水稻对土壤的要求是比较低的。我们知道这两地都位于华北平原，华北平原有什么显著问题？

生：缺水。

师：华北缺水，而水稻又是喜湿作物，所以制约水稻种植的因素是水。再看西南地区，也是本该有却无，是有地形因素在内。我们仔细看，西南地区有的地方也是有水稻分布的，只是很少。想一想，地形是怎样影响水稻分布的？

生：（在教师引导下）是坡度。首先，坡度增大，种植难度大，成本高。其次，在环境方面，会造成水土流失。

师：对。所以一定坡度的地形会限制种植业。

（资料展示）资料一：广州增城朱村的水稻从2004年起改种蔬菜。资料二：广东省重大科技专项——稻菜轮作制的推行。

师：刚才提到了珠江三角洲，其实这里是有水稻分布的，只是很少，由此引出一个问题，本应种植得多的地方，实际却种植得少，为什么？原因有很多，来看两个资料。第一个是新闻，广州增城朱村的水稻从2004年起改种蔬菜；第二个资料显示了广东省重大科技专项——稻菜轮作制的推行，由以上资料看出水稻种植由多到少。那为什么人们改种蔬菜？

生：一是当地经济的需要，二是市场需求的改变。工业化、城市化减少了农业用地。

师：是的，市场对蔬菜需求增加。那为什么不从外地运，而是在当地种呢？

生：一是成本，二是拉动当地经济增长。

师：（引导）蔬菜本身有何特点？

生：蔬菜需要新鲜，从外地运保鲜要求高。

（图片展示：飞机上看到的杭州郊区）

师：从这幅图上可以看到在钢筋水泥中，农田成了孤岛。再来看广州的情况。

（图片展示：广州农田面积变化遥感影像图）

师：紫色的代表农田。我们可以看到，经过12年的变化，农田面积随着建筑物的增加而减少。所有这些导致了耕地由多到少。

（PPT展示：总结珠江三角洲）

师：珠江三角洲城市化发展，导致人们的市场需求发生变化，最终导致农业结构调整，即菜多粮少。蔬菜是时鲜产品，要根据消费市场种植。

师：除了以上从无到有、从有到无、从多到少，还有什么情况？

（图片展示，对比分析：东北地区20世纪90年代和21世纪的水稻遥感分布图）

师：我们来看一下时间对比。十几年的变化，东北水稻种植有何变化？

生：稻田分布越来越广，面积越来越大。

师：这是我们看到的状况，下面我们来分析原因。比如辽河平原，水稻分布变化很直观。下面我们来分析从少到多的原因?

(展示图片:东北地区气温年较差变化图和东北大米种植图)

师:结合两幅图的信息,从气候和市场两个方面探讨为什么东北水稻种植面积增加。

师:东北大米的市场需求增加。为什么会有需求的增加?

(总结原因:陈列需求增加的原因,由学生朗读)

(引申问题:展示假冒伪劣的大米图片)

师:大家看看,这一种是假冒伪劣的大米,从哪里可以看出是假冒伪劣的?黑龙江省吉林市,黑龙江没有吉林市,所以说地理知识很重要。

师:所以东北水稻种植面积扩大是因为市场需求和气候两方面因素。

(总结东北扩大水稻种植面积的原因。以 PPT 展示总结内容)

市场对品质优良的东北大米的需求量上升。

气温上升,使种植面积和产量增加。

农业生产技术(水稻旱育秧技术)的发展。

(课堂小结)以结构图的形式总结本节课内容。[①]

案例二:《装在套子里的人》谈话艺术

师:今天我们一起学习《装在套子里的人》,了解契诃夫这位伟大作家的小说风格。小说的标题叫"装在套子里的人",现在请同学们快速阅读课文,数一数别里科夫身上有多少个套子。请大家边看书边做标记,在套子下面画横线。

(学生看书,做标记,大约 3 分钟)

师:哪位同学先说说?

生:13 个。

师:请具体说说。

生:雨鞋,雨伞,棉大衣,伞套,表套,刀套,脸套子,衣领,黑眼镜,羊毛衫,堵耳朵眼的棉花,车篷,壳子。

师:大家先看看有没有重复的。

生:有。"脸套子"就只有"衣领",还有"壳子"是一个总的说法,不能看作一个具体的套子。

师:很有道理。那是不是就只有 11 个套子呢?

生:不是。

师:还有哪些套子呢?

生:古代语言。

[①] 根据邵俊峰的《农业的区位因素》教学录像整理。

师：为什么呢？

生：因为"古代语言，对于他来说，也就是雨鞋和雨伞"。

师：你的分析方法很好。阅读理解就是要善于从文中找根据，那还有没有其他的套子呢？

生：还有许多。如"那些从没存在过的东西""政府的告示""报纸上的文章"，对他来说，都是套子。

生：还有他最爱说的一句话"千万别闹出什么乱子来"，其实也是他的一个套子。

师：大家分析得非常好，其他还有吗？

生：他的房子、卧室、帐子、被子，也都是他的套子。

师：大家找得很细，分析也比较准确。课文这一小节有几个字词要注意一下读音。（板书：兢、宵、采、僻）那么，他的身上到底有多少个套子呢？

（学生阅读数套子，有人说20，有人说24，发生争论，期待老师的结论）

师：我看同学们不用再争论了。为什么呢？因为别里科夫身上的套子是无法数清的。除了小说里已经具体写出来的以外，其他有没有了呢？我看肯定还有。（板书：数不清的套子）但我想问一问同学们，在别里科夫身上最主要的一个套子是什么呢？①

【教学艺术评析】

巧妙问答推进课堂活动的展开

案例一中的对话分为两个部分，第一部分讨论了我国水稻的分布情况，第二部分讨论了为什么在珠江三角洲适宜种植水稻却没有种植水稻。教师首先提出问题："你们认为水稻分布在哪里？"学生回答讨论，教师从学生的回答讨论中得出结论1："影响水稻的主导因素是气候。"接下来教师又以"有些地方理论上本该有水稻，但实际却没有。这些地方在哪里，为什么？"把学生的思维引向深入，进而得出土壤、水、坡度都是影响水稻种植的因素。第二部分，教师通过资料展示，提出两个问题，"本应种植得多的地方，实际却种植得少，为什么？""水稻种植由多到少，那为什么人们改种蔬菜？"最后教师在学生思考讨论的基础上得出结论："珠江三角洲城市化发展，导致人们的市场需求变化，最终导致农业结构调整，即菜多粮少。从蔬菜自身原因来看，其是时鲜产品，要根据消费市场种植。"接下来，展示东北地区气温年较差变化图和东北大米种植图，引导学生分析讨论。本案例中，教师通过真实情境中的问题设置，引导师生之间展开对话，对话始终围绕问题进行，并通过问题的分析解决带动学生的思维发展。

案例二中，上课一开始，教师便抛出问题"找套子"，引起对话。这个环节是教者独具匠心的设计。一方面，通过"数一数别里科夫身上有多少个套子"这样一个主问题，组织学生进入文本学习，初步感知人物形象；另一方面，通过设问"数不清的套子中哪个是最主要的套子"，了然无痕地过渡到下一个内容的学习。

---

① 黄厚江.享受语文课堂——黄厚江本色语文教学典型案例[M].北京：教育科学出版社，2012：26-27.

当学生回答"古代语言,对于他来说,也就是雨鞋和雨伞"之后,教师顺势点拨,"阅读理解就是要善于从文中找根据,那还有没有其他的套子呢?"简单的一句话,足见教者的表扬艺术。教师先肯定学生的分析方法很好,然后告诉学生好在哪里,这样的表扬是有"技术"含量的,它将学生无意识的思维习惯提炼到科学方法的高度,这样对其他学生的阅读分析就起到了很好的提示作用,接下来的学生活动就有了章法,都是"从文中找根据",从而能够保证学生的活动立足文本语言,避免"空对空"。

【拓展延伸】

怎样使谈话有效地展开?

1. 需要教师提出明确的且学生感兴趣、通过思考和讨论能够解决的任务

明确的任务可以让学生知道自己在课堂上要做什么,这是谈话展开的前提条件,如果没有任务,谈话也就没有内容,没有内容,谈话就失去了凭借和支撑;让学生产生兴趣需要教师布置的任务与学生的日常生活有密切联系,并且这样的任务既可以从表面现象分析,也可以从本质角度进行分析,这样易在学生中引起不同的意见,这些不同的意见在课堂上进行交锋,从而产生讨论或者争论。任务解决的目的是引导学生对教学内容产生深入的理解,对问题作出正确的判断。

2. 在教学交往中进行谈话

教学离不开交往,甚至有研究者认为教学活动就是一种交往活动。交往给谈话提供了一种氛围,谈话的艺术也可以说是一种交往的艺术。如下例:

T: Ok. Every day when I see your smiling faces, it makes me happy. And talking with my daughter makes me happy. Reading books, listening to English songs make me happy. So many wonderful things. What kind of thing makes you happy?(indicating Ss to put up their hands)

……

T: Yes. You are a good child. Ok. But are so many things of all these things can be things change your life?

Ss: No.

T: So what kind of things can change your life?(repeating her questions)S7?

S7: I think studying hard can change my life.

T: Studying hard can change your life. Maybe. What other things can change your life?(inviting S8 to give his opinion)

S8: I think making good friends can change my life.

T: Hmm, making good friends… really, a good friend is important. Yes, what about S9?

……

S11: I think going to some exercise can change my life.

T: Doing some exercise can change your life?

S11: Yes.

T: Yes. What about the other students?（S12 putting up her hand）Yeah, good!

S12: I think having a good teacher can change my life.

T: Ah, having a good teacher… Am I a good teacher?

Ss:（laughing）Yes.

T: Oh, thank you. In my opinion, do you think helping others can change our lives? Do you think so?

Ss: Yes.

T: Do you often help others?

Ss: Yes./No.

T: Some students often do something good to the other students. Ok. Just like the chapter says, she said helping others changed her life, really. Do you think what kind of people needs our help?[①]

以上实录部分是这节阅读课的导入部分，主要作用是让学生顺利过渡到课堂中，进入有关话题的阅读。导入部分总共花时三分钟左右，师生互动干净利落，简洁迅速。教师抛出贴近学生生活的两个问题——什么事情让学生感到快乐以及这些令人快乐的事情中有哪些能改变他们，采用自由发言的方式，邀请全班近三分之一的学生回答并给予积极反馈，提高学生参与课堂的积极性，从而将学生注意力吸引到课堂上来。在师生互动中，教师精心设置与本节课的主题相关的话题讨论。本节课的主题是关于支援山区孩子志愿者活动，教师从切口小的话题"快乐"开始，减缓学生对"志愿者"这个话题的生疏感和距离感。教师严格控制话题的导向，扮演好 controller（控制者）的角色，当无法从学生方面引出课堂主题时，教师及时终止自由发言，回归主题。

3. 在活动中展开谈话

教师依据特定的教学内容设计一个主题，教学谈话围绕这个主题而展开。在师生围绕主题进行谈话的过程中，教师可以是谈话内容的发起者，学生也可以是谈话内容的发起者。很多时候，课堂的亮点不是教师精彩的组织和表达，而是学生在谈话过程中提出的个性化问题或个性化理解。钱梦龙老师的课例有一个特点，即教师首先在课堂上提问，教学过程伴随着学生的问题展开；而宁鸿彬老师的课在多数情况下则是由教师提出问题，教师引导学生根据教学内容一步一步向下走。

三、讨论的艺术

讨论教学法是指在教师的指导下，学生以全班或小组为单位，围绕某个问题发表和交换意见，通过相互之间的启发、讨论、商量获取知识、巩固知识的一种教学方法。讨论教学法的具体

---

① 根据杨春妹的《Go for it》教学录像整理。

形式有交流式、评述式、辩论式、质疑式等。

讨论活动正式开始之前,教师可以安排某些引导性的活动促使讨论顺利展开。这样可以激发学生对讨论的兴趣,使学生在进行有意义的讨论之前有思考和反应的机会。教师可以运用讨论法创造良好的讨论气氛。课堂教学中讨论的艺术还要求教师在教学过程中安排合适的讨论形式。讨论教学艺术的实现一般有四个基本步骤:讨论的准备、讨论的开端、讨论的引导、讨论的评价。

【典型案例】

案例一:《你的判断对吗?》讨论艺术

师:刚才,我们经历了前面的观察过程,观察以后我们再做什么?

生:猜想。(板书)

师:对,猜想。这都是数学的重要方法。然后再怎么样呢?判断验证。(板书)那么,有的时候通过观察、猜想就错了吧!有的时候就能够作出正确的判断,所以我们还要验证。好,我们再看一个生活中的例子。请同学们看实验,在插有筷子的透明杯子中注入水,说一说你看到了什么现象。好,最后一位女生。

生:我们可以发现筷子是弯曲的。

师:筷子是弯曲的,但事实上,筷子是弯曲的吗?不是,对吧!什么原因使筷子看起来是弯曲的呢?

生:光的折射(齐声)。

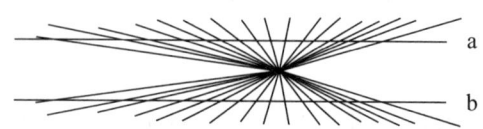

师:那么由以上生活中的两个例子,你有什么启发?好,那位男生你来说。

生:我觉得看到的不一定就是真的,还要通过自己的经验去判断究竟是怎么样的。

师:说得很好,有的时候看到的不一定是真的,但是通过观察我们可以进行猜想!但是观察猜想得到的结论也不一定是正确的,还要进行验证。接下来我们来看数学中的例子。(PPT)观察下图,说说线a、b是两条怎样的线。仔细看看,给你什么感觉,先说说感觉。那位男同学,你来说说。

生:我觉得它看起来是弯曲的,但实际上是平行的。

师:你的眼睛太厉害了,他说看起来像弯曲的,但实际上是平行的,有没有不同意见?认同他的想法吗?好,你有不同意见,你说。

生:我觉得它中间是弯曲的,两边是平行的。

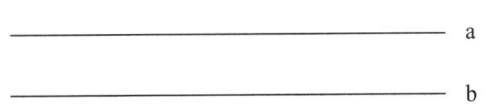

师：好，你观察得很仔细，那事实上呢？我把它的背景拿掉，它应该是……平行的。那么你怎么来验证呢？有没有验证的方法？好，那位女同学你说。

生：我们可以拿尺子的边缘去量一下，然后平行推移，可以发现它们是平行的。

师：通过平推可以发现它们是平行的，蛮好。那老师做了动画，的确是两条平行线。再看第二个问题。(PPT)在这个图形中，请你判断线段 AB 与线段 CD 哪条长？先猜猜看！看看你的眼力，刚刚那位女同学就有火眼金睛，最后一位男生你说说看。

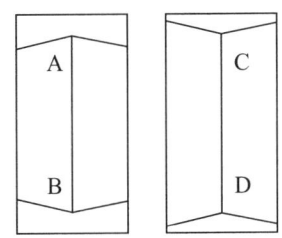

……①

案例二：王亚权《学会联想》讨论艺术

师：好，请坐。有一次，一个科学老师拿了一个问题问我。他说，在一个横截面为长方形的容器内装有一定量的水，然后把容器倾斜以后，水面的最大高度会不会发生变化？那这个问题，既然是科学老师来问数学老师的，那我想，我们怎么从数学的角度给他一个解释呢？大家想，在这个过程当中，容器倾斜了，有许多量在变，是不是啊？那有没有不变的量？如果我们从截面这个角度来讲，我把它画成一个长方形，变成这样一个图形以后，大家知道，这是一个梯形咯，是吧？什么不变？

生：(轻声回答)面积。

师：对，面积不变。那如果从面积不变这个角度来讲，左边这个图形当中它的面积应该是 a 乘以 h（板书：ah），右边这个，如果倾斜到这种程度的话，那怎么样算它的面积呢？所以我想呢，先拿一条这样的对角线，把它这样连接起来，那么就把这个直角梯形分成两个三角形，这个面积又可以表示为，二分之一的 b 乘以 h_1 加上二分之一的 ac，是不是？所以就有一个 $\frac{1}{2}(bh_1+ac)$［板书：$ah=\frac{1}{2}(bh_1+ac)$］。这样大家知道，从这个等式当中，我们无法比较 h_1 和 h 的大小关系，是不是？那又怎么办呢？因为这个过程是可以动的，所以我们数学当中又有一种方法，我可不可以在倾斜的过程中去一个

---

① 根据章晓东的《你的判断对吗？》教学录像整理。

特殊的位置,可以吧?

生:可以。

师:可以,那么特殊的在什么地方呢?我把它再倾斜过来的话,是这个液面正好经过这个顶点,这时计算起来就方便啦,变成这个三角形,对不对?那在这个三角形当中呢,它的面积应该是等于二分之一的 d 乘以 h_2,所以应该有这么一个等式在这边,$ah=\frac{1}{2}dh_2$ 对吧(板书:$ah=\frac{1}{2}dh_2$)。那么你想这个液面高度到底会不会发生变化呢?那我们就想什么情况下这个高度不变,也就是什么情况下,在这个等式中 h 等于 h_2。那只有什么,$a=\frac{1}{2}d$(板书:$a=\frac{1}{2}d$),是不是?那么什么情况下,这个 a 等于二分之一 d?大家知道,这是不是一个直角三角形,在这个直角三角形中,什么情况下这条边等于斜边的一半?

生:三十度。

师:三十度,很好。那么也就是说我们在倾斜的过程中,只有当这一个角等于三十度的时候,这个高度才跟原来的高度是一样的啊。但大家知道,在这个倾斜的过程当中,是不是这个角肯定就等于三十度的啊?

生:不是。

师:是不是不一定的啊。因此,我们可以作出一种推断,在这一个过程当中,它的液面的最大高度是不是会发生变化的啊,只有一种情况,就是刚好液面经过这个点,夹角等于三十度的时候,是不是这个高度是一样的啊?

生:对。

师:好,那么通过这个问题,我就想到另一个问题,因为大家知道,数学离不开解题,解题当中,我们需要联想。(走近学生)联想什么?联想那些相关过程。我想今天这一节课,我们就通过一些问题,在解答过程中来看看,我们到底应该怎么联想。我们先看第一个问题。

(PPT:A、B 两个化工厂位于一段直线河堤的同侧,到时河堤的距离分别为 AC=1 km,BD=2 km,经测量河堤上 C、D 两地的距离为 6 km。污水处理厂 P 恰好建在河堤边上。为使 A、B 两厂到污水处理厂的排污管道最短,污水处理厂 P 应建在何处?请在图上标出这个位置,并求出这时排污管道的长度。)

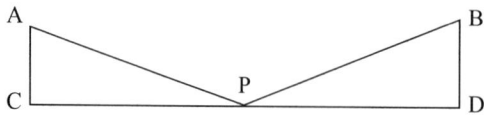

生:如图,A、B 两个化工厂位于一段直线形河堤的同侧,到河堤的距离分别为 AC=1 km,BD=2 km,经测量河堤上 C、D 两地的距离为 6 km,污水处理厂 P 恰好建在

河堤边上。然后设 PC=x（km），请用含 x 的代数式分别表示污水处理厂 P 到 A、B 两个化工厂的距离。

师：好，请坐。很好，这个问题能解答的请举手。就是求污水厂 P 到 A 的距离和求污水厂 P 到 B 的距离，从这个图形上来讲，就是求线段 PA、PB 的长，对不对啊，那能求吗？能求的请举手。

（所有学生都举手）[①]

【教学艺术评析】

引导学生在讨论中生成学习的智慧

案例一是一节数学方法课，教学内容是如何学会正确地判断事物。教师通过实例引导学生对判断的"观察—猜想—验证"过程进行讨论。教师的问题设计从生活中常见的简单现象开始，以问题"当在插有筷子的透明杯子中注入水，说一说你看到了什么现象"引起学生思考，接下来设计三个问题，引导学生围绕这三个问题进行讨论，使学生学会认识事物、对事物作出判断。第一个例子是对由于错觉造成的两条平行线不平行的判断和验证，第二个例子是对由于错觉造成的两条长度相等的线段不相等的错觉的判断和验证，第三个例子是让学生判断图中是否有曲线并进行验证。这三个例子按照由简单到复杂的顺序排列，讨论的过程由浅到深。

案例二中，特级教师王亚权老师首先抛出讨论的问题，"在一个横截面为长方形的容器内装有一定量的水，然后把容器倾斜以后，水面的最大高度会不会发生变化"，通过这个问题的解决，引出这节课的教学内容"学会联想"。这是教学开始的导入环节，在这个环节中教师根据数学课的特点，引导学生运用数学思维方法解决问题，把观察、推理的过程密切地结合在一起，产生了较好的教学效果，为接下来的深入讨论作了较充分的准备。完成课堂导入之后，教师用投影打出"工厂位置的问题"，要求学生运用联想的方法对这一问题进行讨论，从而将教学过程通过问题的引导一步一步走向深入。

讨论是课堂教学中常用的方法之一，没有哪一位教师不会在自己的课堂上运用这种方法，但通过众多的课堂讨论案例分析，会发现讨论的质量有较大的差异，有的讨论停留于问题的表面，不能把学生的思维引向纵深，有的讨论形式不够活跃，课堂气氛呆板，学生不能产生积极的兴趣，讨论的过程难以展开。如何解决这些问题，这两个案例提供了较好的参照。

【拓展延伸】

怎样使课堂教学在讨论中展开？

1. 通过生活情境引入讨论的问题

教师在设计讨论问题时，将合适的生活情境作为问题的背景会让学生有熟悉感，产生讨论

---

① 根据王亚权的《学会联想》教学录像整理。

的意向。如特级教师薛祝其老师执教《摩擦力》一节的教学片段。

师:"乱云低薄暮,急雪舞回风"是杜甫《对雪》中的诗句。我们这里的冬天,时有一派北国风光之景。骑自行车在铺满冰雪的路面上转弯时,会怎样处理呢?是否有过摔倒的经历?(学生开始兴奋起来,开始交流最难忘的那一次经历)

生1:(抢先回答)我有一次摔倒得特别厉害,在医院躺了十天。(学生都笑了起来,课堂气氛更加活跃)

生2:在这样的路面上骑自行车,既慢又紧张,就连公共汽车也没有平时威风了。

生3:不用说是骑自行车了,就是走路我都摔倒过多次。

师:什么原因使你们摔倒的?

生:摩擦力小呗。

师:这节课我们就一起来研究摩擦力。(板书)[①]

上述教例中,教师以话题"冬天摔倒的经历"导出教学内容,由日常生活中熟悉的"摔倒"自然过渡到"摩擦力"内容的学习,从生活中的摩擦力现象引导学生进入对"摩擦力"本质的认识。

2. 教师的问题要能引起学生认知冲突

认知冲突就是当个体意识到个人认知结构与环境或是个人认知结构内部不同成分之间的不一致所形成的状态。有了认知冲突,学生就会积极参与到课堂讨论中来。如特级教师费宏老师在"自由落体习题课"教学的时候,设计了一个导入性问题。

"据报道,有一伙街头骗子,让你用食指和中指夹一张崭新的百元大钞,夹到了,百元大钞就是你的,夹不到,你付十元钱。请同学们想一想、算一算你是会赢还是会输?"

这个问题实际上是书本上的一个"测反应速度"的小实验,但学生搞不明白安排这个实验的用意,即便实验做了体会也不深刻。试过"夹百元大钞"的活动后,学生顿悟,对课本上安排的小实验的动手积极性一下子提高了,每一个学生都想动手试一试、测一测自己的反应速度。[②]

在学习新内容的时候,引发学生的认知冲突是有经验的教师经常使用的一种教学艺术,教师在进行这类教学活动设计时,一般从学生习以为常的现象入手,从日常现象中寻找学生认知上的矛盾。上述教例就是这种教学艺术的典型运用形式。

3. 引导学生进入课堂的特定情感状态

积极的情感状态有助于课堂讨论展开。这类问题的设置要符合学生的思维发展水平。如特级教师余映潮老师执教的《假如生活欺骗了你》中的讨论。教师在引导学生学习、初步掌握了课文内容、有一定的情感体验的基础上,让学生用自己的语言表达自己的感受,学生感到有情可抒,有话可说。加上教师的适时点拨,课堂上一个高潮接着一个高潮。

[①] 薛祝其.「还原本真的课堂」的理念与实践[M]//陶洪.著名特级教师教学思想录(中学物理卷).南京:江苏教育出版社,2012:630.

[②] 费宏.关于优化与自创教学方法的研究[M]//陶洪.著名特级教师教学思想录(中学物理卷).南京:江苏教育出版社,2012:398.

四、发现的艺术

发现教学方法是指教师在指导学生学习概念和原理时,不是将学习的内容直接提供给学生,而是向学生提供一种问题情境,给学生一些事实、现象,让学生积极思考,独立探究,自行发现并掌握相应的原理和结论。发现教学法有以下几个优点:(1)有利于促进学生内部学习动机的形成,能更好地培养学生的抽象思维能力,发展智力、发挥潜力;(2)有利于知识的记忆;(3)有利于知识的迁移;(4)有利于学生思维能力的发展。

发现教学艺术的运用需要遵循以下几个步骤:(1)带着问题意识观察具体事实;(2)建立假设;(3)形成抽象概念;(4)把学到的知识转化为活的能力。

发现方法的运用要求教师对学生积极鼓励,让学生树立牢固的信心;同时,教师必须在教学组织的过程中最有效地呈现教材内容,以促进外来的奖励向内在的奖励转化。

【典型案例】

案例一:《自感和互感》发现艺术

师:首先呢,我想给大家做两个实验,请你们仔细观察,观察到以后呢,用前面所学过的知识来进行思考。你有什么问题就写在上面(平板电脑)。

师:接着呢,我介绍下,这是个线圈,马上给它通电。(教师将线圈举起给学生观察)我还有一组小线圈,这儿,(教师将小线圈举起给学生观察)这是一个独立的线圈。这个线圈上呢我穿了一个小灯泡。我把它(大线圈)通电,大家注意观察。

(教师将小线圈逐渐靠近大线圈,小线圈上的小灯泡发光了,再将小灯泡远离大线圈,灯泡熄灭)

师:再看一下。(重复上述动作)

师:你们用你以前学过的知识分析一下这个现象的本质是什么。

师:第二个实验呢,我再跟大家介绍一下。这个呢,就是我们实验室的螺线管,还有一个是喇叭,现在不响。(教师将螺线管和上课用的"小蜜蜂"举起给学生观察)我还有一个小线圈,这是一个小线圈,我再加一个手机。(教师在讲台上找到小线圈和手机展示给学生观察,小线圈接连着一根耳机线)我用手机放一段音乐给大家听听。

(有学生笑)

师:笑什么?我放段流行音乐给你们听听。

(全班同学笑,教师用手机播放音乐)

师:声音比较小,是吧?听到吧?我把它当成耳机,插上去大家知道还响不响啦?

(教师将小线圈上的耳机插头插入手机的耳机孔里,音乐声停止)

生:不响。

师:不响了,是吧?你们注意听啊。

(教师把较小的螺线圈插入接着"小蜜蜂"的螺线管中,"小蜜蜂"中放出音乐,又

将小的螺线圈拿出,音乐声又听不见了)

(全班学生很惊奇,兴奋地鼓掌)

(教师又一次演示了这一现象)

师:好,从这两个实验你们给我分析一下,用你们学过的知识来考虑一下。

(学生思考)

师:我们近来学的是什么?

师生:电磁感应。

师:那来进行一个推理。我们刚才第一个实验,(举起带灯泡的小线圈)灯从不亮到亮,亮说明里面有什么?

生:电流。

师:这可以肯定吧。一步步地推,现在有没有电流?

生:没有。

(教师将带灯泡的小线圈靠近接通电源的线圈,灯泡亮)

师:如果将它开起来以后,有没有电流?

生:有。

师:哪来的?你们可以自己写啊。把你的想法写下来。

(学生在各自的平板电脑上写下自己的想法)

(教师在教师机上观察学生的思考情况,大屏幕展示每位学生的想法)

师:有人写了螺线管上通电后,有电流会产生磁场,小线圈……(笑)还没写下去,再继续写。陈立凡,我来看看你的。(大屏幕展示陈立凡同学写的思考内容)电磁感应,交流电,磁场变化,感应电流。他这个思路啊,好像表达得不清楚,但是这个线路是对的。

(教师点开余小龙同学写的思考内容,用大屏幕展示)

师:好,余小龙。导体在磁场中运动,哦,运动才有的啊?我刚小灯泡不动了,有没有啊?小线圈不动有没有?不是动才有的啊。余小龙你再看一下。

(教师走到讲台,再一次演示了第一个实验)

师:你看到这样有,是吧?(教师慢慢靠近大线圈,灯泡逐渐变亮)我不动了,有没有?(小灯泡一直发光)

(学生点头)

师:你还要进一步好好观察啊。还以为是运动切割磁感线,是不是这个意思啊?

(学生摇头)

师:不是吧。张昊,你写的什么?

(教师点开张昊同学写的思考内容,用大屏幕展示)

师:交流电,电压一直在变,诶,电压一直在变?是电流一直在变比较好。为什么是电流啊?电流产生磁场是不是?

（学生有骚动，该同学后面有写是电流变化）

师：哦哦，引起电流变化，对！导致磁场变化。小线圈在磁场中，外磁场引起穿过小线圈的磁通量变化，产生的感应电动势，产生的感应电流。对不对？

（学生点头）

师：很好！那也就是说我们大线圈中始终有了一个恒定电流还是变化电流？

生：变化电流。

师：那这个电流一直在变化，是不是。这就是大家所了解的交流电。（教师用手指了指日光灯）很好啊！

（教师走近讲台，拿起播放器和戴耳机插头的小线圈）

师：那这个呢，我们再来看看。我们把播放器放到这儿，那儿响了。是不是也是因为这个变化电流？那引起了这个里面的感应电动势，产生了感应电流。但我们从听觉来看还有个判断，还有什么呢？这里面引起的感应电流是恒定的还是变化的？

生：变化的。

师：怎么是变化的？

生：声音的……

师：你本来是什么音乐到了这儿是不是还是什么音乐？那它不仅变化，而且这个变化规律还跟我这个变化规律怎么样？

生：一样的。

师：一样的。大家注意观察，那我们把这种现象称之为互感。大家翻到第二个问题。

（学生在平板电脑上翻到第二个问题）

师：什么叫互感？你给它下个定义。就根据刚才你看到的分析的，自己写。写不出来的你就查书，书没带的那你就讨论。

（学生进行思考、查书、讨论）[①]

案例二：《生态系统》发现艺术

师：请尝试分析在一个生态系统中，各生物物种是否会发生变化？请举例说明。

（这是一个调动学生思维的问题，也需要学生结合实例分析。屏幕上问题一出，学生马上投入了积极的思考中）

生1：会发生变化。比如，毛毛虫会变成蝴蝶。

生2：会变化。比如人们要砍伐森林，不仅造成树木减少，也造成很多种动物的减少，生态系统也就发生了变化。

生3：很多植物在冬季落叶，变得光秃秃的，当然有变化。

师：我感觉，虽然树木变得光秃秃的，但它依然还是有生命的，只是外表上暂时没

---

① 徐锐的《自感和互感》教学实录：南京市金陵中学对外开放推荐课。

有了叶子。请大家着重从物种的数量和种类上来考虑。

生4：有些动物在冬季会进行冬眠。

生5：青蛙是由蝌蚪变成的。

生6：老师，我反对他们的意见，我认为是没什么变化的，也就是说，在一个生态系统中，物种是基本稳定的，要是变化太大的话，也就不稳定了。

生7：我支持××（生6）的观点，我们前面学过，生态系统有自动调节能力，所以才有生态平衡。

生8：我反对××（生6）、××（生7）的意见，还是有变化的，比如有的鸟类会在冬天到南方去，春天气温高了再飞回来，所以，物种是会有变化的。

……

（学生辩论起来，当然绝大多数认为生态系统是有变化的，并且举出很多真实的事例来说明。看着学生激烈的辩论，各自找理由证明自己的观点，很为他们的这种精神叫好。看争论的差不多了，教师进行了总结）

师：大家的分析都不错，认为有变化的同学证据确凿，认为没有变化的同学，我想，他们是想说明生态系统有一定的稳定性，也就是前面一节中我们学过的"生态平衡"。虽然大家观点是相反的，但仔细分析还是一致的，也就是既有变化也有稳定，平衡也是动态的平衡，变化也是在一定范围内的变化，所以，我们说生态系统是一个动态变化的系统。（板书）

师：每一个生态系统是不是孤立存在的？（紧接着，教师又提出了一道思考题，学生马上又有了自己的想法）

生1：不是孤立的，比如青蛙在水中生活，也可以到陆地生活，所以，水域生态系统和陆地生态系统有联系。

生2：乌龟在水里生活，但会把蛋生在岸上，所以有联系。

生3：有的鸟在空中飞行，能快速地从水中捉鱼吃，也能停留在陆地上，所以说整个生态系统不是孤立的。

生4：空气中的云可以变成雨落到陆地上，又流入江河湖泊，汇入海洋，所以说整个生态系统有联系。

生5：人的祖先是古猿，而古猿是生活在森林里的动物，后来进化到人类，离开了森林。

……

（学生的例子太多，越说越丰富，最后教师只得再一次叫停，进行总结）

师：看来无论从哪个角度说，比如生物的生存环境，还是非生物因素的变化，甚至有的同学从生物进化的角度，都可以说明整个生态系统不是孤立存在的，而是有很多

的联系,所以说,生态系统也是一个开放的系统。(板书)①

【教学艺术评析】

在课堂上领会科学发现的美

案例一中,特级教师徐锐老师首先演示了两个实验,要求学生注意观察,并把观察到的问题写在平板电脑上面。第一个实验是"一个线圈通电对另一个没有通电线圈的影响",第二个实验是"螺线管和喇叭",教师将两个实验反复演示之后,要求学生用已经学过的知识对实验现象进行分析和解释,发现其中的原理。"我们刚才第一个实验,(举起带灯泡的小线圈)灯从不亮到亮,亮说明里面有什么?"学生很快回答有电流。"哪来的?你们可以自己写啊。把你的想法写下来。"课堂上形成了一种探究的氛围,同学们纷纷进入各自的思考之中,教师边检查同学们写出来的答案,边点拨提示。"交流电,电压一直在变,诶,电压一直在变?是电流一直在变比较好。为什么是电流啊?电流产生磁场是不是?"引导学生发现实验的结论。接下来教师用同样的方法引导学生思考讨论,从第二个实验中观察出"互感"现象,在此基础上,教师要求学生用自己发现的知识给"互感"下一个定义,由此课堂中的探究从现象深入到概念原理。通过这一案例,我们看出,学生在课堂上的"发现"是需要通过教师引导的,教师要预先设置理想的问题情境,结合学生已有的知识背景,引导学生发现事物现象背后的概念和原理,并从简单中发现复杂,从兴趣中生成知识。

案例二中,特级教师孙明霞老师第一步提出让学生思考的问题:"在一个生态系统中,各生物物种是否会发生变化?请举例说明。"教师鼓励学生自由地说,并在适当的时候进行点拨和引导;第二步对学生已有的讨论进行总结,"生态系统是一个动态变化的系统",紧接着又提出另一道思考题:"每一个生态系统是不是孤立存在的?"教师还是像提出第一道问题后一样,鼓励学生自由地讨论,最后在同学们丰富的例证的基础上进行总结:生态系统也是一个开放的系统。从这个案例中我们可以看出,课堂教学中的发现不但需要教师提出适合探究的问题,设计适合探究的问题情境,还要让学生自由大胆地思考求证。在学生的世界里,问题的答案常常是新异的、独特的,因为他们有自己独特地看待世界的方式,他们对问题作出的分析可能是不成熟的甚至是错误的,但他们对问题进行独自分析的过程显示出某种突破和创造。

【拓展延伸】

如何在课堂上引导学生积极"发现"?

1. 设置合适的发现情境,将生活的实例引入课堂教学中

学生的认知特点与成人的认知特点不一样,教学设计需要立足于学生的知识特点设计情境,让学生在教师设定的情境中学会去发现。特级教师杨勇诚老师在他的文章中提到了自己的

---

① 根据孙明霞的《生态系统》教学录像整理。

一次教学经历,初中物理教材"蒸发"一节内容只有几行字,内容很少。他在教学中讲到晒同一件湿衣服,夏天比冬天干得快,引发了一个蒸发快慢的问题,一下子就把学生的兴趣激发了出来。于是杨老师停下原先已准备好的教学内容,立即调整教学方案,让学生讨论液体蒸发快慢跟哪些因素有关的问题,要求学生积极进行科学猜想。因为教材没有这段教学内容的文字描述,所以学生放开了思维活动,他们争先恐后地从生活经验中找出实例来探究这个问题,最后归纳出四个结论:(1)蒸发快慢跟液体本身的性质有关,如汽油和水在相同的条件下,汽油比水干得快;(2)蒸发快慢跟温度有关;(3)蒸发快慢跟液体表面积有关。

与此同时,他还组织学生一起进行实验研究。他向学生要了 4 张相同大小、质地的纸和一只塑料袋,让学生到实验室借来一只电吹风。他先把纸都浸湿,其中 A 纸和 B 纸都平铺在桌面上,C 纸折叠起来,D 纸平铺在塑料袋中,然后用电吹风同时对准 B、C、D 三张纸吹数分钟,让学生观察哪张纸干得快,由此验证他们的猜想和提出的观点。[①]

教材上的内容很少,问题也看似很简单,如果以传统的"把结论告诉学生"的方式进行教学,学生获得的收获可能会很少,印象也不深刻。而教师设置情境,让学生从各自的生活经历来说蒸发现象,学生就有话可说,并自然产生了进一步探究的兴趣。

2. 设计合适的探究问题

问题的探究是学习的开始,但问题的合适与否不能简单地以难易进行区分。它要求教师能够抓住事物的核心特征或敏感性词语来设计探究性问题。如特级教师黄厚江老师《孔乙己》教学中对"走"的分析。[②]正常人是用脚走路,而孔乙己却用双手走路,这一问题很有震撼力,教师引导学生在分析这一问题的基础上展开探究,由于教师的问题抓住了事物的关键特征,学生的思维被激活,对文章主题思想的理解也更为深入。

五、问题设计的艺术

巧妙的问题设计有助于提高课堂教学效率。课堂教学中的问题设计要依据教学目标的要求、教学内容的特点、学生的情智特征以及特定的课堂环境进行。

问题设计的艺术有两种主要形式:一种是教师预先的问题设计,由教师在上课之前将问题设计好,然后在教学过程中根据问题展开教学;另一种是教师提供学习材料,由学生根据学习材料结合自己的学习状况在课堂上即时提出问题,教学过程围绕学生的问题而展开。

[①] 杨勇诚.高效:在朴素、协调、互动中彰显——初中物理"协同教学"的实践与思考[M]//陶洪,著名特级教师教学思想录(中学物理卷).南京:江苏教育出版社,2012:572.

[②] 黄厚江.享受语文课堂——黄厚江本色语文教学典型案例[M].北京:教育科学出版社,2012:14.

【典型案例】

案例一：《理想的阶梯》问题设计艺术

（一、宣布重点，提出问题）

师：这节课学《理想的阶梯》（板书），本文训练重点有两条：一是用事例作论据；二是用段首排比的方式提出分论点。（板书）这篇议论文围绕大家关心的问题——青年人怎样才能实现自己的理想，从几个不同方面展开议论。

这节课要弄清以下问题：

每篇议论文都有作者自己阐述的观点、主张，这些观点和主张就是论点，它是议论文的核心。请问《理想的阶梯》的论点是什么？

论点提出是有针对性的，本文的论点是针对"有的青年"中存在的一些现象而提出的，是针对哪些现象？

有的文章论述面广，论点不止一个，其中有统率全文的中心论点，有处于从属或者处于说明这个中心论点的地位，这叫分论点。课文除了中心论点外还有三个分论点，请指出。这三个分论点在写法上有何特点？

一篇议论文仅有论点是不够的，还必须用论据来证明论点的正确性。用来证明论点的事例和道理叫论据。事例要真实可靠，有代表性；道理应是经过实践检验的，为生活所证实的。本文侧重于事例，用事例作论据只要把一个个事例摆出来就完事了吗？

用论据证明论点的过程叫论证，论证最后要作小结，文章是怎样作小结的？

要把见解和主张论述清楚不是件简单的事，必须有一定的篇幅，全文共8节，可分为几段？请说出各段的段意。

理想问题是所有青年都关心的问题，学习本文有何现实意义？

（教师边讲边问，作"提问文"；学生耳听脑记，准备作"答问文"。上述提问主要是按文体特点编拟的，此外还可按作者思路、文章结构或教学重点去编拟）

（二、带着问题读书、作答）

师：共8个问题，请同学们带着这些问题快速阅读课文，做笔记。

（生边读书，边做书间笔记。书间笔记有两种：一是前面已介绍过的，固定几个项目；一是老师提哪些问题，就做哪些。后一种更受学生欢迎。如本课就应画出中心论点、分论点，画出提出中心论点的依据，画出结尾部分的主要句子；因要分段，还要编节码、段码、归纳段意等）

师：请停！开始回答问题，先在组对上进行。

（在组长指挥下：检查书间笔记—讨论疑难问题—在对上作答—在组上作答。作答不能看书，当遇上困难时允许"偷看"一下）

师：请大家朝前坐好，在班上作答。

生1：《理想的阶梯》是一篇议论文，中心论点是"奋斗，是实现理想的阶梯"。这个中心论点是针对"理想和现实常常有矛盾"而提出的。论点提出来了就要用论据来证明论点。论据包括事例和道理,这课主要是用事例,并且都是名人的事例。用事例作论据,要把事例介绍好,还要对事例进行议论。

文章最后用"奋斗,是改变现实的强大杠杆,是亿万人民共攀四化高峰的坚实阶梯"结尾,号召大家都来谱写自己的"奋斗之歌"。全文共8节可分为三段,第1—3节提出中心论点,第4—7节从三个方面进行论证,第8节总结全文。我们要做"四有"新人,"四有"中第一条就是有理想。如何实现理想,课文进行了具体指导。

师:答得好!很熟悉,一次书都没有看,大家为他鼓掌!有没有补充?

生2:本课除了中心论点,还有三个分论点:理想的阶梯,属于刻苦勤奋的人;理想的阶梯,属于珍惜时间的人;理想的阶梯,属于迎难而上的人。作者用段首排比方式提出分论点,这样做重点更突出,层次更清楚。中心论点是针对理想和现实的矛盾提出的,答得太笼统了,应答三种现象。因为中心论点和三个分论点都是根据这个提出的。

生3:这篇文章的中心论点不在前头,而是在后头:"奋斗,是改变……"

……

师:现在还要请全体同学回答一遍,做到不漏、不错、不乱。预备——开始!

(学生在位上分别进行)

(三、精讲教材)

师:《理想的阶梯》议论的是实现理想的问题。从总体上看,分三大块:开头部分(1—3节)提出中心论点;主体部分(4—7节)从三个方面进行论证;结尾部分(8节)紧扣中心,总结全文。

……[1]

案例二:《故乡》问题设计艺术

(讨论"回乡途中的'我'")

生:第97页倒数7行,为什么说"似乎看到了我的美丽的故乡了"?

生:第92页倒数第1行,为什么说"这次回乡,本没有什么好心绪"?分别了二十多年的故乡,如今回来了,不是很高兴的事吗?

师:是啊,对这个故乡,"我"是怎么想念的?

生:(齐)时时记起。

师:是啊,这样想念,回来时为什么又没有好心绪呢?

生:母亲看见"我"回来很高兴,但为什么又"藏着许多凄凉的神情"呢?

师:是啊,"我"与母亲的情绪都不太好,为什么?

生:第93页第6行"瓦楞上许多枯草的断茎当风抖着",为什么正说明"老屋难免易主"的原因?

---

[1] 张富.跳摘实验的课堂教学实录[J].中学语文教学参考,1996(11).

师：这类问题还有吗？

生：《故乡》中所出卖的老屋和《从百草园到三味书屋》中卖给朱文公的子孙的老屋是同一所吗？

师：从一篇作品想到另一篇作品，而且还记得是卖给朱文公的子孙的，你看他记忆力多强！那么是不是同一所屋呢？

生：不是。那是回忆录，这是小说。一个是真实的，一个是虚构的。

师：好啊！刚学到的知识，这位同学马上就能运用了，当然，写小说也会用上自己的生活经历中的事情。现在，我们把这些问题归纳成两个，一个是故乡究竟美不美，一个是为什么"我"的心情不好。关于前一个问题，有一个同学提得很好，是哪位同学，请说说你的问题。

生：故乡到底美不美？是幻想中的美还是真实的美？

师：哪一个回答一下看，故乡是美的吗？

生：美的。

师：那么，为什么又说"说不出佳处"来呢？

生：没有印象了。

生：小时记忆是美的，现在是辛亥革命后的倒退，不美了。

师：记忆中的故乡的美，作品中的"我"有没有看到过？

生：在对闰土的回忆中，就联想到了故乡的美。

师：是啊，那是一幅神异的图画，那是怎样的图画？天是——

生：（齐）深蓝的。

师：圆月是——

生：（齐）金黄的！

师：西瓜地是——

生：（齐）碧绿的。

师：你看，多美！但这些情景，"我"有没有亲眼见过？

生：没有。这是根据闰土说的话想象出来的。

……

生：故乡只是在"我"的幻想中有一个美的感觉，因为他在小时候跟闰土一块玩得很高兴。

师：对啊，对啊，我完全同意这个说法。让我们再稍微概括一下，这说明"我"跟闰土的关系怎样啊？

生：有深厚的友谊。

师：是啊，友谊使"我"感到故乡美，这是幻想中的图画，而并非亲眼见到过的，所以"我"看到眼前这不美的故乡，也说是"故乡本也如此"。但有一点是可以肯定的，"我"在路上看到了什么？

生:(齐)萧索的荒村。

师:这说明什么?

生:农村日益贫困破产了。

师:是啊,这一点也是可以肯定的,故乡是更加荒凉了。那么"我"没有好心绪,母亲也藏着凄凉的心情,都是为什么呢?

生:要离开故乡了,舍不得。

师:对啊,热土难离嘛。还有什么补充吗?

生:老屋卖掉了。

师:很好。为什么要卖掉?

生:破产啦。

师:我倒没想到,原来是破产啦!(笑)

生:生活不富裕。

师:你怎么知道的?杨二嫂不是说"我"阔了吗?

生:因为要到外地去谋生。

师:你们找找看,书上有一个词语,可以说明这个问题。

生:"辛苦展转"。"我"生活不安定,到处奔波。

师:对啊,对啊,课文快结束的地方提到了。这就说明我们学习课文要——

生:(齐)思前顾后。

师:对了。那么屋顶瓦楞上那许多枯草的断茎当风抖着,是什么意思呢?

生:说明屋子很老了。

师:给人什么感觉?

生:悲凉。

师:这样,母亲的感情、"我"的心绪不是都可以理解了吗?这类问题还有吗?(稍顿)没有了?很好。我提一个建议:我们回答问题时一定要根据书本上说的,这样解决问题才能有根有据,有说服力。你们同意吗?

生:(齐)同意!

师:好,就讨论到这儿,下一节课我们继续讨论别的问题。①

【教学艺术评析】

在问题的探究中培养灵动的思维

案例一中,特级教师张富老师将整个课堂分为三个部分:第一部分提出问题,引导学生学会记录问题;第二部分要求学生带着问题阅读,训练解决问题的能力;第三部分精讲教材,理清课文内容。该节课教学的目标主要是对教材内容的感知、理解、记忆的训练。教学过程围绕重

---

① 钱梦龙.导读的艺术[M].北京:人民教育出版社,1995:173-177.

点展开，不节外生枝，各重点之间有着内在联系，不是孤立的，既有点的突破，又有面的观照。

案例二中，特级教师钱梦龙老师在提问的方式上与案例一有较大不同。案例一中提问者是教师，教师根据教学内容的特点设计问题引导学生理解思考，案例二中则是教师让学生提问题，教师进行适当点拨、追问，或鼓励学生相互回答、讨论。二者相比有异曲同工之妙，教师设计问题有助于学生对教学内容的理解，教师可以较好地控制问题的难度和深度；学生提问则可以对教学内容本身进行深入的理解和思考。

【拓展延伸】

教学过程中如何通过问题的设计促进学生思维的发展？

1. **设置情境，确定论题，引起学生的思考**

这里的"情境"可以指某种环境、某种活动，也可以指阅读某一个材料。前两种情形在日常的课堂教学中出现得比较多，一线教师也都非常关注。后一种情境设置常常没有被教师重视。课堂教学中，文字情境往往也具有良好的效果。例如，钱梦龙老师在教学《谈骨气》这篇课文时，就采用了设置文字情境的方法来活跃学生的思维。钱老师引用网上一篇文章中的一句话，"近日查检以前的书时，不经意地翻到了初中语文课本中选入的吴晗的《谈骨气》。……又读了一遍这篇文章，我没有再次感受到什么'爱国主义'的豪情壮志……吴老先生一开始就像一个天真的小学生似的写道：'中国人是有骨气的。'请问：'难道那么多中国人都是有骨气的？'"钱老师让学生暂时把这些批评的意见放在心里，慢些下结论，先按常规读懂、读好课文，然后再对两篇文章的是非作出自己的判断。①课堂上，钱老师通过文字情境的设置，激活了学生的思维，培养了学生分析问题的能力。

2. **在学生思维发展的临界点提问，激发学生的思考**

教师怎样才能在课堂上发现学生的临界点呢？主要是教师要善于通过教学活动中的细致观察来发现学生思维发展的动态，学生的眼神、动作、语言等在有经验的教师那里都是判断学生思维是否处在临界点的依据。

3. **指导学生学会寻找问题的视角，指导学生设计问题**

这种教学的艺术实际上是对学生进行学习策略训练的艺术。能够回答别人的问题与能够提出自己的问题，对学习能力的要求是不一样的，有经验的教师既指导学生准确地回答别人的问题，也指导学生学会提出自己的问题。吴学峰老师教《鸡兔同笼》时，在学生已经掌握二元一次方程概念的基础上，要求学生根据学过的例子编写二元一次方程的应用题，学生的积极性很高。这样，既能复习巩固新学的知识点，又能活跃课堂氛围，更重要的是学生在编写题目的过程中培养了数学实践能力。

总之，教学过程中，以巧妙的问题设计促进学生的思维发展，一方面能使课上得生动有趣，另一方面又能使课上得有深度，不流于表面。不同的教师、不同的课堂情境、不同的教学内容，可以采取不同的策略，这是教师课堂教学智慧的表现。

---

① 钱梦龙. 导读的艺术[M]. 北京：人民教育出版社，1995：97.

知识链接

怎样理解教学设计中教学方法的概念

一、词源学视角下的教学方法与教学方式

教学方法与教学方式是一对让许多教师感到困惑的概念。研究语文教学设计中的教学方法问题,首先要弄清楚这两个概念的关系。

从词源学上分析,方法显然不等于方式,"法"的概念要大于"式"的概念。"法"指标准,具有一般性,"式"指某个具体动作,具有特殊性。"式"是"法"的招式和形式,先有"法"而后有"式",先有某某法,再有某某式。因此,教学方法的概念显然要大于教学方式的概念,先有某某教学方法,再有这种方法之下的某某教学方式。然而在具体的教学工作中人们对教学方法和教学方式之间的区分却是模糊的,一般情况下,教学方法和教学方式是可以通用的,在一些情况下说某某教学方法,在另一种情况下说某某教学方式。不论哪一种情况,教学方式和教学方法所指的内容都是一致的。

二、教学论原理视角下的教学方法定义

从教学论原理的视角对教学方法进行定义是一个复杂的问题,历来有许多标准和角度,从这些不同的标准和角度出发产生了对教学方法概念的不同理解。这里选取三种较有代表性的观点加以分析。

王策三先生将教学方法定义为"活动","为达到教学目的,实现教学内容,运用教学手段而进行的,由教学原则指导的,一整套方式组成的,师生相互作用的活动[1]"。初看颇令人费解:"方法"怎么是"活动",定义的主语和宾语怎样统一起来?但仔细分析,王先生是把教学视为一个整体的活动过程来定义教学方法的,没有与活动割裂、脱离的教学方法,任何一种方法都是存在于教学活动之中。例如,讲授法目的和内容为传授和学习知识,是一种教师讲、学生听的活动。对这一活动还需要进一步思考,这"活动"是由哪些方式组成的?"讲"的活动由哪些方式组成?"听"的活动由哪些方式组成?还要探讨:它们如何受什么教学原则指导或调节?重要的是:师生如何相互作用?讲怎样作用于听?听怎样影响于讲?[2]将教学方法统一于教学活动中,对教学实践具有实际的指导意义。

李秉德先生的《教学论》对教学方法进行了以下定义:"教学方法,是在教学过程中,教师和学生为实现教学目的、完成教学任务而采取的教与学相互作用的活动方式的总称。"[3]"教与学相互作用的活动方式的总称"比较容易理解,其思考问题的方式与王策三先生的思考问题方式基本相同,都将方法落实于活动。他们的区别在于李秉德先生的定义更具有定义的抽象性特征,认为教学方法是"活动方式的总称"。

---

[1][2] 王策三.教学论稿[M].北京:人民教育出版社,1985:245.
[3] 李秉德.教学论[M].北京:人民教育出版社,1991:197.

日本学者佐藤正夫对教学方法的定义主要从活动主体在教学过程中的地位的角度来思考问题，他将以教师的指导活动为主的教学方法称为"提示型教学方法"，以师生围绕教学任务展开的活动称为"共同解决问题型教学方法"，以学生为主体的活动称为"自主型教学方法"。[①]这种划分方法以教师和学生在活动过程中所起的不同作用为问题的思考点，对教学过程中教师和学生的地位变化进行了分析。但这种划分方法存在的问题是在课堂活动中很难将教师的行为和学生的行为机械地分开，运用静态的思维方式对教学方法进行静态的研究。

实际上，教学方法可以从微观和宏观两个不同层面去理解。宏观层面的教学方法不但包含具体的行为操作方式，还包含行为操作方式背后的理论，是理论和行为方式的统一体。从这个意义上看，宏观层面教学方法的含义有点类似于教学模式，如语言教学中的"全语言教学法""交际交往教学法"等。微观层面的教学方法主要指教学活动中所运用的操作方式，它重视教学过程中师生的具体行为研究。

三、教学设计视角下的教学方法定义

教学设计是为课堂实践服务的，从教学设计的视角来看，教学方法必须表述明确、可操作，同时还要具有教学内容的针对性。根据以上要求，可以从不同的教学组织形式、不同的学科教学内容、学生知识获得的不同方式等角度来对教学方法进行定义。据此可以把教学方法区分为如下三种定义：教学组织形式视角的定义、学科教学内容视角的定义、学生知识获得方式视角的定义。

1. 教学组织形式视角的定义

教学活动是在特定的教学组织形式中展开的，没有脱离具体的教学组织形式的教学活动。不同的教学组织形式会有不同的、与之相适应的教学方法。从教学组织形式的角度可以将教学方法分类为讲授、讨论、情境、合作、演示、参观等。

2. 学科教学内容视角的定义

教学设计是依据一定的教学内容展开的，教学设计过程中进行教学方法的设计，只有依据某一特定的教学内容才能使教学方法的设计具有实际意义。因此，在教学设计过程中必须顾及教学方法的学科特性，并在学科特性的基础上进行教学方法的分类。

从教学的学科内容角度来定义教学方法，可分为语文教学方法、数学教学方法、物理教学方法、体育教学方法等。

3. 学生知识获得方式视角的定义

从学生知识获得方式的角度，根据学生对学习内容是接受还是发现这一标准对教学方法进行定义，可以将教学方法分为接受学习和发现学习。接受学习和发现学习是学生获得知识的两种基本形式。

---

① ［日］佐藤正夫.教学论原理［M］.钟启泉，译.北京：人民教育出版社，1996：246-272.

第八章　教学语言表达的艺术

教学是一种言说，教师是一个言说者，教师要讲究语言表达的艺术，优秀教师的教学语言具有它独有的风韵格调。教师语言素质的高低是教师基本功高低的重要表现。良好的教学语言具有准确、清晰、生动、幽默的特点，课堂教学中教师要能够借助语言的手段创造审美形象，在传递知识的同时给学生带来美的熏陶。优良的教学语言表达艺术可以调动学生积极的学习情绪、激活学生的思维，让学生的整个身心都参与到课堂活动中来。

人是一种语言的存在，教学活动是一种凭借语言而展开的活动。《学记》对教师语言的要求是"善喻"，"故君子之教，喻也"，"其言也，约而达，微而臧，罕譬而喻"。孔子和苏格拉底都是以他们高超的语言艺术而成为教学大师。语言是人类在漫长的进化历程中自然形成的符号系统。教学语言功能可以从以下几个方面理解。

1. 信息功能

语言是思维的工具，能够用语言记录事实是社会发展的前提。语言为表达"内容"服务：内容就是指说话者在真实世界的经验，包括自我意识的内在世界。语言为了服务内容而把这些经验结构化，帮助我们形成看事物的方式。课堂活动中，教学内容大多数是通过语言的途径传递的。传递信息是教学语言的基本功能，这一功能的基本要求是简明、准确。

2. 人际功能

人们靠语言建立并维持社会地位，班级的建立、教学活动的展开亦靠语言的作用。个体发出的声音在教学活动中得以扩大，良好的人际关系因通畅的语言而得以建立。人际功能所关心的是语境中发话人与受话人的互动关系和发话人对其所说的话、所写的东西持有的态度。在课堂上，教师和学生之间的关系因为语言而固定，因友善称呼显示出语言在教学活动中的魅力。

3. 感情功能

语言的感情功能是语言最有用的功能之一，因为它在改变听者赞成或反对某人、某物的态度上作用非常关键。教学活动中的褒扬或贬抑、奖励或惩罚皆须以语言为凭借，"我""你"是一种关系，"我""他"也是一种关系，"我与你"的关系是人类最美的一种存在。

4. 娱乐功能

教学语言具有娱乐的功能，我们不能否认教学活动中为了纯粹的娱乐而使用语言的情况，如课内或课外的游戏、表演。娱乐中的语言建立起一种良好的师生关系。

教学语言表达的艺术有多种形式，本章通过特级教师课堂教学语言案例的研究，从以下五个方面对教学语言艺术进行了分析：
- 隐喻的艺术
- 幽默的艺术
- 渲染的艺术
- 对话的艺术
- 陌生化的艺术

一、隐喻的艺术

隐喻是一种认知手段。隐喻是指用一种事物暗喻另一种事物，是在彼类事物的暗示之下感知、体验、想象、理解、谈论此类事物的心理行为、语言行为和文化行为。教学隐喻就是指在教学过程中用一种事物去理解和经历另一种事物的语言表达现象。教学隐喻的作用是将那些抽象的、难以理解的概念或道理转化为学生容易理解的形式并表达出来。我国古代教学理论专著《学记》对教学过程中的"喻"有生动的论述，认为教师的教要做到善喻，指出喻有三个方面的要求："道而弗牵""强而弗抑""开而弗达"，教学做到了这三点，教师就会教得轻松，学生就会学得有效果。

【典型案例】

案例一：《金属导电原理》隐喻艺术

说明金属导电的微观机理时，可用节日游行队伍中扭秧歌（或跳迪斯科）的演员作一个比喻——演员向各个方向的快速跳动相当于自由电子的无规则运动，演员随整个队伍缓缓向前相当于定向移动。为了说明振动与波动图像的不同意义，可将其比喻为对独舞演员的摄像和对集体舞演员的一次照相。[1]

案例二：《数学概念教学》隐喻艺术

老师问学生，读过柳宗元《江雪》一诗吗？学生说读过，并立即读了起来："千山鸟飞绝，万径人踪灭。孤舟蓑笠翁，独钓寒江雪。"我说："好，我们就用后两句'孤舟蓑笠翁，独钓寒江雪'来猜一数学名词。"

学生纷纷猜测，终于有一位学生说谜底是"公垂线"。我请这位学生解释谜底，学生说："'孤舟蓑笠翁'扣'公'；'独钓寒江雪'就是'垂线'。"我激动地说："完全正确，解释谜底也很精妙！"

---

[1] 王溢然.物理教学必须重视对物理思维的研究[M]//陶洪.著名特级教师教学思想录(中学物理卷).南京：江苏教育出版社，2012：88.

就在学生报以热烈掌声的同时,我顺势说:"我还想再表扬一下这位同学,同学们知道我还想再表扬他什么吗?"学生们说了很多表扬的可能的原因,都没说对,我大声说:"'公垂线'这个数学概念,我们还没学呢,他怎么就知道了呢?"同学们异口同声地说:"预习!"我笑着说:"是啊,预习不仅能促进学习,还有益于猜谜!'公垂线'是我们今天要讲的'三垂线定理'中的一个非常重要的概念,下面我们正式上课。"

我是在营造我们班的预习文化。[①]

【教学艺术评析】

将抽象的概念或道理转化为容易理解的形式

案例一中,教学内容"导电的微观机理"是比较抽象的概念,如果只单就概念本身进行解释说明,有些学生会感到内容的理解有一定难度,于是教师运用了隐喻的方法,将自由电子比作扭秧歌的演员,将自由电子的无规则运动比作演员个体跳动,将定向移动比作演员随整个队伍移动。通过这样的比喻,抽象的科学概念转化为形象的生活概念,学生易接受,在学习导电的微观机理时会减少理解的难度。

案例二中,任勇老师在数学课上通过古诗的解读来引导学生学习数学知识,别出心裁,既活跃了课堂氛围,又让学生在思考过程中对数学概念产生了深刻的印象,同时还达到了让学生注意到"在数学课的学习过程中要重视预习"的作用。任老师的这个教学环节的亮点是运用隐喻、谜语相结合的方法把知识教学、班级文化营造结合得恰到好处。任老师要求学生根据柳宗元的《江雪》中一句诗猜一数学名词,从而引出本节课将要进行的教学内容。猜谜是一种游戏,将游戏作为课堂教学的开始,学生学习的积极性会大大提高,谜底是教学内容的核心概念,紧扣目标;概念教学中隐喻的运用,形象、有趣,抽象的数学概念以文学的形式被形象化,引起了学生学习的兴趣,课堂氛围变得活跃起来。

【拓展延伸】

怎样艺术地运用隐喻?

1. 根据教学内容的难度和学生的思维发展特点运用隐喻教学艺术

那些较抽象的、基于学生的思维认识水平较难理解的教学内容,通过运用隐喻手法,会产生较好的教学效果。例如,课堂教学内容是"能量守恒定律",为了使学生对能量守恒定律有一个感性的认识,教师引用了《庄子·齐物论》里面的朝三暮四故事来作比喻,教师的本意是想让学生明白果子的总数是没有变化的。当一个学生说,"早上是要供一整天的能量啊,然后消耗的能量很多,然后晚上要睡觉,消耗的能量比较少,所以早上吃四个果子精力比较充沛一点",教师认同了他的看法,即能量的总数没有变化,只是作了更有利于养生的分配。接下来为了让学

[①] 任勇. 任勇的中学数学教学主张[M]. 北京:中国轻工业出版社,2012:11.

生更好地明白"守恒"的概念,教师又引用了寻找象棋子的比喻,并问学生,"支撑你们继续寻找的信念是什么?为什么继续找下去啊?"经过教师这一问,学生明白了"数的守恒的概念",在此基础上引入本课的教学内容"追寻守恒量"则水到渠成。在这堂课上,教师通过运用生动形象的隐喻从而把抽象的教学内容具体化了。

2. 运用隐喻的方法能使学生较快地进入学习内容,并且产生积极的学习兴趣

教学的导入阶段,学生对将要学习的新内容会有陌生感,教师要通过精心的设计消除学生的陌生感。隐喻的方法不但有助于学生消除陌生感,还能帮助学生更准确地理解那些抽象的概念。如《数学复习课不等式的证明》的教学设计,教师先通过猜谜游戏引入教学,用"考试不作弊"和"考试作弊"两个谜面引导猜出两个谜底"真分数"和"假分数";再引导学生复习真分数和假分数的性质;最后引出问题:已知 a、b、$m \in R$,且 $a < b$,求证 $a+mb$ 除以 $b+m$ 大于 a 除以 b。[①]

"喻"实质上就是用通俗易通的形式对教学内容从另一个角度去言说,因此教师在教学内容和用来喻的事物之间要能找到内在的联系,并且这种内在的联系对学生来说是非常熟悉的。上述教例中,教师以谜语的形式作为一节数学课教学的开始,生动有趣,就很有说服力。

二、幽默的艺术

教学幽默艺术是一种将幽默运用于教学并以其独特的艺术魅力在学生的微笑中提高教学艺术效果和水平的活动。[②] 教学语言的幽默是教师在课堂教学中经常使用的一种形式。幽默的语言有趣且意味深长。课堂活动中教师运用幽默的语言表达能活跃课堂的气氛,调动学生积极的学习情绪,产生良好的教学效果。

一位富有幽默感的教师,其语言表现力常常是很强烈的。语言幽默的课堂也是充满智慧的课堂,在这里,机智性和娱乐性、审美性和思想性得到了完美的结合。教师课堂上幽默的语言常常是特定的时间和空间中的灵光闪耀,给学生带去的是"美"的神奇和"思"的深厚。因此,幽默的语言艺术需要教师有高度的课堂智慧和投入的课堂情感。

【典型案例】

案例一:《孔乙己》教学的幽默艺术

师:请发挥想象,如果亲眼看到孔乙己死去,请你写一两句话,还必须写他的手。不要长,关键处就行了。

生1:斜靠在墙角,两手撑在地上。

师:为什么要强调靠在墙上这个背景呢?

[①] 任勇. 你能成为最好的数学教师[M]. 上海:华东师范大学出版社,2011:14.
[②] 李如密. 教学艺术论[M]. 北京:人民教育出版社,2011:373.

生1：说明他直到死心底的那一点自尊还没有放弃。

生2：我看见他的一双手上布满了厚厚的灰黄的茧子。我这样写是强调这是走路走的。

生3：他的手伸向天空，好像还在要一碗酒。我想说孔乙己到死仍贪酒，他想通过酒来麻木自己的心。

师：很好！

生4：他的两只脚早已不规则了，两只手已经不能被称为手了，看不清形状了。

师：不规则是什么意思？好像在讲几何图形，（生笑）我们把它改一改好吧？对，扭曲。这个形象。好，黄老师眼前也展现了孔乙己死时的画面，给大家念一念——人们发现他时，他已经在寒风中冻僵了，他的蜷曲的身子像一个大大的问号，也像一个圆。两只手，一只手紧紧地攥着破碗，一只手紧紧地攥着……你们想像一下，攥着什么呢？

生1：攥着另一只手。

师：哦，他是扼腕，很悲愤的，是吧？（生笑）

生2：打狗棍！

师：哦，不能写成洪七公吧？（满堂大笑）

生3：攥着本破书。我想他是为了在生命的最后一刻保有读书人的尊严。

师：知音啊！我真想紧紧地握住你的手。（又笑）

这双手折射出孔乙己的悲剧命运，需要我们思考的是，孔乙己为什么会有这样的悲剧命运？

生1：社会不关心。

师：太轻了。用肯定的说法，重一点。

生2：冷漠。

师：对啊，孔乙己的遭遇如此悲惨，可小说里却始终回响着阵阵笑声，可见人们的冷酷无情。

生3：还有封建社会的黑暗。

师：封建社会的黑暗太多了，具体点。

生3：应该是科举制度。

生4：我觉得还有他本身的惰性，他不能自食其力。

师：他为什么不劳动？一种是懒，还有一种是什么？现在想起孔乙己的另一句名言了吗？

生：窃书不能算偷……窃书！……读书人的事，能算偷么？

师：对，他骨子里很清高，认为万般只有读书高，清高导致他不肯劳动。读这篇小说，我们为社会的冷漠愤慨，为他的悲惨遭遇而感到同情，但同时也惋惜。大家想一想，孔乙己有没有办法避免悲剧呢？

生：应该不能吧，他处在那样黑暗的封建社会中。

师：嗯，黄老师读《孔乙己》，先想到了《范进中举》里的范进，这个范进你们知道他后来成了什么样的人吗——丁举人。我后来又想到一个人，他科举考试一直考到71岁，朝廷才赏给他一个贡生。他一直失败，但没有因为这个梦破灭而被打倒，而是一直搜集素材，写了一本书，叫——

生：《聊斋志异》。

师：对，他就是——蒲松龄。这说明，人啊，只要能走出那个破灭的梦想，人生就会开辟出另一条出路。好，我们来重温一下，鲁迅先生讲"画眼睛"，但本文没有写眼睛啊——对，这里不是指具体的眼睛，而是能体现人物特征的东西。我想问问大家，如果接着学《孔乙己》，应该深入探讨什么呢？

生1：探讨社会背景。

生2：探讨小说中的其他人物。[①]

案例二：《荷花淀》教学的幽默艺术

师：还有很多例子，由于时间关系，不一一列举了。有痛苦，也有孤独，但不是那种呼天抢地的苦。我不知道你们看电影电视时怎么样，我看电视，比较喜欢那种大悲大苦时欲哭无泪，我最不喜欢那种电视里一个人很痛苦的时候，大风大雨，在闪电之中跑啊跑啊，在天地间大喊："天哪……"我觉得他不怎么痛苦，他还喊得出来。最大的痛苦是他喊不出来。中华民族是一个多灾多难的民族，但中国人对待自己内心痛苦，有一种特殊的方式，中华民族强调的是"乐而不淫，哀而不伤"，中华民族很会调节自己内心世界和情绪，很会找到心理平衡，他们很乐观的——小小日本帝国主义奈我何？八年打不走打十六年。（笑声）那么，我们实际上已经讲了，人和内心的关系，也是和谐。

我们再穿插说一个例子。这里面讲女人去找她们的丈夫的对话，有的比较忸怩，有的比较坦率，有的找借口，说是婆婆叫的，实际是她自己想看丈夫，很正常的，这是人之常情。要是丈夫走了妻子都不思念，那就不正常了，那就糟糕了，那丈夫就不消打仗了，那日本鬼子来了，来了就让他来吧！（笑声）正是由于日本鬼子破坏了我们的幸福生活，我们才把他们赶走。但这些女人说得很含蓄，包括水生和他的妻子之间。为什么要含蓄？含蓄是中华民族传统文化的一个特点。我举个例子大家看一下。

（教师放投影："世上狮子爱麒麟，阿哥阿妹结同心。哪个先上黄泉路，望乡台上喊三声。"）

师：一个民歌。"世上狮子爱麒麟"，麒麟是传说中的一种动物，美的动物，比喻小伙子追求漂亮姑娘。"阿哥阿妹结同心"就是俩人很好啦，"同心"就是要好；"哪个先上

---

① 黄厚江.享受语文课堂——黄厚江本色语文教学典型案例[M].北京：教育科学出版社，2012：67.

黄泉路,望乡台上喊三声",这表示海枯石烂永不变心嘛。我把它改一改。我把这四句改成:"我们两个下决心,马上登记去结婚。结婚以后不变心,哪个变心不是人。"(整个过程中听课师生笑声不断,全场沸腾)意思一样,味道呢,味道差些。是不是?含蓄、蕴藉,有味道,这是中华民族艺术的一个追求。含蓄也是适中和谐。

好,那么我们大家再往黑板上看一看。我们通过这一篇小说的研读,大致上带领大家从人与自然的关系来看,中国文化强调的是和谐;人和人之间的关系它强调的也是和谐;人与自我之间的关系,它也强调要注意调节,心理平和,没有大悲大喜,所以中国古典戏剧都是大团圆的结局比较多。悲剧,真正的悲剧,比较少见,即使是像《窦娥冤》那种悲剧,最后六月愿天下大雪,把那个坏人惩罚一下子。像《哈姆雷特》那样的西方那种悲剧是很少见的。这个,是中华民族文化的基本特点。[①]

【教学艺术评析】

在幽默中形成教学语言的魅力

案例一是一节语文课的结尾部分,这段教学中,特级教师黄厚江老师的幽默表现在对学生回答问题的点评上,有如下几处:(1)"不规则是什么意思?好像在讲几何图形,(生笑)我们把它改一改好吧?"(2)"哦,他是扼腕,很悲愤的,是吧?(生笑)"(3)"哦,不能写成洪七公吧?(满堂大笑)"(4)"知音啊!我真想紧紧地握住你的手。(又笑)"教师针对学生的回答,以幽默的点评引起了课堂上的阵阵笑声,这笑声里既有由小说主人公孔乙己的形象引起的,也有学生对内容的深切感受,同时还产生了和谐的课堂氛围。

案例二中,特级教师程少堂老师的幽默语言集中在三个地方:一是在分析了中华民族独特内在心理后的总结,"中华民族很会调节自己内心世界和情绪,很会找到心理平衡,他们很乐观的——小小日本帝国主义奈我何?八年打不走打十六年";二是对女人去找她们的丈夫的对话的阐释,"要是丈夫走了妻子都不思念,那就不正常了,那就糟糕了,那丈夫就不消打仗了,那日本鬼子来了,来了就让他来吧!(笑声)";第三个地方是对民歌的改写,"我们两个下决心,马上登记去结婚。结婚以后不变心,哪个变心不是人"。整个过程中听课师生笑声不断,全场沸腾。这三处幽默的表现,使课堂生出了一个又一个高潮,学生的内心世界、教师的讲授启发、文本自身的意蕴密切地结合在一起。

【拓展延伸】

教学中怎样运用幽默的艺术?

1. 婉曲释义

在一定的语境中,故意地把本来表示甲事物的词语用来表示乙事物,以避开自己不愿意直

[①] 程少堂.程少堂讲语文[M].北京:语文出版社,2008:122.

说,或当时语境中不允许直说的东西,这种曲折含蓄的修辞方法谓之婉曲。如,"凑近一看,见她脸上流下来的血已经把她胸前的白衣染红了,眼睛已经闭上了。我知道她不行了,才赶忙跳出门外……"(《谁是最可爱的人》)"不行了"就是一种婉曲的表达。再如,"'祥林嫂?怎么了?'我又赶紧地问,'老了。'"(《祝福》)在课堂活动的具体情境中,教师适时采用这种婉曲释义的形式进行教学,会带来出人意料的教学效果。

2. 借题发挥

如一位教师在讲《孔雀东南飞》时,学生问为什么文章题目是"孔雀东南飞"而不是"西北飞",教师肯定了这个同学的问题,并夸奖他善于思考。知识丰富的老师想起了一个故事:1935年,中国留学生陆侃如进行他的博士论文答辩,一位法国考官问他:《孔雀东南飞》为什么不叫'孔雀西北飞'?"陆侃如神态自若地回答:"因为'西北有高楼,上与浮云齐。'"于是老师把这个故事讲给学生听。这句话出自《古诗十九首》之《西北有高楼》,恰逢学生刚刚学过了《古诗十九首》,而且还背诵了此篇,所以印象特别深刻。对这位教师的回答,学生都拍手叫绝,课堂气氛异常活跃。

3. 逻辑归谬

例如,某地区出的物理练习题中有道判断题是这样的:"粉笔是利用分子间的引力在黑板上写出字来的。"我们可以这样推理:假如粉笔是利用分子间的引力在黑板上写出来的,那么黑板越光滑则分子间的引力就越大,因而粉笔就越容易写出来。显然这个结论是荒谬的。因而,所谓"利用分子间的引力"的说法显然是错的。事实上,黑板越光滑就越不容易写,而黑板越粗糙越是容易写。从上面的事实中,我们还可以得出粉笔是利用摩擦(粉笔与黑板之间)在黑板上写出字来的正确结论。

三、渲染的艺术

渲染,是指画国画时用水墨或淡色涂抹画面以加强艺术效果。从教学语言表达的角度看,渲染的艺术是指对教学内容作多角度的铺叙、描绘与形容,以形成某种氛围,从而收到较好的教学效果。渲染与人们常说的"烘托"意思相近,这两个词的共同点都是指向某个主题或某种氛围。

课堂教学中为了达到良好的教学效果,教师常常以富有激情的语言对教学内容进行渲染,将学生带进特定的语言情境中,使学生在学习过程中产生审美的愉悦。

【典型案例】

案例一:《晋祠》教学的渲染艺术

……

生:形容晋祠像明珠一样发出亮光。

师：像明珠一样发出亮光，闪闪发光，对。所以最后一句话是由衷地赞叹。介绍了自然风景，晋祠的美，在山，在树，在水；介绍了悠久的历史文物，三绝，其他建筑、园中小品，以及名人题咏等等（指板书），最后赞叹"晋祠，真不愧为我国锦绣河山中一颗璀璨的明珠"。

开头我们说了，晋祠只是《中国名胜词典》（出示书）中山西省太原市的一个条目，而这本词典有一千几百页，晋祠只是一个小小条目。由此可推知，我们祖国的名胜古迹星罗棋布，在世界上罕见，是首屈——

生：（集体）一指的。

师：我们祖国历史悠久，中华民族数千年深厚的文化平铺在（手势：平铺）我们960万平方公里的土地上，你无论走到哪儿，都可以看到名胜，都可以看到古迹。刚才你们讲到的故宫、颐和园、秀美的西子湖等，讲到的遥远的西藏、新疆无不有我们祖先的文化遗迹，这些历史文化哺育着我们世世代代的中华儿女，我们世世代代中华儿女从祖国深厚的文化中吸取了大量的精神养料。今天，我们同样要从中吸取精神养料，不能愧对（食指向上）——（师生同声）我们的祖先。今天学《晋祠》，领略它的风景美、历史文物美，长大以后，不仅要读万卷书，还要力求——

生：（集体）行万里路。

师：对，行万里路，有机会到祖国各地考察，放眼观看我们的壮丽山川，从中汲取丰富的养料，滋养自己，成为精神丰富的人。

今天这堂课就学到这里。[①]

案例二：孙明霞《芽的教学》渲染艺术

上课了，我先简要提问种子的结构以及各部分作用之后，开始说导语：通过种子的结构特点，我们知道了种子萌发过程中，胚芽能够发育成茎和叶。春天播种，秋天会收获到种子、果实，是不是所有的植物到了冬季都会死亡，只待来年再播种？"不是，树木不会死。"学生说道。冬天树木不会死亡，但它却只剩下了枝条而没有了叶片，你知道为什么吗？

有的学生说与气候有关系，有的说是天太冷了，它的叶片不能生存，所以落叶了；有的说这是植物排出废物的一种方式，因为初一开始就学习了生物的特征，课本上就有一幅图说植物落叶可以排出体内的废物；还有的学生说是天冷不能进行光合作用。

我简要地给学生讲道：大家的思考都有道理。最重要的就是由于气候的影响。由于气温降低，植物生长缓慢，根系的吸收能力微弱，而叶片能蒸发大量水分，因此，落叶可以减少水分的散失，顺利度过冬天。学生问"为什么松树冬天不落叶"，我告诉他们，其实松树也落叶，只是它落的叶不是今年长出来的叶，而是三四前年的叶子，并

[①] 根据于漪的《晋祠》教学录像整理。

且,它的针叶蒸发水分很少。

但话题不能总停留在冬天落不落叶上。我开始转移话题。

在寒冷的北方,绝大多数树木的生长都非常缓慢,甚至我们根本就看不出生长来,但春天则又开始表现出旺盛的生命力。我们常常形容春天的时候有成语"春机盎然""春色满园",这个"春机""春色"通过什么表现出来的?"当然是通过植物表现出来了!"好,春满枝头,春天其实就在每一个枝条上。下面我们就要进行一个"寻找春天"的活动——观察植物的芽。[①]

【教学艺术评析】

以渲染的手法造就美的氛围

案例一是一节课的结尾。在前面阅读、质疑、讨论的基础上,学生感受到了晋祠的美,当学生说出"形容晋祠像明珠一样发出亮光"的时候,教师抓住学生的这一句话,结合文章内容渲染开去,用富于激情的语言引导学生欣赏晋祠的美。这里,有几处教师留给学生填空的"接着说"的词:"由此可推知,我们祖国的名胜古迹星罗棋布,在世界上罕见,是首屈——生:(集体)一指的。""今天,我们同样要从中吸取精神养料,不能愧对(食指向上)——(师生同声)我们的祖先。""今天学《晋祠》,领略它的风景美、历史文物美,长大以后,不仅要读万卷书,还要力求——生:(集体)行万里路。""让学生接着说",把文本中最重要的信息留给学生填空,在课堂上激发了学生的思维,使学生深化了对文章内容的理解。教师最后两段的总结,以抒情的语言把学生引导到文本之外的更广阔的生活空间。学生沉浸在教师教学语言的魅力中。这些句子,由师生共同说出,既是对文章内容的渲染,也是对课堂氛围的渲染,通过这种渲染,课堂教学达到了一个高潮,而教学恰在这高潮之处戛然而止。

案例二中,教学内容是"观察植物的芽",教师在课堂的开始从两个方面对这一内容进行了渲染:一方面是冬天的植物生长环境,"春天播种,秋天会收获到种子、果实,是不是所有的植物到了冬季都会死亡,只待来年再播种?"另一方面是描写春天的词语,如"春机盎然""春色满园"。通过这一渲染,学生产生了"寻找春天"的愿望,而这正是教师预先设计所需要的——带领学生在春天的校园里去观察植物的芽。教学由于有了教师的渲染而生发出探究的氛围。

【拓展延伸】

在什么情况下需要对教学内容进行渲染?

课堂活动中,语言渲染艺术的运用需要根据特定的教学内容和课堂情境,对于在什么情况下用这种方法、什么情况下不用这种方法,教师要学会选择。下面选择语言渲染艺术运用的两个角度,并提供了相应的教学案例。

---

① 根据孙明霞的《芽的教学》教学录像整理。

1. 学习内容比较厚重

对于那些思想深刻、情感丰富的文章，学生理解起来有一定难度，这时如果需要激发某种特定的情绪，渲染的教学手法有较好的效果。《秋天的怀念》是作家史铁生自己对生命的理解和体验，学习内容本身对学生来说有一定的难度。窦桂梅老师在教这篇课文时，为了帮助学生理解这一教学内容，运用了语言渲染艺术。教师在引导学生进行初步的阅读讨论后提出思考的问题，"这是怎样的一种超然，这是怎样的对生命的敬畏。如果说最初生病对他来说是痛苦的，那么，现在的他对'好好儿活'怎么一个'苦'字了得？"接下来，教师并没有和学生一起讨论这些问题，而是以教师的语言独白，将文章内容、作家的体验、教师自己的个人理解以富有感染力的语言表达出来，渲染出一种厚重的课堂情感氛围，而这种氛围与文章所表达的主题是高度一致的：个体对生命的独特的厚重体验。然后，教师选取文章片段，引导学生通过"读"来理解文章内容，这种"读"是一种理解，也是一种表达，其实也是渲染手法的一种形式。教师朗读："这个梦一直伴随了我33年，我只好在梦里念着她，在文字中写着她，在一个又一个秋天里，让妹妹陪着我，到北海去看——她！端起书，读——"学生接下来朗读："又是秋天，妹妹推着我到北海看了菊花。黄色的花淡雅、白色的花高洁、紫色的花热烈而深沉，泼泼洒洒，秋风中正开得烂漫……我俩在一块要好好儿活。"课堂活动达到一个高潮，渲染艺术在这节课上得到了很好的运用。[①]

2. 学生对学习内容比较陌生

渲染手法的运用可以增强学生的理解力。《清明上河图》所反映的时代内容距离现在很远，学生对当时的社会民俗了解较少。针对这种情况，纪连海老师向学生介绍了"草市"这种当时的商业区。教师在介绍的时候为了让学生有身临其境的感觉，运用语言渲染的艺术，教师通过生动、具体、形象的语言将学生带到"草市"中，使学生对当时的商业生活有了切身感受，进而对本节课的教学主题《清明上河图》与当时的社会经济关系产生了比较深刻的理解。[②]

四、对话的艺术

对话要讲究艺术，高超的对话艺术常常可以达到令人满意的教学效果。教学对话的艺术应以智慧开启智慧，用情感激活情感，用心灵碰撞心灵。对话的艺术不是停留于表面形式的问答，而是一种以学习内容为媒介，是对话双方平等、真诚表达自己的态度、观点和思维方式的交流。对话的艺术是一种交往的艺术，讲究对话艺术的课堂是一条流动着的思想之河，河中是师生思想情感的快乐交流，河岸是和谐的课堂氛围。从对话艺术的角度理解教学，可以将教学定义为：教学是一颗心与另一颗心的交往。

具体的课堂教学过程中，对话艺术的运用要求教师具有以学生为主体的教学观、丰富的学

[①] 根据窦桂梅的《秋天的怀念》教学录像整理。
[②] 纪连海. 从《清明上河图》看北宋的城市经济[J]. 历史教学，2009(7).

识素养、优良的教学语言艺术、对环境的敏感体验能力。

【典型案例】

案例一:《黔之驴》教学的对话艺术

师:刚才有个同学说大家都不喜欢驴,老师有些疑问,有人喜欢驴吗?

生:现实生活中驴还是很有用的。

师:老师也喜欢驴,它勤劳踏实可爱,不工于心计,北方人家里的驴都是宝,帮人拉磨拉车。而文中的驴是说"至则无可用",不是说驴没有用,这怎么理解?

生:没有把驴放到该放的地方,这驴就没有用了。

师:人如果这样,恐怕结局也如此啊!那到底是谁导致了这个悲剧呢?

生:(齐声)好事者!

师:柳宗元不敢讽刺好事者,好事者是谁啊?

生:是当时的皇帝。

师:那前面的问题我们也可以解决了,黔之驴的悲剧是因为好事者的无事生非,能从好事者的角度概括一个词语给后世留下些教训,来尝试一下。

师生:(齐声)载驴入黔!

师:一起记住这个悲剧故事的教训吧,同学们长大以后可不能做这样的事啊!

(生点头)[①]

案例二:《故乡》教学的对话艺术

师:现在我们来解决关于闰土的问题。谁先提?

生:闰土和"我"小时那么好,现在为什么要叫"我""老爷",而且还叫水生磕头?

师:谁能回答?

生:这是封建等级观念对闰土的毒害……

师:你怎么知道的?是自己想出来的吗?还是书上看到的?啊,我打断你的话了吗?对不起。不过我不能不问一个我不明白的问题:这个问题你怎么回答得这样好呢?

生:我们历史课上刚读到过董仲舒提出的三纲五常……(众笑)

师:你看她把历史知识运用到语文课上来了,多聪明啊!我对你们的学习是充满了信心的!还有问题吗?

生:"我"很想见到闰土,但闰土来了后,"我"并不感到高兴,有许多话要说,却又吐不出口,为什么?

师:好,我们来想象一下,如果闰土一来,"我"就连珠炮似的向他提出许多问题,猹啊,鬼见怕啊,跳鱼儿啊……(笑)不行吗?

---

① 黄厚江.享受语文课堂——黄厚江本色语文教学典型案例[M].北京:教育科学出版社,2012:89.

生：不行，都老了。(笑)
生：心情不好。因为"我"是来辞别故乡的，闰土是来辞别"我"的。
师：是啊，心情不好，否则即便是老头子也会热烈交谈起来的。
生：闰土已不是记忆中的闰土了。
师：对！那么闰土现在变得怎样啦？
生：变麻木了。
师：好，"麻木"这个词找得好。书上有一个比喻，怎么说？
生：像一个木偶人了。
师：对，闰土的封建等级观念强起来了，精神又很麻木，再加上"我"和闰土的心情都不好，所以就说不出话来了。还有别的问题吗？
生：本文题目是《故乡》，却为什么主要写闰土和迅哥儿的关系？为什么还要写那么多闰土的外貌？
师：好，先看外貌。少年闰土和中年闰土外貌有哪些不同？少年闰土怎么样？请大家尽量不要看书，凭记忆来回答。
生：紫色的圆脸，头戴一顶小毡帽，颈上套一个明晃晃的银项圈。
生：手捏一柄钢叉。
师：这是什么样的形象？
生：小英雄的形象。
生：见人很怕羞，只是不怕我。
生：能抓小鸟雀。
师：对对，但我们扯开了，还是讲外貌。他的手怎么样？
生：红活圆实。
师：有没有"偷"看过书？没有？你的记忆力很好！再看中年闰土，他的外貌怎样。
生：小毡帽成了破毡帽。
生：紫色的圆脸成了灰黄色的了，而且加上了很深的皱纹。红活圆实的手变得又粗又笨又开裂像松树皮了。身材增高了一倍。
生：眼睛周围都肿得通红。
师：为什么？
生：太辛苦了。
生：海风吹的。
师：啊，他说得好，书上就是这么写的。
生：现在的闰土浑身发抖。
生：手上的钢叉变成了长烟管。(笑)
师：讲得真好！记性好，而且能前后对照！好，这样对比着写有什么作用呢？

生：这说明闰土生活艰苦。

生：不是"艰苦"，是"困苦"。

生："辛苦"。

生："痛苦"。

师：究竟怎么说好？

生：困苦。

师：好，我同意"困苦"。但闰土的生活"困苦"又说明了什么？

生：说明故乡日趋破产。

师："日趋"这个词用得真好。你会解释这个词吗？

生：就是"日益"。

生：一天比一天。

生：一天天走向。

师：对！"趋"是走向的意思，"益"呢？

生：更加。

师：对了，这就是两个词的区别。"日益"是"一天比一天更加"，"日趋"是"一天天地走向"。农民生活怎样？

生：（齐）"日益"贫困。

师：农村经济怎样？

生："日趋"破产。

师：对！农民社会日益贫困，说明农村经济日趋破产。还有什么问题？

……

生：兵、匪、官、绅……

师：哪个字最根本？

生：官。

师：为什么？

生：官管当兵的。（笑）

生：官是剥削者。（笑）

生：官是最高统治者。（笑）

师：有道理，不要笑。只是多了两个字，叫"统治者"就行了。官代表政权，刚才那位同学说根本原因是腐朽的社会制度，而官呢？就是维护着这个腐朽制度的。所以这篇小说的主题思想是很深的，它通过闰土变成木偶人这件事，给我们指出了当时社会制度的腐朽。也就是说，辛亥革命未能解决当时的社会问题。关于闰土，同学们还有什么问题吗？没有了？那我们来讨论关于杨二嫂的问题。[①]

[①] 钱梦龙.导读的艺术[M].北京：人民教育出版社，1995：165.

【教学艺术评析】

以对话开启智慧的美

在案例一中，教师引导学生通过阅读，讨论了驴的缺点之后，转而提出"有人喜欢驴吗"这个问题，进而将问题引到原文中"至则无可用"的理解，学生自然而然地说到"没有把驴放到该放的地方，这驴就没有用了"，教师又进一步引导："人如果这样，恐怕结局也如此啊！那到底是谁导致了这个悲剧呢？"这样，对话从原初对驴的讨论转到对文章开头提出的"好事者"的讨论，从而引导学生加深了对文章内容的理解。在这个教例中，对话是通过教师的巧妙引导展开的，教师通过对话的引导使对话过程积极地展开。从这个角度上看，对话的艺术也是一种引导的艺术。

在案例二中，教师首先提出要讨论的主题，紧接着把提出问题的任务交给学生，也就是说把话语权交给了学生，由学生就课文的具体内容发问。对学生思维的发展程度来说，提出问题要比回答问题更有难度。教师先后提出了"谁先提？""谁能回答？""还有问题吗？""为什么？""怎么说？""还有别的问题吗？""这是什么样的形象？""这样对比着写有什么作用呢？""究竟怎么说好？"等问题，其中有的是引导性的，有的是提示性的，有的是追问性的，在具体的课堂情境中，教师根据学生的理解程度采用了不同的提问方式。最后，教师在讨论问题的基础上进行小结："这篇小说的主题思想是很深的，它通过闰土变成木偶人这件事，给我们指出了当时社会制度的腐朽。"并进而转向下一个对话的主题。

【拓展延伸】

怎样引导教学对话展开？

1. 寻找合适的对话切入点

对话是围绕主题以问题开始的，因此一个好的切入点是教学对话展开的必要条件。一位教师在教学《金属的化学性质》一节内容时，从出土文物中发现金器、银器仍光亮如新，铜器略带锈迹，而铁器锈迹斑斑，铁剑因严重锈蚀而断裂，提出问题："同样是金属，差别怎么这么大呢？"并以此请学生谈谈自己的想法。

2. 适时点拨

当学生思维发生困难时，教师适时点拨，可以促使对话得以继续。在《孔乙己》教学中，蔡澄清先生点拨学生对文中的"笑"进行思考。在思考的起始阶段，学生思考的主要内容是文中有几处写了"笑"，这是由"笑"而散开，是思维的发散状态；把写"笑"的几处文字找出来并作个别分析之后，学生就要进行聚合思维，将写"笑"的内容及各个"零件"分析归纳起来，在面临的多种问题中寻求到一个正确的答案——从外在的喜剧形式上来研讨小说的悲剧内涵。在这个转换阶段，如立刻要求学生作出深入分析是不行的，应抓住这一思维形式的转换时机，提供几个参考思路：(1) 认为这是悲剧作品，孔乙己善良正直，是封建科举制度的牺牲品；(2) 认为这是喜剧作品，论据是"喜剧是将无价值的撕破给人看"，孔乙己自视清高，死要面子，好吃懒做,迂腐可笑;(3)认为是带喜剧色彩的悲剧作品,孔乙己既有善良的一面,也有迂腐穷酸的思想特点。蔡澄清先生摆出这三种认识,意在开拓学生认识的思路,加大思维的容量,并在发散思维和聚合思维之间架起一道桥梁,最后让学生顺利走过去,作出正确的分析,即:这是带喜剧色彩的悲剧作品,可笑与可悲并存,笑声与泪痕交融;喜剧因素不仅没有破坏小说的悲剧性,反而增强了作品的悲剧深度和力度。①

3. 适当追问

当学生对问题的思维可以继续向深度发展时,教学中教师可采用追问的方式,帮助学生拓展思维。追问的目的是为了把学生对问题的思考引向纵深。教师的追问要抓住学生思维的临界点,将其作为深度教学的一个契机。如洪宗礼老师在教《一双手》时,通过一般写人的手法是从写眼睛入手,引向课文不是从眼睛来写人物,而是从手来写人物,使学生的思维发生转向深入思考。②

五、陌生化的艺术

"陌生化"是与"自动化"相对立的。自动化语言是那种久用成习惯或习惯成自然的缺乏原创性和新鲜感的语言,这在日常语言中是司空见惯的。动作一旦成为习惯性的,就会变成自动的动作。这样,我们所有的习惯就退到无意识和自动的环境里。而"陌生化"就是力求运用新鲜或奇异的语言,去破除这种自动化语言的壁垒,给读者带来新奇的阅读体验。"陌生化"并不只是为着新奇,而是通过新奇使人从对生活的漠然或麻木状态中惊醒过来,兴奋起来。陌生化的方法在文学作品中使用得较多,课堂活动中陌生化艺术的运用大多数情况是对文学中陌生化方法的借用,用得较多的是对文学作品的解读。陌生化的方法能够带来语言和情感的震撼力,如有一首歌颂张志新烈士的小诗《重量》,"她把带血的头颅,放在生命的天平上,让所有的苟活者,都失去了——重量",烈士的伟大人格通过诗歌语言展示在人们面前。

教学过程中,越是熟悉的内容越是不容易引起学生的注意,那么如何针对学生熟悉的内容进行有深度的思考是教学艺术研究需要思考的问题。教学的陌生化艺术可以在一定程度上解决这个问题。

【典型案例】

案例一:《听陈蕾士的琴筝》教学的陌生化艺术

我们刚才读了这首诗,重点读了第一段。我现在提几个问题,同学们思考讨论一下。"他的宽袖一挥,万籁就醒了过来。自西湖中央,一只水禽飞入了湿晓。"这个西湖我们可不可以改为长江,或者是珠江。作者是香港诗人,出生在广东,那我们可以改为

---

① 蔡澄清.中学语文点拨教学法[M].济南:山东教育出版社,1997:106.
② 根据洪宗礼的《一双手》教学录像整理。

珠江吗？按道理说，香港的诗人，要写水，为什么不写维多利亚港湾？我去过香港几次，最美的水是维多利亚港湾的水。维多利亚港湾很浪漫，晚上灯火辉煌的时候，很浪漫，加上水就更浪漫了。又或者我们把这个"自西湖中央"改为"自长江中央"，会是什么效果？行不行？或者改为"自维多利亚港湾中央"，行不行，为什么？

（生答"不行"）

师：为什么？你来说说。

生：因为西湖的水面比较平静，维多利亚港湾的水面没有那么平静。

师：那为什么要用平静的水来写呢？

生：这样比较优美一点吧！

师：那有点波涛也是美啊！优美是种美，壮美也是种美啊！

生：比较平静，看起来好像舒服点的样子。

师：哦，有道理。结合这首诗开头，是写的演奏家开始要弹琴的时候，把袖子一摆，还没有弹啊，也不能用长江？

生：长江一开始就波涛汹涌。西湖一开始只是很平静，好像演奏没开始的样子，如果有东西滴下去，就好像开始了，有那些波浪了。

师：未有曲调先有情，还没弹，手的架势摆出来了，实际上没有弹，但是音乐好像已经荡起了涟漪了。是不是啊？

生：是。

师：你还是很聪明！好！但是这个西湖用在这里，不用长江，除了刚才同学说的道理，还有更深的一层道理。哪个同学说说？

为什么用西湖这个意象，为什么不用东湖呢？我是武汉人，武汉有个东湖。东湖也蛮漂亮的。但是为什么不用东湖呢？要用西湖？这个西湖是哪里的？是香港的吗？

生：杭州。

师：这个杭州的西湖有什么特点？去过西湖吗？在书上读过吗？

（学生众说纷纭，有的说没有，有的说在书上读过一点点）

师：那你对书上西湖的印象是什么？

生：优美、有山有水、雾气大。

师：好！

生：（小声地）景色美。

师：你长得那么帅，声音大点就更好。

师：我听清楚了。景色美。西湖为什么被当作旅游胜地？除了自然风景美以外，有很多文化名人如苏东坡等等都到过西湖。西湖有个防水的堤坝，就是苏东坡在那建的，叫"苏堤"。还有很多文化名人在那待过。一个地方，要成为风景名胜，要有两点，第一自然风景要美，第二要有文化内涵。西湖之所以美，两者兼有。既由于它的自然风光美,更由于有很多文化名人在那里生活、工作、学习过,创造了光辉灿烂的文化。可以说西湖的历史,就是中国文化史上光辉灿烂的历史。以后你们上了大学,如果读中文系,或者学文学的,那么就知道西湖历史反映了中国辉煌灿烂的文化史。所以在这里用西湖来描写古筝的演奏。那他为什么不用长江呢?为什么不用维多利亚港湾呢?如果用维多利亚港湾来比喻,来描写,那用来形容什么琴为好?来说说看。如果题目改成《听陈蕾士的小提琴演奏》,那这里用西湖来比喻恰不恰当?①

案例二:《荷花淀》教学的陌生化艺术

师:下面同学们再自由地朗读1—3自然段,你们什么都不要思考,仔细体会一下它的韵味。不是说像诗一样的美吗?你们仔细品味它怎么样像诗,怎么样美。

(生自由朗读)

师:好的,大部分同学读完了。昨天晚上,我在家把第一段编排了一下。不是说孙犁的语言像诗吗?我一个字也没有加,把它编排成诗的样子。(教师放投影,第1段被改写成了诗歌)张晶啊,你带领大家读一下,领读。

张晶:(带学生逐句读诗)

月亮
升起来
院子里
凉爽得很
干净得很
白天
破好的
苇眉子,湿润润的
正好编席
女人
坐在
小院当中
手指上
缠绞着
柔滑修长的
苇眉子
苇眉子
又薄又细

---

① 程少堂.程少堂讲语文[M].北京:语文出版社,2008:172.

在她怀里

跳跃着

师：孙犁的这篇小说开头是非常有名的，我读了大学以后还不知道它怎么好，别人说好，我也跟着说好，我怕我不说好，别人说我没水平。（笑声）后来慢慢、慢慢地读多了，才知道它好在哪里。它没有什么华丽的词藻，纯粹是白描，像铅笔画的素描，但有内在的诗情和韵味，要慢慢地品味，要多读才能体会，所以我就不讲它，你们多读它。有人说，前面这些景物描写没有必要写它，我认为是要的，不能不要的。这个等一下再说。这三段里集中写的是什么呢？我认为是两个大的问题。

[板书："人与环境（风光）"]

写的什么呢？一个是人——水生嫂，再一个是自然风光，写得很美。我想写这种美的用意何在？有什么特点？读了半天以后，请大家简单地说一下。哪位同学？首先说他的用意何在？抗日战争这么严酷，有这么恬静优美的环境吗？作家这么写是不是违反现实的呢？如果不是违反现实的，他的用意何在？哪位同学说一下？你们可以互相交流一下，不想交流就不交流，自愿，不想交流，就思考一下。①

【教学艺术评析】

在陌生化中形成独特的审美体验

在案例一中，《听陈蕾士的琴筝》是一首诗，诗歌这种艺术形式与我们实际接触的现实生活有一定的距离，它会采用一些陌生化的手段，让我们觉得不太熟悉。它的写作形式，它所反映的生活内容，跟我们所了解、所熟悉的东西有一定距离。学生没学习这首诗的时候，对诗歌陌生化的表现形式不太理解，所以学习起来也感到比较困难。因此，教师在进行这首诗的教学过程中，运用了将被诗人陌生化的东西与现实中熟悉的意象进行替换、比较的手段，从而在教学的过程中引导学生体会以陌生化的表现方法带来的艺术效果。

在案例二中，教学的开头部分，教师运用陌生化的方法把人们非常熟悉的小说开头的语言排列方式改为以诗歌句式排列的方式，让学生朗读，孙犁小说语言诗一般的美在学生的朗读过程中一下子被体验到了。这里，不用教师过多的讲解、分析，只通过一种呈现方法，再加上课堂中进行朗读活动，语言的美就显现出来了。当学生有了初步的感受之后，教师又把问题进行引申，"写这种美的用意何在？有什么特点？读了半天以后，请大家简单地说一下。哪位同学？首先说他的用意何在？抗日战争这么严酷，有这么恬静优美的环境吗？作家这么写是不是违反现实的呢？如果不是违反现实的，他的用意何在？"从而引导教学内容的展开。

---

① 程少堂. 程少堂讲语文[M]. 北京：语文出版社，2008：117.

【拓展延伸】

"陌生化"艺术的形成有哪几种途径?

1. 语言的陌生化

可以把描写对象还原到它的原生状态中,把人们日常生活中的口语、俗语、俚语、方言土语、行业用语等扶上文学的宝座,以文学语言与生活用语的同构同形来加强语言的活力,让读者在切身的语言回忆中放大生活的情趣。其目的是让读者在与正常的语言规范的参照中加强对该作品语言的印象,在对"陌生化语言"的读解中保持新鲜感、奇特感,从而唤醒和更新对周围世界的情感体验。

2. 主题或题材的陌生化

中国古诗中,对于同一主题或题材,经常有"倒用其意""反其道而用之"的说法,从而创造出一个全新的、陌生的艺术境界。春花秋月本是让人生出欢愉之情的事物,但词主李煜的《虞美人》中却将人们的这种熟悉感陌生化:"春花秋月何时了,往事知多少",春花秋月成为伤感之物,成为千古绝唱。再如"悲秋"一向是古代诗人的主题,但刘禹锡却反其道而用之:"自古逢秋悲寂寥,我言秋日胜春朝。晴空一鹤排云去,便引诗情到碧霄。"

3. 形象的陌生化

文学形象的"陌生化"同样能给人以惊奇感。比较突出的例子是鲁迅笔下的阿 Q,他以"精神胜利法"作为捍卫自身尊严的法宝,但他的每一次胜利都只是向人提供了武器,从而使自己的尊严更加扫地。再如台湾诗人郑愁予的《错误》:"我打江南走过 / 那等在季节里的容颜如莲花的开落 / 东风不来,三月的柳絮不飞 / 你的心如小小的寂寞的城 / 恰若青石的街道向晚 / 跫音不响,三月的春帷不揭 / 你的心是小小的窗扉紧掩 / 我达达的马蹄是美丽的错误 / 我不是归人,是个过客……"这首小诗中,"江南""容颜""马蹄"都是通过陌生化的方法,让人读后在心中生出美感。

4. 修辞手法的陌生化

诗文中的夸张、比喻、通感、联觉以及超感觉描写等,也是达到"陌生化"的途径。李白的诗充满奇丽的想象和十分夸张的词句,如"白发三千丈,缘愁似个长""飞流直下三千尺,疑是银河落九天"等。

知识链接

怎样理解课堂教学的自然性追求?

一、学习本能呼唤教学的自然性

长期家养的猫不会捉拿老鼠,动物园笼中圈养的老虎不能捕食活的动物,这是人对动物长期驯化的结果。表面上看动物丧失了它们的野性,变得驯良了,和人类的关系密切了,但这些动物在变得驯良的同时也失去了它们作为动物的本能。"动物的生活和它的本能是同一的。"本能是动物在自然界中生存所必需的基本条件。捉老鼠是猫的本能,扑斗撕咬是老虎的本能。动物依靠本能而生活,失去本能的动物回到自然的野生状态中将面临死亡的结局。人类出于自私的慈善目的剥夺了动物的本能,同时也剥夺了动物的生存能力。由此联想到我们目前的教学。学生在课堂上不时获得一套套调配得非常可口的教学大餐,每一节课,从目标到结果,每一个细节都设计得非常完美,学生在课堂上无须取舍、选择,只管"吃"就是了。但在长期被动"吃"的过程中,学生失去了学习的本能。就像猫和老虎没有捕食的本能,回到自然界就将面临死亡,失去了学习本能的学生走向社会也难以发展。本能剥夺的教学现象在我们当前的课堂教学中很普遍,在那些被称为优质学校的课堂教学中表现得尤为明显。有长期高中教学管理经验的教师会发现一个奇怪的现象,即以同样条件录取进来的学生中,那些来自办学条件比较差的学校的学生比那些来自办学条件比较好的学校的学生有着更大的学习潜力。原因是条件较差学校的教学可能较粗放,学生的本能受到相对较少的压抑和剥夺;而那些优质学校的教学则相对比较完善精细,对学生的学习本能有较多的压抑和剥夺。我们还发现了课堂教学中经常善于运用"布白"艺术的教师由于给学生留下了更多的思维发展空间,促进学生思考的本能被激活;而那些较少运用"布白"艺术的老师则以自己流畅的教学思维缩小了学生学习本能的发展空间。

与动物一样,本能是人生存的前提。虽然人的本能绝非动物的本能,语言和智慧使人在本能的基础上成为不同于动物的人,但人类的存在与发展也绝不可能离开人的本能。由于有了渴感的本能,我们能感受到生命的滋润美丽;由于有了痛感的本能,我们能体验到保护身体的意义;由于有了色觉,我们能欣赏到世界的斑斓多姿。这些都是人类和动物共同具有的低级的本能,但其意义却不可低估。人类在遗传过程中还养成了许多比动物高级的本能。人的发展与动物生长的最大区别在于人具有文化基因的积淀,而动物发育生长只是生命本能对生存的需求。人的社会性形成了不同的人群部落的文化基因,如人类的语言本能,0—3岁婴幼儿的语言现象无数次地证明人类语言本能现象的存在。再如好奇心和想象力,好奇心和想象力是人类最重要的学习本能。人类由于好奇心而在自然面前显露出无比的天真,天真是宝贵的,天真创造了人类。屈原问天是一种好奇,祖冲之数星星是一种好奇,牛顿看到落地的苹果产生一种好奇,富兰克林看到空中闪电产生一种好奇。由人类的天真所产生的好奇心是人类创造力的源泉。想象力是人类的另一种非常重要的本能。从古代的飞天到当今的火箭,从嫦娥奔月到太空行走,人类的想象力变成了现实。科学家的创造本能就是出于天真的想象力。

教学不能忽视人学习本能的存在。人的本能蕴藏着巨大的生命激情,但人的本能在多数情况下是以一种潜意识的方式存在于人身上的,教学生活中我们难以意识到本能的存在,所以多数情况下我们的教学行为也顾及不到人学习本能对教学的影响,但它确确实实在我们的教学生活中发生着作用。本能是一种自然性,学习的本能也是一种自然性,这种自然性是我们有效教学得以发生的基础。人类的学习本能呼唤教学的自然性。

二、教学的自然性：中国传统的解读

"自然性"是一个模糊的概念。时下的中国语境中，对"自然性"的解读多是以西方的话语方式展开的，"教育的自然性"这个概念更是如此。从卢梭到杜威，人们所言说的"自然性"是一种生物本能的发展状态。卢梭认为人在成年之前无须任何学习，一切都应按照生活的本然秩序进行，杜威所说的"教育的自然性"实际是指生活经验，即教学是在儿童的生活经验中展开的。卢梭和杜威在谈论"教育的自然性"时都有自己的时代背景，卢梭是为了反抗黑暗的教会教育，所以他说教育使人变坏了；杜威是为了倡导他的进步教育理论，认为教育即人的生活经验。虽然卢梭和杜威的理论具有一定的人类普适性，但如果不结合具体的文化背景来运用也会出问题。因此，这里我们以本土的话语方式，从中国传统哲学的视角对教学的自然性进行解读，试图在中西两种文明的对话中对"教学的自然性"作出更加科学的理解。

中国传统哲学中最能体现教学的自然性是道家哲学。道家最理想的教学境界是生命和宇宙融为一体，生命即宇宙，宇宙即生命。"道家的'道法自然'与'天人一体'的和谐观，使人们不是伪善而是合乎人的本性去生活，顺应自然本性，实现人与自然的统一，减少冲突与对抗，恢复人与自然应有的和谐状态。"[1] 在道家哲学那里，生命是宇宙的核心，生命的自然性、精神性、自由性和艺术性构成了生活的全部内容。

1. 教学目的的自然性：道法自然

先秦道家哲学中，"自然"指天地，即宇宙的本然状态，是人所赖以生存的客观物质世界。"人法地，地法天，天法道，道法自然。"（《老子》第25章）"法"是比喻词，其义是"类同于""合"的意思。"人法地"言人之"大"合于地之"大"，"地法天"言地之"大"合于天之"大"，"天法道"言天之"大"合于道之"大"，"道法自然"言道之"大"合于"自然"。[2] 因循生命的自然本性是对生命的最大尊重，人生事业的成功莫过于对生命自然本性的依从。"功成事遂，百姓皆谓'我自然'"（《老子》17章）"自然"和"无为"是统一的。"我无为，而民自化，我好静而民自正，我无事而民自富，我无欲而民自朴。"（《老子》57章）。"自然无为"就是尊重生命的规律，洗涤内心世界的尘垢，求得内心的宁静。"五色令人目盲，五音令人耳聋，五味令人口爽。"（《老子》12章）人若多欲无节则无法持守道德人生。生命要返璞归真，寻求自然带给人类生命的灵性。

2. 教学内容的自然性：生命为本

先秦道家哲学充满了对人生命的关怀。生命诞生于自然，活动于自然，又回归于自然。生命的运动应该像水那样遵从自然的规律。"上善若水。水善利万物而不争，处众人之所恶，故几于道。"（《老子》8章）"天下莫柔弱于水，而攻坚强者莫之能胜，以其

---

[1] 邵汉明，漆思."和而不同"：儒道释和谐思想分疏及其当代启示[J].天津师范大学学报（社会科学版），2007（5）.
[2] 邓立光.老子新诠：无为之治及其形上理则[M].上海：上海古籍出版社，2007：109.

无以易之。"(《老子》78 章）柔弱的含义是顺应自然，保持生命本色，就像庄子的游刃有余、列子的御风而行。生命要像"水"一样地充满韧性，生活的法则即是"不争"。争会带来不利的结局，"坚强者死之徒，柔弱者生之徒"。(《老子》76 章）要讲究生活的艺术，"盖闻善摄生者，路行不遇兕虎，入军不被甲兵；兕无所投其角，虎无所用其爪，兵无所容其刃。夫何故？以其无死地。"(《老子》50 章）生命是有限的，宇宙是浩大的，如何让有限的生命在浩大的宇宙中拥有自己的一份宁静、一份自由？老子"水"的比喻极富启迪意义。教学实践中我们要深刻地把握生命的本质，遵循生命的规律而展开我们的教育教学实践活动。

3. 教学方法的自然性：不言之教

先秦道家强调"无为"，采用"无为"的教学艺术，"太上，不知有之；其次亲之誉之，其次畏之。""善行无辙迹，善言无瑕谪；善数不用筹策；善闭无关楗而不可开，善结无绳约而不可解。"(《老子》27 章）"善建者不拔，善抱者不脱。"(《老子》54 章）教学效果通过心灵的体悟而实现。教学管理者要学会成功于无形，领导于无形。教师要学会自主地处理教材，引导学生自然地成长，不揠苗助长，学会行不言之教。

三、自然性的教学：应然的教学价值取向

人是自然的人，但更是社会的人。人的本质是人的社会性。"动物和自己的生命活动是同一的。动物不把自己同自己的生命活动区别开来。它就是自己的生命活动。人则使自己的生命活动本身变成自己意志的和自己意识的对象。他具有有意识的生命活动。……有意识的生命活动把人同动物的生命活动直接区别开来。"[1] 教育是人类意识活动的重要表现，是促进社会进化的一种有效功能。当人们反思现代符号文明带给人类社会的弊端时，人们也无法否认正是社会文明的符号化带来了社会物质文明日新月异的突飞猛进。"符号化的思维和符号化的行为是人类生活中最富于代表性的特征，并且人类文化的全部发展都依赖于这些条件。"[2] "没有符号系统，人的生活就一定会像柏拉图著名比喻中那洞穴中的囚徒，人的生活就会被限定在他的生物需要和实际利益的范围内，就会找不到通向理想世界的道路。"[3] "符号"和"自然"构成了一对二律背反，这种背反反映在教育中就是教学的自然性和教学的社会性之间的矛盾。我们既要承认教学的自然性，又要承认教学的社会性。人化自然的教学是教育的理想，也是教育的现实。人化自然的教学就是在教学过程中追求人生命自身发展规律的教学。我们当前正在进行的"构建符合素质教育要求的基础教育课程新体系"的新课程改革与"自然性教学"的教育理想是统一的。

1. 自然性的教学是超越人类学习本能的教学

数百万年的人类发展史所积累而成的学习本能为现代教育提供了可能：人是可教

---

[1] 中共中央马克思恩格斯列宁斯大林著作编译局. 马克思 1844 年经济学哲学手稿［M］. 北京：人民出版社，2000：57.
[2] 卡西尔. 人论［M］. 上海：上海人民出版社，2004：38.
[3] 卡西尔. 人论［M］. 上海：上海人民出版社，2004：57.

的。但我们在教学实践中在理解"可教性"时总是走极端，过于强调"教"的作用，而忽视了"可"的价值。"可"是潜在性，是由人类几百万年演化史所形成的人类基因的积淀，"可"是"教"发生的前提。教育的目的在于对这种基因积淀（学习本能）进行引导、开发而不是扼杀。这就要求我们的教学具有自然性的特点，教学要尊重人作为生物本能的发展规律，但对本能的尊重不是对本能的屈从和依附，自然性的教学应是对人类本能的超越。而我们的课堂教学中有越来越多地扼杀学习本能的现象，其中学习的阶段越高、年级越高，这种现象就越严重。传授法沦落为简单的灌输，练习被简化为机械的训练。鲜活的生命在课堂上却缺少学习的灵气。自然性教学就是要打破这种沉闷无生气的教学局面。我们发现当前的许多学生不愿在课堂上提出问题，可孔子的弟子却都很善问，其原因在于教师的善答。孔子会针对学生不同的特点进行有效的启发，而我们却有意无意地忽视了学生发问的主动性。"低级问题""低级错误"是我们课堂教学中常听到的调侃戏谑之语。但就在这调侃戏谑之中，我们的教学失去了自然性，失去了对学生生命主体的尊重。问题和错误本没有高低之分，教师的教应落脚于对学生思考问题的角度和思考方式的引导上去。一个"低级"否定了一切，何来"愤启悱发"？因此，自然性的教学就是对学生学习本能的引导和超越的教学。

2. 自然性的教学是寻求人类精神自由的教学

儿童的精神自由表现为他们的无拘无束、无知无畏。儿童在思考问题时常常按照生命本能的路径去进行，而不是按照成人设置的所谓规律去进行。思维的跳跃性、自由性、直觉性是儿童思维的显著特征，也是人类创造力产生的必要条件。强调知识教学本无可厚非，但我们需要教给学生什么样的知识，怎样来教给学生这些知识，却很值得思考。知识可以帮助我们解决问题，但并不是所有的知识都能丰富我们的精神。"为学日益，为道日损"，老子的"道"为我们描绘了一幅生动的精神运动图景。按照老子的逻辑，"日益"的学问是加法的学问，也是死的学问；"日损"的学问是减法的学问，也是活的学问。"损"是人类创造性思维的源头。课堂组织并不是将教学内容安排得越满越好，课堂要给学生留下一定的空白。空白为学生的创造性发展提供了空间。教学生活中我们应该把那本该属于学生自己的闲暇归还给学生，闲暇会带来精神的自由，产生创造的火花。教师的心理压力、职业倦怠，学生的课业负担、学业厌倦常常是由于我们"有为"的太多，"无为"的太少，这不能不令我们深思。适当的无为或许能为我们的教学找到一片蔚蓝的天空，那片蓝天就是自然性的教学应有的境界。

3. 自然性的教学是实现人类自我创造的教学

教学的价值不仅在于传递人类的智慧，更在于引导学生去创造新的人类智慧。自然性教学的目的就是在教学过程中通过师生的活动激发起生命的热情，张扬起生命的主体意识，更好地实现人类的自我创造。生活在自然界中的人不能成为自然界的奴隶，而应成为自然界的主人。人类通过自己的智慧改变并创造着世界。"世界就是自然。它自然而然地存在，存在得自然而然。然而从自然中生成的人类，却要认识自然、改造自然，把自然而然的世界变成人化了的自然即属人的世界。"[①]教学世界也是如此。我们认同自然，遵从自然的规律，但我们要保持人之所以成为人的主体意识。课堂是师生活动的主体世界，而不是自在的世界。理想的教学追寻自然，但不能囿于自然。合乎自然又超越自然是教育价值的应然追求。这种教学，是充满生机的教学，谓之生态式教学。教学世界不是属他的世界，而是属人的世界。这个世界中有自然风雨的声音，有心灵自在的吟唱。生命与生命，生命与自然，自然与自然，相互交融，彼此应和，演绎出一幅生命的律动与创造的图景。

---

① 孙正聿：属人的世界[M].长春：吉林人民出版社，2007.

第九章　教学评价的艺术

从课堂教学的角度分析，教学评价首先是一种教学行为，然后才是一种评价行为，并且这种评价行为是从属于教学行为的。通过教学评价，教师对教学目标、教学过程和教学结果作出判断，其目的是对学生的学业进行分析诊断，从而促进学生更好地学习。课堂活动中，教师的评价行为会对学生的学习态度和情感产生影响，因此，课堂评价过程中教师要重视教学评价的艺术。

本章从教师行为的角度结合特级教师的课例从以下四个方面对教学评价的艺术进行了分析：

- 肯定性评价的艺术
- 否定性评价的艺术
- 悬置性评价的艺术
- 质疑性评价的艺术

一、肯定性评价的艺术

肯定性评价指课堂活动中教师对学生学习的态度、行为作出正面的、肯定性的判断。肯定性评价艺术不是简单地进行对或错的判断，而是在特定课堂情境中对学生的行为进行分析，它的目的是能让学生对教师的评价产生较高的认同感，在评价的过程中，教师可以直接表明自己的态度，也可以间接表明自己的态度。从形式上看，课堂活动中肯定性评价的艺术常常以师生之间对话的形式展开。

肯定性评价不只是表现为态度的评价，态度的评价只是课堂活动中教师对学生进行评价的一个内容。教师对学生的评价需要更多地从内容的角度去进行分析，从而通过评价引导学生学会分析问题、解决问题，进而在未知的情境中寻找问题。从内容的角度看，肯定性评价可以具体分为对内容理解正确程度的评价和对思考问题时学生的思维方式的评价。

很多教师在课堂上经常使用的评价语言有："理解得准确！""表达得真清楚。""你比老师想得还全面，我也应该向你学习。""朗读得声情并茂，把我们都吸引住了。""读出了自己的理解。""你是个有思想的孩子。"这些有针对性的肯定、赞美的评价，让学生充满自信，获得心理上的极大满足，但也常常给人一种"轻浅"的感觉。教师的评价语言能不能让学生在得到肯定的同时,又对自己的回答产生更深的思考呢?

【典型案例】

案例一:《那就是一只蟋蟀》教学的肯定评价艺术

师:现在请同学用自己的话把这一小节中的意境描绘一下。注意诗歌给出的时间、地点、环境以及人物的活动,在此基础上,可以想象创造。请同学们动笔,时间5分钟。

(生动笔。师轻声播放音乐:古筝曲演奏的《白发亲娘》)

师:请同学们依次来读自己的作品。——这一排!

生:(读)中秋的夜晚,桂花飘香,圆圆的月亮挂在天上,一群小朋友提着灯笼在篱笆边捉蟋蟀,他们玩得很开心,忘记了回家。

师:这是"童年的惊喜"吧。符合文义,可惜——旁边的同学给他打打分,评价评价。

生:70分。我觉得他没有想象,描写少了些。

师:(对众生)同意不同意这位同学的评价?

生:(齐)同意。

师:接下去,后面的同学!

生:一个秋风送爽的夜晚,我和小伙伴们打着纸糊的灯笼,蹦蹦跳跳地来到后院。秋虫的呢喃仿佛是母亲在摇篮边哼的眠歌,星光的闪烁好像是幼儿仰起小脸眨巴的眼睛。那浓郁的桂花味儿,又好似一粘上就会香三天三夜。我们在石缝间寻找蟋蟀,蹑着脚,循着声,数着稚嫩的心跳。"快,别让它跑了!"一声惊呼,总能引来一阵骚动。左堵右截,一不小心,头和头碰在了一起,却忘了说疼……

(掌声自发响起)

师:这个我看不要打分了,掌声已说明一切。Let's go on!

生:我写得不好,不及格。

师:不要紧,先读一读,课后再作修改。好吗?

生:深秋的夜晚,我独自一人徘徊在院子里,望着明月,想念家乡,家乡的园子里应当是黄叶满地,野塘里应当是荷花凋落了吧?想到这里,我禁不住掉下眼泪。

师:很好,很能入境,把自己也放进去了,不过描写是少了些,课后作补充。[①]

案例二:《风筝》教学的肯定评价艺术

师:大家都放过(风筝)吗?没放过的举手。噢,有一个同学没有放过。那看到过风筝吗?放风筝是一种什么样的感觉啊?来,先让女生讲。

生:我觉得放风筝可以让你比较开心,也可以让你比较失望。如果你放上去了,你就觉得,啊,我成功了!然后心里就十分高兴。但是如果你放不上去,就觉得,哎呀,

---

① 袁卫星.听袁卫星老师讲课[M].上海:华东师范大学出版社,2006:23.

我可能有点笨拙的，就放不上去。

师：哦，有时开心，有时失望。很会概括。好，把话筒传过去。（板书：开心、失望）

生：放风筝虽然迎着风跑，比较冷，但是当你放上去的时候，真的非常快乐。

师：非常快乐。

生：如果你放上去了风筝，你会有一种成就感。

师：哦，有一种成就感。那边同学有谁要讲？有补充的吗？（板书：成就感）有吗？好，把话筒给角上的那个女生，我们每个人都要说话啊。

生：我觉得放风筝的感觉很自在，能把心里的不开心都放出来。

师：哦，放出忧愁，是吧？非常好，前面的男生。（板书：释放、自在）

生：放风筝的时候，就是一个人跑在辽阔的原野上，心情十分开朗。

师：哇，他用了一个"辽阔的原野"这个说法，这时心情十分开朗。不管是原野还是田野，都是非常愉悦的，是吗？非常好，说得越来越漂亮了。还有谁来说？话筒在哪里？哦，在你这儿。

生：说实话，我非常羡慕风筝，因为它能在这么广阔的天空上翱翔，如果能够实现的话，我真希望自己能在天空中自由飞翔。

师：（板书：羡慕）哦，越说越艺术了！不过，我想请你写两个字，"羡慕"我已经帮你写了，还有两个字，大家说我要他写哪两个字？（生：翱翔）他说不会写，有没有人会？有没有人愿意帮助他？

哦，有人愿意帮助他。不知道对不对？没关系，去写写看，在"羡慕"下面写。因为风筝给人的一种感觉就是"翱翔"，用"翱翔"这个词非常好，你讲得那么漂亮，字还是要会写哦。大家看他写得对不对。

（学生板书：翱翔）①

【教学艺术评析】

让肯定性评价具有教学的深度

案例一中，当学生读完自己的作品后，教师点评道，"这是'童年的惊喜'吧"，给出肯定性的评价，然后用"可惜"来一个转折，再把具体的评价打分任务交给学生完成，从而既表达了教师的态度，又让学生参与到课堂评价活动中来。当第二个同学读完自己的作品后，课堂上自发地响起掌声，教师顺势说道："这个我看不要打分了，掌声已说明一切。Let's go on!" 话语风趣。对第三个同学作品的评价，"很好，很能入境，把自己也放进去了，不过描写是少了些，课后作补充。"有肯定，也指出了不足。教师的评价具体、有针对性，并且让学生从教师的评价中产生一种亲切感。

案例二中，在对学生的评价过程中，教师用了好几个感叹词"哦""哇"，并且在评价的同时，

---

① 郑桂华．听郑桂华老师讲课［M］．上海：华东师范大学出版社，2007：45．

对学生回答问题的关键词进行板书,这样能较大程度地引起学生对课堂活动的兴趣。当学生不能完成教师提出的板书要求时,教师以"有没有人会?有没有人愿意帮助他?"进一步引起其他同学的参与兴趣,以亲切的话语要求学生既要会说又要能写。

【拓展延伸】

教学过程中怎样使评价的语言既亲切又有深度?

1. 对学生的回答作出肯定性判断时,不回避不足,将"不足"的弥补作为教学的一部分

学生在回答教师提出的问题时,由于掌握的信息、理解的深度等因素,可能出现抓住了答案的主要内容,但其回答又不太准确的现象。这个时候,教师对学生不进行简单的肯定或否定,而是让学生继续搜集信息,从更多的角度分析问题,修正自己的答案。例如,魏书生老师在教学《统筹方法》一文时,提出了"什么叫统筹方法"这个问题,第一个学生回答是"笼统说明事物的方法",教师以"敢于独立思考"表扬了这个学生,并且要求学生不看课本,凭自己独立思考来回答这个问题。第二个学生回答是"系统地完成一件事的方法",教师以"有点接近答案"来进行评价。"有点接近答案",就是初步理解了答案,但答案还不准确,还需要用更多的信息来修正答案。在此基础上,教师要求学生阅读课文,在一分钟内从课文中寻找到准确答案。[①]

上述教例中,第一个学生的回答显然不准确,学生没有阅读材料或没有读懂材料,教师所给的评价是一种态度性评价——"敢于独立思考"。第二个学生的回答基本正确,但还有差距,于是让其再去阅读课文材料,找到更准确的答案,这里教师从对学生的评价转向对学生提出活动要求,从而引出后面的课堂活动。

2. 结合学生回答的内容进行分析,有针对性地提出具体要求

教师对学生回答的评价要具有针对性,发现学生在思考问题过程中存在认知缺陷,应引导学生对缺陷进行弥补修正。董林伟老师在进行《不等式的应用》教学时,提出哪种方法做模子最节省材料让学生讨论。最后教师在学生答案的基础上进行了这样的评价:

"最后一种!它最大!它可以做个模子,对不对?那么这个实际问题,我们刚才看到了,他原来提出来的设想呢,希望做一个无盖的长方体盒,如果把长方体拿掉呢?你是怎么想的?他要做一个没有盖子的容器,尽可能大的!就可以做个什么?圆柱出来!圆柱可能比这个还大,圆柱……生活中经常用到圆柱,是吧,这个容器!它可能比这个还会更大。还有可能什么?哦,还有可能做个罐球,跟它相比,可能会更大!我们还没计算,不知道它会有多大,那么就是说,我们可以根据实际问题去进行判断……在实际问题当中,隐含着丰富的数学思想和数学知识,我们要会用数学的眼光去观察世界,会用数学语言去表达实际问题中的数学关系,寻求解决实际问题的不同方法,这两种都是一种模型,只是考虑如何去制作,这个是抛开了如何去制作,它的一种理想化的结果,但它还有一种限制是无盖的长方体。实际要考虑的问题非常多,我们不能仅仅从数学角度考虑,还要考虑到实际问题的需要和它的一些限制条件等等,这个就是我们

---

① 根据魏书生的《统筹方法》教学录像整理。

对待实际问题的一种态度。"①

教学评价的目的是促进发展,不能是为了评价而评价,要做到为了教学而评价。因此,教学评价过程中,教师要准确地找到学生思考问题时的长处和短处,对长处加以认同,对短处和不足进行分析。对短处的分析也不能仅仅就是否定性的,而是以找到认知不足的原因为根本。从这个意义上说,肯定性评价实质上是一种促进性评价。上述教例中,教师结合学生回答的具体内容,对学生的回答进行了有针对性的引导,而不仅仅是停留于问题本身的对错。

3. 在学生回答问题缺少自信时给予鼓励

对于初中学生来说,《天上的街市》是一首很难理解的诗,学生在读这首诗的过程中会由于这首诗有难度而产生畏难情绪。洪镇涛老师在教这首诗时,首先从问题的要求入手,降低问题的难度,让学生在读诗的过程中逐渐体会这首诗写了什么。当学生回答得不准确时,教师给予恰到好处的鼓励,增强学生阅读的信心。教师的评价是在学生对问题不能全面回答的情形下做出的一种肯定性评价。②

二、否定性评价的艺术

否定性评价是对学生的态度、行为作出否定性的判断,它所指向的是学生在学习过程中出现的问题。课堂教学中如果教师在对学生进行否定性评价时不讲究评价的艺术,可能会给学生的情感带来伤害,否定性评价的艺术在于既要能指出学生学习过程中出现的问题,又要能减少学生被伤害的感觉。

在具体的课堂活动中,教师对学生进行否定性评价时有许多方法,如弱化否定的感情色彩、将评价权交给学生、引导学生对自己答案进行反思性思考、对学生所回答的不够全面的答案进行研讨式补充等。

【典型案例】

案例一:《黔之驴》教学的否定评价艺术

师:这是一篇以一头驴为主角的文言文的寓言。我们都知道,学习文言文要多读。同学们来试一试,看怎样把这篇文言文读好,最好能读出寓言的特点。有哪位同学试一试?

(一生举手,读全文,读得比较生疏)

师:好的。总体把握得不错,但是有几个地方不太好。比如,有几个读音还要注意,"慭慭然"的"慭",读 yìn,而不是读 xìn;"跳踉"的"踉",读 liáng,而不是读 láng;"跳踉大㘎"的"㘎",读 hǎn,而不是读 gàn。书上有注音,大家看注释一定要仔细。还有几个句子的停顿,处理得也不太好,读文言文一般要比现代文慢一些,太快了

---

① 根据董林伟的《不等式的应用》教学录像整理。
② 根据洪镇涛的《天上的街市》教学录像整理。

句读就不清楚了。比如,"以为且噬己也",停顿要清楚。另外呢,要把寓言的特点读出来,语调还要再稍微夸张一些,因为是讲故事嘛。下面,请同学们跟我读一遍好不好。

(师领读,强调重点字的读音、关键句的停顿,语调适当夸张,学生跟读)

师:好,同学们课后还要反复读,读好文言文是一种享受。要尽可能背下来,多背文言文,对今后的学习很有用。[1]

案例二:《最后的常春藤叶》教学的否定评价艺术

教师请学生用几句话来概括这篇小说的主要情节,有一个要求,要用上"最后的常春藤叶"这个标题。

生:一位青年艺术家琼珊得了肺炎,她愿意在最后的一片常春藤叶凋落的时候就死去。然后,一位性格非常暴躁但是关心穷苦人的老人贝尔曼在风雨交加的晚上画了二十几年来的最后一幅杰作,他的杰作就是最后一片的常春藤叶。

师:同学们对他的概括感觉怎么样?

生:不怎么样?

师:不怎么样?我认为他讲得已经很好了,前面用了很多很多的修饰,看来他对这些人物,对小说已经很熟悉了。但是你们觉得不怎么样,是哪里出了问题?

生:没有结尾。

师:没有什么?没有结尾。用小说里常用的说法是没有——

师生:结局。

师:好,你自己能修正一下吗?补个结局。

师:对于小说,我们往往讲哪几点啊?我指情节上的。

生:开端、发展、高潮、结局。

师:好,你自己能修正一下吗?补个结局。

生:他画的杰作——最后的常春藤叶让琼珊有了生存下去的勇气。

师:是不是这样修正就可以了?

生:可以了。

师:有没有同学觉得,我的版本跟他的不太一样,我有另外一种表达的?

……[2]

【教学艺术评析】

让否定性评价成为一种积极的教学行为

案例一是对学生朗读课文情况的评价。学生在朗读过程中出现了一些错误,教师给予的评

---

[1] 黄厚江.享受语文课堂——黄厚江本色语文教学典型案例[M].北京:教育科学出版社,2012:126.
[2] 郑桂华.听郑桂华老师讲课[M].上海:华东师范大学出版社,2007:132.

价是："好的。总体把握得不错。"但接着指出学生朗读过程中具体的错误所在，并提出了在朗读文言文时需要注意的问题。最后，教师以领读的形式带着学生朗读课文。教师对学生的评价不是简单地指出错误的地方，而是引导学生对错误进行改正。

案例二中，学生回答的问题不全面，教师没有直接地作出否定性的结论，而是让学生来进行评定，"同学们对他的概括感觉怎么样？"当学生回答"不怎么样"时，教师却"认为他讲得已经很好了，前面用了很多很多的修饰，看来他对这些人物，对小说已经很熟悉了"，"但是你们觉得不怎么样，是哪里出了问题？"引导学生继续进行深入的思考，并在思考的基础上作出修正判断。最后，教师继续鼓励学生拿出自己的观点，"有没有同学觉得，我的版本跟他的不太一样，我有另外一种表达的？"

【拓展延伸】

教学过程中如何对学生的问题行为进行评价？

1. **将问题行为视为一种教学资源**

课堂活动中难免会出现一些"问题行为"或"问题学生"，教师要以真诚、友善、宽容的态度对待这些"问题行为"或"问题学生"，教师不要对学生的问题行为太"较真"，而是要将它们视为一种教学资源，通过教学对话，让这些问题转化成为学生认知发展的一种积极资源。

2. **运用教学智慧对问题行为进行转化**

教师对课堂上学生出现的问题行为，应巧妙地将矛盾转化，将不利的、消极的问题行为转化为积极因素，引起学生思考。这样，课堂上的问题行为就被教师艺术地转化为一种课程资源。例如，特级教师胡明道老师在进行《故乡》教学时，学生问："为什么要写杨二嫂？"一个学生用京腔大声说道："因为她是女的。"其怪腔怪调引起了全班哄堂大笑，讨论无法进行下去了。教师静下心来，接过话题，将它转化为："是呀，她是女的，闰土是男的，男女不同嘛！想想他们还有哪些不同。"中止的课堂讨论又继续了："他们不仅性别不同，职业不同，性格也不同。""那他们就完全不同喽？""不，他们的生活状况跟二十年前更窘迫是一样的。"结论出来了，写杨二嫂正表现了作者从不同的角度选材来表现同一中心的匠心。①

3. **学生的错误是一种成长的美丽**

学生是人，是成长中的人。成长中的人往往会做出一些在成人看来是错误的行为。教师对学生的错误要以欣赏的态度，将学生的错误视为个体在成长过程中表现的一种自然现象，不苛求，不责怪，并善于通过适当的评价来化解学生的错误给课堂教学带来的尴尬。

三、悬置性评价的艺术

悬置性评价不是不对学生的态度或行为进行评价，而是在课堂上暂缓对学生的评价，教师

---

① 胡明道.胡明道讲语文[M].北京：语文出版社，2007：98.

暂时对学生的表现，不表明自己的态度，而是在以后的教学中，随着讨论的深入，引导学生对自己的表现作出判断。悬置性判断把判断的过程留给学生自己，引导学生自己或同伴作出判断，让学生通过自己的思维得出问题的结论，从而通过判断学会分析事物的方法。

悬置性评价既可以针对学生在课堂上的态度和行为表现进行，也可以针对学生在课堂上对内容的理解不足和思维的不全面等情况进行。

【典型案例】

案例一：《人民英雄永垂不朽》教学的悬置评价艺术

师：请用"瞻仰"和"挑衅"说一段话，用"峻峭"和"俊俏"说一段话，用"永垂不朽"和"天堑"说一段话。

上面这三组词语，它们看起来并不相干，同学们能不能用它们造一个句子？男同学，造第一句，就是用"瞻仰"和"挑衅"说一段话，这两个词都要用进去，而且意思要连贯，要表达一个中心。女同学用两个"jùn qiào"说一段话，两个词读音是一样的，但是，第一个"峻峭"，山的"峻峭"，刚才我们看到，是指这个山很陡很险；这个人字旁的"俊俏"是什么意思？人长得很漂亮，是吧？那么女同学造"jùn qiào"，好不好？男同学造"瞻仰"和"挑衅"。呃，想想，然后起来说。好不好？

（学生思考、小声交流）

师：哪个男同学说？随便说，说错了也没关系的，啊？哪个男同学说说？（停顿片刻）可能男同学的句子难度大一点，那女同学先说。嗯，哪位同学说？（目光交流。请一名女同学）好，你说。

生（女）：一个长得很俊俏的男孩站在峻峭的山上。

师：哦——（笑声）其实应该是这样：在峻峭的山崖上，站着一个俊俏的小妹妹。嘿嘿。（笑声）是这样的，应该这样说啊，因为"俊俏"好像形容女孩子更好一点，是吧？好，男同学说。哪位男同学，呃？"瞻仰"和"挑衅"，怎样造句？（指示一名举手的男同学）欸，好不好？你说说看。

生：我们接受了日本帝国主义的挑衅，在甲午我们打了一场海战。然后，邓世昌烈士成为我们永远瞻仰的对象。（笑声）

师：我觉得好像问题蛮多呀！啊，你再说一遍！

生：我没想好。

师：没想好？（笑声）啊，没想好，那你等一下再说，好不好？（走上前，接过话筒，示意该生坐下）没想好。要能够边说边想，边想边说。（笑视一男生，递予话筒）你试试看，啊？好好。（同学中有笑声）

生：我瞻仰着一块浮雕上当年中国挑衅英国的……（哄堂大笑）

师：（无声笑）看来这还有点难度啦，是不是？啊？

课代表？课代表是个女同学是吧？（课代表举手）来，你帮男同学解决掉这个问题。（递过话筒）

生（女）：我在瞻仰一块浮雕，上面记录着中国军民勇敢地对抗外来挑衅者的事迹。这值得我们永远铭记，让我们引以为傲。（学生回答过程中，教师不断点头）

师：不错不错。（学生鼓掌）就地取材，说得很好。把课文的内容加以整合，用自己的话说出来，很好啊！

"永垂不朽"跟"天堑"可能关系更远一点点，那我们……啊，大家回去再想，好不好？（笑声）①

案例二：《荷塘月色》教学的悬置评价艺术

学生们的心显然被震撼了。我继续缓缓说道："当然，写《荷塘月色》时的朱自清还是一名清华园的教授，但如果我们了解了朱自清后来的命运，我们今天读《荷塘月色》时，也许会另有一番感受吧。"

我看到已经有同学在情不自禁地点头，我趁势把话题一转："好，我说了那么多，现在该同学们说一说了。同学们能不能交流一下，这篇文章最打动自己的文字是哪些？不需要说理由，只要把有关的语言读一遍就可以了。"

熊昕同学说："我最喜欢这几句：路上只有我一个人，背着手踱着。这一片天地好像是我的；我也像超出了平常的自己，到了另一世界里。我爱热闹，也爱冷静；爱群居，也爱独处。像今晚上，一个人在这苍茫的月下，什么都可以想，什么都可以不想。便觉得是个自由的人。白天里一定要做的事，一定要说的话，现在都可以不理。这独处的妙处，我且受用这无边的荷香月色好了。"

易维佳同学说："我最喜欢这几句：层层的叶子中间，零星地点缀着些白花，有袅娜地开着的，有羞涩地打着朵儿的；正如一粒粒明珠，又如碧天里的星星，又如刚出浴的美人。"

吴桐同学说："我最喜欢写《采莲赋》的那一段。"

"哦？是吗？"我感到引导学生领悟文章思想感情的机会快来了，"请问，你为什么喜欢这一段呢？"

"因为我觉得这一段写得特别快乐。"吴桐同学答道。

"嗯，原来是这样。"我沉吟道，然后又追问道，"你从哪儿看出了快乐的？"

"'那是一个热闹的季节，也是一个风流的季节。'"吴桐读着课文上的句子，然后又说，"还有《采莲赋》对采莲人的描写，都是很快乐的。"

我说："这一段的确描写了一种很自由欢乐的生活。但是，同学们知道吗？这一段在过去的高中课本里却是被删去了的啊！"

"啊！"同学们全都表现出很惊讶的样子，并问我，"为什么会删去呢？"

---

① 程少堂. 程少堂讲语文[M]. 北京：语文出版社，2008：182.

我说:"我先不说为什么会删。我先要问问大家,你们觉得该不该删?"[1]

【教学艺术评析】

把判断的过程留给学生

案例一中,特级教师程少堂老师要求学生用三组词语造三个句子,问题提出之后,学生交流讨论,教师给出暗示性话语:"随便说,说错了也没关系的。"当一个学生造了一个很长的句子——"我们接受了日本帝国主义的挑衅,在甲午我们打了一场海战。然后,邓世昌烈士成为我们永远瞻仰的对象。"之后,教师将这个句子本身的问题暂时搁置下来,说:"我觉得好像问题蛮多呀!啊,你再说一遍!"当另一位同学说出一个不连贯的句子时,教师说:"看来这还有点难度啦,是不是?"并没有强迫学生继续造句。最后,当学生感到造句有难度时,教师说:"'永垂不朽'跟'天堑'可能关系更远一点点,那我们就……啊,大家回去再想,好不好?"这一教例中,教师对学生回答问题的评价所采取的态度就是"悬置",即不对学生的回答作直接的评价,而是将学生的回答悬而不论,在教学展开过程和收尾过程中启发学生不断思考和解决问题。

案例二中,特级教师李镇西老师对学生回答问题的要求是"不需要说理由,只要把有关的语言读一遍就可以了"。这也是一种"悬置",这种"悬置"将对问题的思考和判断的任务交给学生,让学生在对问题的思考和判断的过程中学会分析问题的方法。"悬置"在某一种意义上来说是为了更好地倾听,教师认真倾听了学生的发言,从学生的发言中获得重要信息,进而引导学生进行更深入的思考。

【拓展延伸】

在什么情况下对学生的回答进行悬置性评价?

1. 当问题提出来后,学生从不同角度进行回答时,教师可以对学生的回答进行悬置性评价

特级教师曹勇军老师在教学过程中,鼓励学生发表自己的观点,教师对学生发表的不同观点并不作出是非对错的判断,而是对学生的判断进行悬置,鼓励他们积极思考,从其他学生的观点中反思自己的认识,进而修正自己的观点。最后,教师在学生讨论的基础上进行总结。

2. 当问题有难度,学生难以对问题作出全面的回答时,可以对学生的回答进行悬置性评价

随着教学过程的深入发展,当初有难度的问题会因为学生理解的深入而得到解决,如"典型案例一"中教师对学生的评价。

四、质疑性评价的艺术

质疑性评价是对学生所回答的问题进行怀疑、商榷、追问,从而引导学生对问题进行更深

---

[1] 根据李镇西的《荷塘月色》教学录像整理。

入的思考。质疑性评价时要求教师把质疑的焦点置于问题本身,通过对学生思维的点拨,引导学生对问题产生更深入的认识。

课堂活动中运用质疑性评价艺术的常见形式有以下几种:引导学生变换问题的角度分析问题,从问题形成的原因和背景的角度深挖问题,从态度和思维方式的角度反思问题,以及从问题的深度上进行发展性思考。

【典型案例】

案例一:《中国石拱桥》教学的质疑评价艺术

师:这篇课文当中,我觉得作者有些话不够准确,咱们是不是给它改一改。打开书,看一下。(教师翻书)

你们看文章的第三自然段:"我国的石拱桥有悠久的历史,《水经注》里提到的'旅人桥'大约建成于公元282年,可能是有记载的最早的石拱桥了。"我觉得这话就有毛病,这话不准确,应该给它改一改,老师认为应该这样改:"《水经注》里提到的'旅人桥'就是建成于公元282年,是有记载的最早的石拱桥。"这样才准确。你同意老师的观点吗?同意的举手。

(学生默默思考。一男生举手)

师:好,这同学真不错,还支持老师呢。(许多学生笑)。你说这样的例子还有没有,这个文章里边?(该男生站起无语。教师拿过这个学生的书本)我觉得还有,咱俩一块找,咱俩现在是一样的,是吧?(该生笑)你看,(凑近学生眼前,教师读)"我国的石拱桥几乎到处都有",这个"几乎"我觉得就不准确了,应该这样讲:我国的石拱桥到处都有。这样才准确!……不同意的举手!(教师作举手状)不同意老师观点的举手!谁来发表意见?

(学生纷纷举手)

生:因为它不是很确切。

师:为什么呢?

生:建于什么时候,确切年代现在也没有搞清楚。

师:没有搞清楚……谁没有搞清楚?

生:作者。

师:没搞清楚就写文章,那行吗?(许多学生笑)这么大的学问家,这么大一个桥梁专家,你搞不清楚就能写文章吗?我觉得作者态度不大严谨吧。你请坐,谁再来说?

生:因为作者的这篇文章在这里是表示的一种估计。

师:估计就不准确了。你是桥梁专家为什么要估计呢?应该一是一、二是二嘛!究竟建于哪一年,干吗还要"大约"呢?

生:嗯,因为他说的是282年,他不知道是……建在哪个确切的时间。

师:为什么不知道呢?……好,你请坐。那位同学急于要回答,你说。

生：因为历史的书里没有记载，所以他只能进行估计，来确定是不是中国最早的石拱桥。

师：这资料全不全啊？

生：不全。

师：刚才同学们的回答，我认为还是有道理的。茅以升固然是桥梁专家，是很了不起的学者，但是很早的这个桥梁的记载啊……你想啊，把所有的资料都找得这么全，而且古人对于桥梁的记载呢丢三落四，这些年来没有保存下来，现在人看到的已经很少很少了，找来找去找不到。找不到怎么办呢？就能写一个确切的年代了吗？不能这样写。估计一下，留有余地，说话有分寸。比如说，"石拱桥我国几乎到处都有"，如果把这个"几乎"给去掉的话，那就是"我国到处都有"，这话准确不准确呢？

生：不准确。

师：我国有的地方是有，有的地方没有。你说这个"旅人桥"吧，如果你把这个"大约"去掉，就是建成于公元282年，这话说得有点太什么了？

生：肯定。

师：太肯定了！太绝对了！那么人家就问了：你说建于282年，你把材料拿出来给我看看，哪本书上记载着282年呢？找不出来呀！那么，作者就根据自己的推测，大约是在这个时候，这话讲得留有余地，有分寸，看上去似乎是不准确，但是实际上是准确的。这就是说明文的语言呢，在对事物拿不准的时候，讲话要留有余地，这反而是准确的。

这就是语言准确的第三个方面：讲话要有分寸，说是留有余地也可以，不要太绝对。（板书：有余地）实际上这种说法在我们日常生活当中是非常普遍的，你比如说我们要向你打听个人（一女生站起）：张三多高啊？你没有给他量过，你会怎么说呢？[1]

案例二：《岳阳楼记》质疑评价艺术

师：同学们真有洞察力！《岳阳楼记》是一种典型的"大美"。范仲淹是如何通过文字来表达传递这种大美的呢？今天我们就围绕着这个问题来进行探讨。请同学再次朗读，圈点勾画，不要讨论，独立思考，然后畅所欲言。

（生高声朗读）

生：作者写的景物本身就很大。我是从"衔远山，吞长江"看出来的。

师：注意咬文嚼字，分析感悟有理有据，不能只说结论。

生："衔"字和"吞"字很有气魄。

生：为什么有气魄呢？还要深入。

生：能够把山衔着，把浩浩荡荡的长江吞进肚子里去，还不够气魄吗？

师：哦，是吞进肚子里面去吗？

---

[1] 根据程翔的《中国石拱桥》课堂录像整理。

生：应该是互相吞吐。只有洞庭湖和长江都浩大的时候，才用这个词。

师：我想如果我来写，我就写"连远山，接长江"或者"咬远山，吃长江"，如何？

生：不好。"衔"和"吞"有动态，似乎可以让我们看到水波动荡的感觉，"连"和"结"就没有动态美了。"咬"和"吃"给人的感觉很凶恶，不美。而且"咬"和"吃"也没有"衔"那么悠闲大气，雍容大度。

（中途不断组织引导学生朗读关键词语、关键句，略。朗读一直贯穿全课，下文也略）

生：我觉得不应该忽略"山"是"远山"，山是连绵不绝的。洞庭湖和连绵不绝的山连接在一起，更显阔大。

师：很有见解！同学们再联系前后文看看。

生：作者说"予观夫巴陵胜状，在洞庭一湖"，这个"一湖"让我感觉特别有气魄，作者对洞庭湖充满了肯定。如果改成为"予观夫巴陵胜状，在洞庭湖"，意思没有变，但是气魄就差了。

师：这叫作数词传神，一词传神。

生：作者称巴陵为"胜状""大观"，这些词语都让我感觉到是一种大美。

师：是。有规模的美才能称为"大观"。《红楼梦》中的大观园就是这么来的——天上人间诸景备，芳名应赐大观园。

生：我从"北通巫峡，南极潇湘"中也感受到大美。"北"和"南"表达出了地域的广大。"通"和"极"更让读者感觉无边无际。

师：用地域的大来表达大美，这样的例子还很多。大家再找一找，品一品。①

【教学艺术评析】

在怀疑、商榷、追问的过程中让学生学会思考、评价

在案例一中，特级教师程翔老师首先引导学生质疑，"我觉得这话就有毛病，这话不准确，应该给它改一改"。对文章中的原句进行不合理性推断，引起学生的思考。然后以"我觉得作者态度不大严谨吧"引发学生进一步思考、讨论。教学过程中，教师把对学生回答问题的评价与激发学生进一步思考的过程结合起来，鼓励学生对问题发表不同的看法，从而达到培养学生批判思维能力的目的。

在案例二中，特级教师王君老师首先提出思考问题的要求是："不要讨论，独立思考，然后畅所欲言。"接下来对学生的回答逐个评价。当学生的回答比较概括时，教师要求学生"注意咬文嚼字，分析感悟有理有据，不能只说结论"；当学生说出不同看法时，教师要求学生"再联系前后文看看"，以鼓励学生进一步思考，并得出自己的判断。

---

① 王君．绝唱——记《岳阳楼记》美文诵读课．http://www.pep.com.cn/czyw/jszx/ztts/fenxj/bx/dldy/27/201012/t20101203_981155.htm

【拓展延伸】

教学过程中如何培养学生的质疑能力？

首先，质疑能力的培养需要让学生解放思想，展开思维的翅膀自由翱翔。教师应善于在由教学内容决定的特定教学情境中寻找问题的视角。袁卫星老师在教《亲近诗歌》时，教学情境是教师请学生朗读一首诗，揣摩诗人写诗时的心情，于是他引导学生从诗中句子、人名、事件等对诗歌进行理解，最后对诗所表达的思想进行解读，进而追问："在物欲横流的社会里，诗人的精神追求有没有被理解？"教学活动由对字面意义的解读深入到了对诗人思想的理解。①

其次，质疑能力的培养要求学生学会评价，教师要在日常教学中培养学生的"命题能力"。如下面的案例："让学生命制试卷。"②教师让学生命制试题，并评选出"好卷"，这是一件非常有意义的事情。编出一道试题不难，但要编出一道"好题"是有挑战性的，不仅学生学习的主动性被调动起来了，还形成了研究意识。同时，在试题编制的过程中，学生对学习目标、学习内容等都要进行分析，这是一个动手动脑的学习过程。让学生编制试题还能培养学生的自我评价能力，引导学生既从客观的角度又从主观的角度对学习结果进行分析。

知识链接

初中学科教学评价有哪些方法？

1. 纸笔测验

纸笔测验是指教师根据教学目标的要求，将要考查的教学内容以适当的形式展现在试卷上，要求学生在规定的时间内进行书面作答的评价方式。学生答题之后，教师按照预先设定的标准对试卷评分，最后根据学生的答题情况对学生学习结果作出总体评定。纸笔测验是传统学科教学评价的主要形式。

纸笔测验使用的评价工具是试卷，包括客观性试题和主观性试题两大类型。客观性试题的答案客观，主要是检查学生对事实性知识的掌握程度，考查学生对所学内容的记忆和再认识等。主观性试题是指那些没有事先设定的标准答案，学生可以按照自己的理解来回答的问题。主观性试题能较好地测试学生的语言综合运用能力。不论是主观性试题还是客观性试题，其测验目的都是为了对学生的学科学习作出恰当的评价。主观性试题和客观性试题各有优缺点，不能说哪一种好或哪一种坏，只要运用得当，都能对学生的学科能力作出评价。但是对学科教学评价来说，对客观性试题的使用要加以控制，在纸笔测验中所占的分值比例不宜过大。选择题尽管有某些优点，但仅是操作上的，它的缺陷和弊病远远大于它的优点。首先，它不能从本质上最大限度地检测

---

① 根据袁卫星的《亲近诗歌》教学录像整理。
② 任勇. 任勇的中学数学教学主张［M］. 北京：中国轻工业出版社，2012：192.

学科能力，即不能有效地反映学生正确理解和运用语言文字的能力。从理解角度看，选择题的选项给出了思维的结果，它就必然在一定程度上提示了思维的方向和过程。也就是说，考生即使选出了正确的答案，也不足以说明这是他正确思维的结果。从运用角度看，选择题更有致命的弱点，看不出考生运用语言文字进行表述的能力。如果改用简答题之类的文字表述题，学生的语言运用能力就能较强地显现出来。目前，许多省市和地区的学科中考，不仅用大量选择题考基础知识，而且在阅读理解部分也采用选择题型，削弱了阅读和写作能力考查的力度，这往往难以实现考试的检测功能。

纸笔测验是一种比较正式的学业评价形式，对试题的要求较高，在编制纸笔测验试题之后需要编写双向细目表。

2. 表现性评价

表现性评价是通过学生的学业表现实现对学生学习评价的一种方式，它是在特定的学习情境中进行的。表现性评价的"表现"是指把自己的想法、感受等内在精神状况通过动作、图画、语言等媒介表现出来，或者是现所表现出的结果。表现性方法包括笔试的开放题、对作品和实际操作及实际表演的评价，还包括日常谈话和观察开展的评价。表现性评价重视对学生的思考能力、判断能力和表现能力的评价。

有些研究者把表现性评价与总结性评价对立起来，认为总结性评价只关注学习的最后结果，对学生的学习结果作出总结性判断，而表现性评价只关注过程，是对学生学习活动过程的评价。其实，表现性评价不只是对学习过程的关注，它对学习结果也非常关注。学生在学习过程中的表现性评价结果也可以作为对学生学习的总结性评价。表现性评价与总结性评价不是对立的关系，它们之间有许多交集。

初中学科教学中的表现性评价形式主要有学生作业、活动、成长记录等。学科学业评价中具体的方法有观察法、作品分析法等。

学生的作业、活动都是在学科学习过程中发生的，教学过程中把学生的代表性作业、关键性活动以成长记录的形式整理出来，并在一定学习阶段中把这些记录反馈给学生，有利于促进学生的学科学习，或帮助学生改正学科学习过程中出现的问题，促进学生在学科学习过程中学会独立的思考和判断，鼓励学生努力学习。

学科教学评价中的观察法有客观观察和交流观察两种形式。客观观察是在学生对观察者不知觉的状态下进行的观察，如学生的课堂表现，在学校中对学科学习活动的参与程度等。交流观察是在学科教学活动过程中发生的，如课堂中的师生间互动、面批学生作业、课后家访等。交流观察应该在一种积极的情感状态下发生，否则学生会产生出被动，或者不愿意与教师交流的心理。

学科教学中的作品分析是对学生在学习过程中以积极的态度，进行了独立思考，付出了辛勤劳动完成的"作品"的评价，如一幅字画、一首诗、一篇作文、一份读书感想或调查报告等。对学生作品的分析评价，教师应当以鼓励和引导为主，从态度和精神上给学生以正面能量。

参考文献

［1］徐金海，徐正扬.中学语文教学探索——特级教师于漪的教学经验［M］.上海：上海教育出版社，1981.

［2］王策三.教学论稿［M］.北京：人民教育出版社，1985.

［3］李秉德，李定仁.教学论［M］.北京：人民教育出版社，1991.

［4］钱梦龙.导读的艺术［M］.北京：人民教育出版社，1995.

［5］施良方.课程理论——课程的基础、原理与问题［M］.北京：教育科学出版社，1996.

［6］张富.中学语文教学法新探［M］.济南：山东教育出版社，1997.

［7］欧阳代娜.中学语文教学艺术初探［M］.济南：山东教育出版社，1997.

［8］蔡澄清.中学语文点拨教学法［M］.济南：山东教育出版社，1997.

［9］宁鸿彬.中学语文教学改革探索［M］.济南：山东教育出版社，1997.

［10］魏书生.中学语文教学改革实践研究［M］.济南：山东教育出版社，1997.

［11］胡炯涛.中学数学教学艺术纵横谈［M］.济南：山东教育出版社，1997.

［12］王树声.地理教学理论与实践研究［M］.济南：山东教育出版社，1997.

［13］钟德赣.中学语文反刍式单元教学法［M］.济南：山东教育出版社，1999.

［14］皮连生.教学设计——心理学的理论与技术［M］.北京：高等教育出版社，2000.

［15］李如密.教学风格论［M］.北京：人民教育出版社，2002.

［16］汪刘生.教学美学［M］.长春：吉林人民出版社，2004.

［17］李镇西.听李镇西老师讲课［M］.上海：华东师范大学出版社，2005.

［18］万亚平，等.灵动之美：郭惠宇老师教学艺术初探［M］.合肥：安徽大学出版社，2005.

［19］窦桂梅.听窦桂梅老师讲课［M］.上海：华东师范大学出版社，2006.

［20］袁卫星.听袁卫星老师讲课［M］.上海：华东师范大学出版社，2006.

［21］余映潮.听余映潮老师讲课［M］.上海：华东师范大学出版社，2006.

［22］韩军.韩军与新语文教育［M］.北京：北京师范大学出版社，2006.

［23］王荣生.听王荣生教授评课［M］.上海：华东师范大学出版社，2007.

［24］郑桂华.听郑桂华老师讲课［M］.上海：华东师范大学出版社，2007.

［25］胡明道.胡明道讲语文［M］.北京：语文出版社，2007.

［26］程少堂.程少堂讲语文［M］.北京：语文出版社，2008.

［27］李如密.教学艺术论［M］.北京：人民教育出版社，2011.

［28］黄玉峰.教学生活得像个"人"——我的大语文教学［M］.上海：上海教育出版社，2011.

［29］任勇.你能成为最好的数学教师［M］.上海：华东师范大学出版社，2011.

［30］涂荣豹，宁连华，徐伯华.中学数学教学案例研究［M］.北京：北京师范大学出版社，2011.

［31］陶洪.著名特级教师教学思想录（中学物理卷）［M］.南京：江苏教育出版社，2012.

［32］吴生才.著名特级教师教学思想录（中学生物学卷）［M］.南京：江苏教育出版社，2012.

［33］沙润.著名特级教师教学思想录（中学地理卷）［M］.南京：江苏教育出版社，2012.

［34］喻平.著名特级教师教学思想录（中学数学卷）［M］.南京：江苏教育出版社，2012.

［35］黄厚江.享受语文课堂——黄厚江本色语文教学典型案例［M］.北京：教育科学出版社，2012.

［36］吴亮奎.小学语文教学设计：问题与方法［M］.福州：福建教育出版社，2018.

［37］［德］马丁·布伯.我与你［M］.陈维纲，译.北京：生活·读书·新知三联书店，1986.

［38］［英］宾特雷伊.课程研究与课程编制入门［M］.诸平，等译.北京：春秋出版社，1989.

［39］［美］拉尔夫·泰勒.课程与教学的基本原理［M］.施良方，译.北京：人民教育出版社，1994.

［40］［美］威廉·F.派纳，等.理解课程——历史与当代课程话语研究导论（下）［M］.张华，译.北京：教育科学出版社，2003.

［41］［加］马克斯·范梅南.教学机智——教育智慧的意蕴［M］.李树英，译.北京：教育科学出版社，2005.

［42］［德］黑格尔.精神哲学——哲学全书·第三部分［M］.杨祖陶，译.北京：人民出版社，2006.

［43］［德］海德格尔.在通向语言的途中［M］.孙周兴，译.北京：商务印书馆，2007.

［44］［美］L.W.安德森.学习、教学和评估的分类学——布卢姆教育目标分类学修订版［M］.皮连生，主译，上海：华东师范大学出版社，2008.

［45］［美］埃里奥特·W.艾斯纳.教育想象——学校课程设计与评价［M］.李雁冰，译.北京：教育科学出版社，2008.

后 记

《特级教师课堂教学艺术·初中卷》是由李如密教授主编、南京师范大学出版社出版的《特级教师课堂教学艺术》丛书中的一种。该丛书分为"小学""初中""高中"三卷，本书是初中卷。

本卷根据初中课堂教学的特点，以及初中特级教师的教学艺术按照教学过程展开的环节，将全书分为九章，每章又根据不同的具体内容分为若干节，全书共计五十一节，每节以两个典型案例的片段进行评析；同时，又在评析的基础上围绕该节所列的特定教学艺术进行拓展延伸，结合课堂实践提出如何应用的问题，重在联系案例对这些问题进行分析，对特定的教学艺术在不同学科的具体运用进行阐述，归纳出该教学艺术运用的一般策略，为课堂实践提供对策性参考；在每一章的结尾还以"知识链接"的形式对与本章教学艺术相关的某一个知识点从理论和方法上进行阐释，以拓宽读者的视野，引导读者进行深入研究。全书以案例片段为载体，以评析来点明特色，以教学艺术问题进行理论拓展，使读者读后既能欣赏到特级教师的代表性课例片段，又能明白这些代表性课例片段背后的方法，并结合当代课程与教学研究的前沿理论进行深度的思考。

本书主要辑录初中特级教师课堂教学典型案例片段。这些案例片段的来源有两个方面：一是由作者根据特级教师的课堂录像整理而成的教学实录，二是取自报刊、书籍以及网络上发表的特级教师教学案例。本书在写作的过程中对每一个案例节选来源都一一作了具体的说明。在此对案例执教者、相关网站、期刊、出版社表示衷心感谢。

南京师范大学出版社高教部的张春老师和于丽丽老师在本书的选题、编写、校对、审稿、出版等重要环节做了很多细心的工作，一并表示感谢。南京师范大学博士生导师李如密教授对本书的写作提出了许多宝贵意见，在此表示感谢。

本书读者对象为全国中小学教师、课程与教学理论的相关学习者与研究者，本书既可以作为教师能力提升读物，也可以作为教师教育的培训教材。

吴亮奎

2018 年 12 月